2012年5月7日，普京第三次宣誓就任俄罗斯总统。与他一起并肩走下台阶的是总理梅德韦杰夫，二人堪称“黄金搭档”。梅德韦杰夫走路时双臂保持不动，身体较为僵硬，而普京则有力地摆动着双臂，走起路来虎虎生威，很有范儿。

2012年6月12日是“俄罗斯日”，普京出席克林姆林宫表彰大会。他就站在那里，不需要说什么，气场就已经格外强大了。

2012年6月14日，普京视察某空军基地时，一大群人跟随左右，整个场景仿佛好莱坞大片。在这次视察中，普京表示，俄罗斯希望美国改变在欧洲部署反导系统的计划，如果美欧一意孤行，俄罗斯有足够的能力对此采取相应反制措施。

普京热爱运动，体格强壮，孔武有力，柔道是他的拿手绝活。他不费吹灰之力就将对手击倒在地，身手十分了得。

在莫斯科以东的阿尔泰地区，普京戴着帽子和墨镜，骑着马悠闲地散步，享受短暂的假期。

普京在克里姆林宫广场亲切地与儿童握手交谈，表现出其极为亲民、温和的一面，这与平日里他给人的铁腕硬汉形象大为不同。

2013年4月29日，俄罗斯总统普京会见来访的日本首相安倍晋三。在会谈中，安倍晋三热烈地鼓掌时，普京则露出了难以捉摸的微笑。

2015年9月2日，北京，天朗气清，风和日丽，俄罗斯总统普京抵达首都机场，款款走下舷梯。普京此次来华，是应邀出席中国“抗日战争暨世界反法西斯战争胜利70周年”纪念活动。

2015年7月25日，普京出席2018年俄罗斯世界杯预选赛抽签仪式，发表了热情洋溢的讲话。也许正应了“人逢喜事精神爽”那句话，普京整个人精神抖擞，神采奕奕，对即将到来的2018年世界杯充满期待。

2015年12月3日，俄罗斯总统普京在克里姆林宫声色俱厉地发表2015年年度国情咨文，痛斥叙利亚武装装分子和土耳其对俄罗斯的敌对行为。

国家就是我的信仰

郭宏文 著

台海出版社 博集天卷 CS-BOOKY

图书在版编目（CIP）数据

国家就是我的信仰 / 郭宏文著. —北京：台海出版社，2016.9
ISBN 978-7-5168-1190-0

Ⅰ. ①国… Ⅱ. ①郭… Ⅲ. ①俄罗斯—历史—研究 Ⅳ. ①K512.07

中国版本图书馆CIP数据核字（2016）第236695号

国家就是我的信仰

著　　者：郭宏文

责任编辑：晋璧东　　封面设计：李彦生
版式设计：李　洁　　责任印制：蔡　旭

出版发行：台海出版社
地　　址：北京市朝阳区劲松南路 1 号　　邮政编码：100021
电　　话：010-64041652（发行，邮购）
传　　真：010-84045799（总编室）
网　　址：http://www.taimeng.org.cn/thcbs/default.htm
E-mail：thcbs@126.com

经　　销：全国各地新华书店
印　　刷：北京嘉业印刷厂
本书如有破损、缺页、装订错误，请与本社联系调换

开　　本：700 × 995　1/16
字　　数：325千字　　印张：20.5
版　　次：2016 年12月第 1 版　　印次：2016 年 12月第 1 次印刷
书　　号：ISBN 978-7-5168-1190-0

定　　价：39.00 元

前言

Preface

在当今世界政坛上，普京绝对是一位举世无双的神奇人物。在俄罗斯国内，普京形象已经被谱写成流行歌曲广为传唱。俄罗斯有一个著名的三人和声组合，录制了一首俄罗斯人非常喜欢的歌曲，歌曲的名字叫作《做人要做普京这样的人》，其中的歌词大意是：要像普京那样精力充沛，要像普京那样不嗜烟酒，要像普京那样不说脏话，要像普京那样毫不退缩。一句话，普京是姑娘们心中的白马王子，是所有俄罗斯人的希望。

无疑，普京已经征服了俄罗斯民众，成为俄罗斯人心目中的铁腕救世主。他所创造的奇迹，不仅让俄罗斯人感到荣光，更让全世界感到震惊。2007年12月，普京被美国《时代》周刊评为2007年“年度人物”，称他在8年执政期间带领俄罗斯重新崛起，回归世界强国之列。2011年11月，在美国《福布斯》杂志发布的2011年全球最具影响力人物排行榜中，第二次出任俄罗斯总理的普京列美国总统奥巴马之后排名第二位；2012年，普京列美国总统奥巴马和德国总理默克尔之后排名第三位；2013年，普京超过连续两年占据第一位的美国总统奥巴马升至榜首；2014年，普京仍居第一位，美国总统奥巴马继续排名第二位；2015年，普京第三次被选为“全球最具影响力人物”。《福布斯》称，尽管在乌克兰危机后，俄罗斯面临西方制裁、经济出现下滑的窘境，但普京在俄罗斯国内的支持率飙升至89%。另外，普京还重新构建了俄罗斯的国际影响力，派遣空军轰炸叙利亚的“伊斯兰国”组织，使美国和北约在这一地区的行动显得软弱无力。

《福布斯》杂志在揭晓2013年全球最具影响力人物排行榜时，是这样发布消息的："坐上首位的，是近期在国际事务中多次跟美国唱反调的俄罗斯总统普京。"在揭晓2014年福布斯全球最具影响力人物排行榜时，是这样发布消息的："俄罗斯总统普京再次当选福布斯全球最有权力的人物，成功卫冕去年的冠军头衔。福布斯给出的理由是，普京2014年年初占领并吞并乌克兰的克里米亚半岛，并据说向乌克兰东部的亲俄罗斯分裂分子提供军事支持，导致俄罗斯与西方的关系急剧恶化，将俄罗斯推到世界舞台的最前端。"消息还称："没有人会说普京是一个好人。2014年，普京通过武力吞并了邻国乌克兰的克里米亚，并在乌克兰发动了一场丑陋的战争。几乎可以肯定的是，俄罗斯提供给亲俄分裂分子的地对空导弹今年7月击落了马航MH17客机。作为能源核武大国俄罗斯的统治者，虽然不负责任且不可预知，但普京无疑是全球最有权力的人。"

这就是已经做了11年俄罗斯总统和4年半俄罗斯总理的普京。他虽然由于乌克兰危机问题与以美国为首的西方国家发生冲突，并引发西方国家对俄罗斯的联手制裁，但赢得了俄罗斯民众的强力支持。俄罗斯民众总是记得普京在关键时刻所放出的狠话。当车臣非法武装叛匪头目巴萨耶夫和国际恐怖分子哈塔普联手策划恐怖行动时，普京说："要把恐怖分子溺死在马桶里！"当法国媒体的记者突然就车臣问题对普京发难、指责俄罗斯滥用暴力时，普京愤怒地说："如果你愿意成为伊斯兰极端分子的话，我请你到莫斯科来做包皮手术。我们有最好的专家为你解决问题！"在应对车臣问题、格鲁吉亚冲突和乌克兰危机等重大事件时，普京的语言时刻都展示着他个性的魅力，鼓舞并凝聚着千千万万的俄罗斯人。

自2000年普京开始主宰俄罗斯政局以来，俄罗斯在政治、经济、军事和外交上的实力得到全面提升，让全世界各国政要刮目相看，惊叹不已。虽然在推进所谓的西方人眼中的民主进程方面饱受以美国为首的西方国家的横加指责，但普京始终不为所动，依然态度强硬，我行我素，成为俄罗斯民众心目中的精神领袖。

普京是一个喜欢与时间赛跑的人。1999年8月9日，普京被俄罗斯时任总统叶利钦任命为第一副总理、代总理，开启了他登上俄罗斯权力巅峰的新征程；仅仅7天后的8月16日，普京得到了火箭式的提拔，被叶利钦任命为俄罗斯第七任总理；1999年12月31日，叶利钦发表电视讲话，宣布辞去俄罗斯总统兼俄罗斯国家武装力量总司令等职务，由普京代行上述职务；2000年3月26日，普京成功当选俄罗斯第二任总统。从被任命为代总理到当选总统，普京仅仅用了231天，只是33个星期。这样的纪录，不知在俄罗斯的未来历史进程中能不能被打破?

更让人难以置信的是，2008年5月8日，已经连任两届总统的普京，又被继任总统梅德韦杰夫任命为总理，实现了在总理一职上的二度出山。4年后，在新一届总统大选拉开帷幕之前，担任总统的梅德韦杰夫又亲自提议，由普京代表统一俄罗斯党参加2012年3月的总统选举，普京也正式成为俄罗斯总统候选人。2012年3月4日，普京以64.39%的得票率，第三次赢得俄罗斯总统选举，并于第二天，正式对外宣布当选。接着，普京又宣布，由刚刚卸任总统职务的梅德韦杰夫出任俄罗斯总理。

这是世界政坛前所未有的奇迹。普京两度担任总理，3次当选总统。根据2008年修改后的俄罗斯宪法，总统任期由4年延至6年，最多可连任两届。由此算来，普京本次总统任期将到2018年结束，如果在2018年的总统大选中再获连任，任期将到2024年。也就是说，如果第二次获得连任变成现实，普京将担任两任共四届俄罗斯总统。这一事实，无疑创造了当今世界的一个政治神话。在总统制国家任期历史上，只有美国的第32任总统罗斯福，因为“二战”期间不便展开选举等特殊原因实现了4次连任，成为任期最长的美国总统。而普京一旦将来连任成功，也将先后任4届总统，但普京的总统任期加起来，会达到整整20年，将远远打破罗斯福一直保持的总统任期12年的神话。这个神话，还不包括他两度担任总理的年限。

毫无疑问，普京在俄罗斯的政治生活中，占有极其特殊的地位。他既是俄罗斯当今政治体系的创立者，又是忠实的守护者。他的思想、他的主张、他的处事原则，都将对当今和未来20年间的俄罗斯政治领袖产生重大影响，就像中国的邓小平、南非的曼德拉、古巴的卡斯特罗等世界级政治领袖人物一样。普京的身上，有着政治家应当具备的优秀品德和健康思维。普京总能站在世界尤其是国家政权的高度来诠释政治家的义务和责任。普京有着强烈的服务公众的意识和责任，这也恰恰符合俄罗斯民众心目中的政治家标准。普京说："公众对我的支持率越高，我就越感到责任重大，要做的工作就越多。"这样的表白，容易赢得俄罗斯民众的支持和信任。

普京的心里，时刻都在想着国家和民众利益。他知道当下的俄罗斯人最需要他做什么，就不遗余力地按照人民的需要去做，也有足够的信心做得更好。他在第一次就任俄罗斯总统时说："给我20年，还你一个奇迹般的俄罗斯！"他登上俄罗斯政权的巅峰的这些年来，强力发展了自叶利钦以来俄罗斯一蹶不振的经济，对内致力于打击腐败，消除贫富两极分化，对车臣分裂主义施以重拳，毫不妥协；他对外采取强硬政策，强势应对格鲁吉亚冲突、乌克兰危机等重大问题，有力地恢复了俄罗斯的民族信心，让俄罗斯重返世界大国舞台，满足了这个民族的大国自尊。普京说："如果上苍赐予我为自己的国家和人民工作的机会，那就是对我最大的奖赏。"

2012年至2018年，是普京的第三个总统任期，普京已经成为俄罗斯民众的偶像，成为俄罗斯国家的符号。他用自己卓著的政绩，以及强硬、霸气、坚韧、冷静、正直的个人魅力赢得了全俄罗斯人的爱戴和尊重。"给我20年，还你一个奇迹般的俄罗斯！"在他首次连任总统的8年时间里，已经初步兑现了自己的诺言，俄罗斯重新崛起了。2018年时，普京如能再次获得连任，在他连续12年的任期内，俄罗斯民众有足够理由相信他能给自己的诺言画一个更加完美的句号。

但是，一些西方国家却极力反对普京。他们害怕俄罗斯过度依赖普京，形成普京专政的局面。在普京的领导下，俄罗斯已逐渐成为一个能够跟西方抗衡的大国，这是日益衰落的西方国家所不愿意看到的。在西方国家看来，普京的执政就意味着俄罗斯与西方的对抗。普京再次就任俄罗斯总统后，给美国为首的西方国家带来更为严峻的挑战，但西方国家恰恰还没完全准备好。普京的总统任期可能要一直延续到2024年，他施政的目标就是要打造继苏联后的俄罗斯第三帝国，还要和其他独联体国家建立类似苏联的欧亚联盟，这更让西方国家忧心忡忡。普京对以美国为首的西方国家采取强硬的政策，不听美国的话，不买美国的账，让以美国为首的西方国家难以容忍，却又无可奈何。

普京是一个奇迹。从政治影响力的角度说，他完全超越了奥巴马等当代政治人物，成为新世纪的一个独领风骚的传奇人物。他反对个人崇拜，始终保持真挚、自然、深得民心的平民心态。他说话幽默风趣，不打官腔，极富人格魅力。他可以身穿柔道服摔跤，身穿海员服出海，驾驶战斗机上天，甚至想当一名出租车司机。他的平民情结，让《做人要做普京这样的人》这首歌唱响整个俄罗斯。

2012年2月，俄罗斯舆论研究中心就百年内最杰出的俄罗斯本土政治家进行了一次民意调查，调查显示的对俄罗斯本土政治家的支持率排名依次为：普京61%；梅德韦杰夫54%；勃列日涅夫39%；尼古拉二世31%；列宁28%；斯大林28%；赫鲁晓夫24%；叶利钦17%；戈尔巴乔夫14%。俄罗斯舆论普遍认为，如果目前的政治、经济和社会形势得以延伸至2018年，普京届时必将以“最具影响力的俄罗斯政治家”的身份再次当选总统，他的连任毫无悬念。

国家就是我的信仰

普京经典语录

1.给我20年，还你一个奇迹般的俄罗斯！

2.俄罗斯只有两个盟友：陆军和海军。

3.我有一个梦想，希望能有这么一天，俄罗斯人能够说："我为生在俄罗斯而感到自豪。"

4.我本人有一些原则，其中之一就是，永远都不后悔。

5.谁不为苏联解体而惋惜，谁就没有良心；谁想恢复过去的苏联，谁就没有头脑。

6.我希望公民把我看作政府雇来打工的人。

7.如果上苍赐予我为自己的国家和人民工作的机会，那就是对我最大的奖赏。

8.俄罗斯永远拥有未来！对此，我深信不疑。

9.反对我们的人其实并不希望我们制订改革计划，他们希望俄罗斯越弱小越好，他们想让俄罗斯无组织无目标，这样他们才能在幕后动手脚，坐享其成。

10.如果在厕所里遇到恐怖分子，就把他溺死在马桶里。

11.为什么不把拉登请到白宫，问问他想要什么，然后给他想要的，让他安静地离开？！

12.我习惯于分出必要的时间，做点自己想做的事。

13.从事柔道是我一生中自觉自愿的事，它不仅是一项运动，而且是一门哲学，它教会我对待对手也要心怀敬意。

14.书，当然很重要，但在你生活的周围，还有更重要的东西：家庭和朋友。

15.事情做得越多，人就越会得出这样的结论：还有许多事没有做。

16.我不是什么救世主，而是俄罗斯的一名普通公民，我的感受和俄罗斯的任何一个公民都是相同的。

17.我们要在可以预见的将来让俄罗斯在世界上经济发达、力量强大且富有影响力的国家中占有一席之地，我们的全部决策、我们的全部举措都要服从于此。

18.决不向恐怖分子妥协，任何人都不能要挟国家！

19.我将与军队、舰队同在，也将与人民同在。我们大家不仅要一起来重振军队、舰队，还要振兴国家。

20.我喜欢做的事，我就欣然而为。

21.我觉得，没有弱点的人是没有的，每一代新人都将是更优秀的。

22.领土问题没有谈判，只有战争。

23.让人民受苦了！

24.即便把克里姆林宫卖了也要及时造出新一代潜艇来，因为这关系到俄罗斯的未来。

25.我想这些年来，我一直是努力工作的，而且，我是真诚地工作的。人民一定感觉到了。我向你们保证，在今后的4年中，我将以同样的方式工作。

26.不能为了任何人都不明白的某种荒谬理想而工作，应该始终以现实为基础，为如今生活的具体人，为明天和后天生活的子孙后代而工作。

27.人首先应当遵从的，不是别人的意见，而是自己的良心。

28.谁软弱，谁就被消灭。

29.原不原谅恐怖分子是上帝的事，我的任务是送他们去见上帝。

30.维护俄罗斯国家利益是我的职责，我终生不忘。

31.不给俄罗斯退路的人，我们也不会给他留活路。

目录
Contents

Chapter 01 王者归来：
蛰伏 4 年，再回权力巅峰

Chapter 02 草根本色：
放纵自己，青春年少最任性

Chapter 03 谋划前程：历练再历练，我的未来我做主

Chapter 04 初露峥嵘：机遇一旦闪现，就要牢牢抓住

Chapter 05 行事果敢：超凡脱俗施铁腕，力克时艰稳政局

Chapter 06 强国富民：稳扎稳打，步步为营

Chapter 07 整肃寡头：重拳出击，各个击破不手软

Chapter 08 强硬反恐：放狠话，使狠招，下狠手

Chapter 09 强化军事：我存在，就不容别国威胁俄罗斯

Chapter 10 纵横捭阖：从容应对外交，坚决维护俄罗斯利益

国家就是我的信仰

Chapter 01 王者归来：蛰伏4年，再回权力巅峰

给我20年，还你一个奇迹般的俄罗斯！

——弗拉基米尔·普京

01 第三次当选总统，硬汉也流泪

2015年3月5日，正值普京担任俄罗斯第六届总统刚满3年、本届总统任期刚好过半之时，他却从这一天起，在公众的视线中神秘地消失了。

由于全球油价暴跌，加之普京在应对乌克兰危机问题上态度强硬，与美国和欧盟逆向而行，美国与欧盟联手对俄罗斯采取经济制裁，致使深度依赖能源出口的俄罗斯经济遭受重创，卢布一度成为全球汇市中被抛售得最厉害的货币之一。媒体认为，糟糕的经济表现引发了俄罗斯民众对政府的不满，普京由此面临着前所未有的执政压力。

在这个节骨眼上，普京的突然“失踪”，马上引发了媒体的种种猜测。尤其是西方媒体，更是抓住时机进行大肆炒作。“普京生病，身体欠佳”说，“俄罗斯发生秘密政变，普京被软禁”说和“普京难撑执政压力，已经申请辞职”说等，一时间，媒体有些“天下大乱”，各种报道让人真假难辨。西方媒体的表现，不能说没有企图搅乱俄罗斯政局的嫌疑。

到了3月16日，关于普京的各种传言才不攻自破，这也让西方媒体哑口无言。这一天，俄罗斯总统普京在圣彼得堡会见了吉尔吉斯斯坦总统阿坦巴耶夫，两国首脑就进一步加强俄吉在贸易、投资、文化、能源和人道主义等领域合作一系列重要议题进行了富有成效的会晤。

当天，普京下令，要求俄罗斯北方舰队及伞兵部队进入全面戒备状态，随时准备举行军事演习。普京不露面则罢，一露面就有重拳出击，这就是硬汉的本色。普京下令做好军演准备，决不是一时赌气，其矛头指向哪里，他自己知道，美国和欧盟也同样知道。

此时，普京深知自己在第三次总统任期刚好过半时应该做些什么。俄罗斯遇到的困难，既有“天灾”，更有“人祸”。但在普京的眼里，这些都是暂时的，拿出两个重拳来，就可以轻松解决。对于剩下的3年任期，普京有足够的信心，为在下一届总统大选时再次获得连任而赢得足够的“积分”。

普京绝对是一位雷厉风行的总统，俄罗斯接下来的政局走向都朝着普京预期的方向发展。2015年俄罗斯红场大阅兵隆重举行、2015年俄罗斯消防安全救援展会成功举办、金砖国家元首第七次峰会和上海合作组织成员国元首理事会第十五次会议在乌法成功召开、伊朗核问题谈判达成全面协议等一系列重大事件，都体现了俄罗斯和普京的强力存在。

普京是在2012年3月5日当选为俄罗斯第六届总统的。当时，普京以统一俄罗斯党候选人的身份参加总统大选，并在第一轮选举中，就以得票率超过60%的绝对优势直接胜出。这也是他第三次当选俄罗斯总统。

与普京同时竞选总统的另外4名候选人的得票结果是：俄罗斯共产党中央委员会主席久加诺夫排名第二，获得了17.19%的选票；独立候选人、亿万豪富普罗霍罗夫排名第三，获得了7.82%的选票；俄罗斯自由民主党主席日里诺夫斯基排名第四，获得了6.23%的选票；公正俄罗斯党主席米罗诺夫排名第五，获得了3.85%的选票。从得票率来看，另外4名候选人的得票率与普京的得票率相差悬殊，普京当选毫无悬念。

2012年的俄罗斯总统大选，由于普京再次成为候选人，备受俄罗斯社会各界的关注，也备受全世界的关注，尤其是以美国为首的西方国家一直紧绷着神经。在此之前的2000年至2008年，普京作为苏联解体后独立俄罗斯的第二任总统，完成了连任两届的壮举。普京卸任总统后，又被继任者梅德韦杰夫任命为俄罗斯政府总理。4年后，普京卷土重来，参加俄罗斯第六届总统大选。

与普京同场竞技的另外4位候选人，也都是俄罗斯政坛的实力派人物。其中，尤以久加诺夫最有影响。1944年，久加诺夫出生于奥尔洛夫州的一个3代教师世家，成长于赫鲁晓夫、勃列日涅夫时期，他目睹和经历了苏联和苏共的兴衰，直至瓦解。在苏联解体、苏共被解散之后，久加诺夫成为俄罗斯共产党的主要领导人。在此之前，他先后在1996年、2000年和2008年3次竞选俄罗斯总统，但分别输给了叶利钦、普京及梅德韦杰夫。

2014年9月26日，中共中央总书记、国家主席习近平在人民大会堂会见了久加诺夫率领的俄共代表团。在会面中，习近平表示，中方有兴趣与俄方最大限度地发展包括国防和天然气管道建设方面的各领域交往，中共也愿意同俄共加大人员交往以及两党党建、思想理论方面的交流。这足以说明久加诺夫在中俄关系发展上发挥着不可替代的特殊作用。能再次战胜这样的对手当选总统，只能证明普京竞选实力的强大。

普京第三次赢得总统大选的当天，他的支持者就在莫斯科马涅什广场举行盛大的集会，庆祝普京当选新一届总统。那天，参加集会的俄罗斯民众竟达惊人的11万人，让寒冷的莫斯科顿时呈现出一派浓浓的春意。盛大的集会上，向来以硬汉著称的普京在登台演说时，难掩激动的心情，不禁潸然泪下。这样的场面，是从未出现过的。自2000年坐上俄罗斯总统宝座以来，普京留给人们的印象就是冷峻、铁腕。这次流泪，着实让在场的人惊讶不已。他在发表胜选演说时，声音甚至有些沙哑。

他说："曾经，我问你们，我们会赢吗？现在，我们赢了！……这不仅是一场总统的选举，而且是一次对我们所有人、对俄罗斯人民极其重要的测试。测试的结果标志着俄罗斯人在政治上成熟了，标志着俄罗斯的独立、自主。没有任何人、没有任何东西是可以强加于我们的！……票选表明，俄罗斯人民能够明辨'求新、求改革的意愿'与'政治离间'的区别，能够明辨政治离间的唯一目的是摧毁俄罗斯。……我们获得了压倒性的支持，获得了公平的胜利。……我曾向你们保证，我们会胜利，现在，我们胜利了。这是俄罗斯的光荣！"

普京在大选中胜出毫无悬念。乱世出奇才，时势造英雄。自2000年以来，普京一直在全盘操控着俄罗斯的政局变化。即使在担任政府总理期间，总统梅德韦杰夫也要尊重其意见行事，普京实际上是总统权力的幕后操纵者。2012年大选，俄罗斯再一次选择了普京，也是俄罗斯历史发展的必然选择。

当1999年12月31日俄罗斯时任总统叶利钦宣布辞职的时刻，刚刚担任4个半月政府总理的普京成了俄罗斯的代总统。随后，普京以代总统的有利位置，顺利赢得了2000年的第三届总统选举。虽然当时人们都在怀疑他对国家的领导能力，但时间过去15年后，他以智慧的头脑和强硬的铁腕完全掌控着这个国家，成为被俄罗斯人公认的救世主。

普京能被叶利钦看中并选为接班人，真是一件很不容易的事。叶利钦1991年6月当选俄罗斯总统后，到1999年12月这9年半多的时间内，先后任命了盖达尔、切尔诺梅尔金、基里延科、普里马科夫、斯捷帕申和普京等6位总理。其中，切尔诺梅尔金先后担任过总理和代总理，其总理任期很长，为5年3个月，但代总理的时间很短，仅仅20天。1998年3月以后，叶利钦更是陷入走马灯式换总理的怪圈。从基里延科到普京，不到1年半的时间，叶利钦竟然先后任命了4位总理，这还不包括在解除基里延科总理职务后任代总理的切尔诺梅尔金。也许，这在全世界也是绝无仅有的。

于是，普京被任命为总理后，不仅全世界的媒体都在关注他何时被叶利钦撤换，就连俄罗斯的民众也在猜测着下一任总理应该是谁。但是，被撤换的事情没有在普京的身上发生，他顺利地从叶利钦的手中接班，结束了俄罗斯历史上一次超乎寻常的换总理游戏。

其实，人心思定，拨乱反正，是普京上台执政之初俄罗斯社会的真实写照。当时，俄罗斯社会最强烈的民意就是期盼政治稳定，期盼重树俄罗斯的大国地位，恢复民族自豪感。多数俄罗斯人早已厌倦了政治作秀和党派纷争，希望有一个强势的政府出现，有一个政治强人站出来。在这一背景下，普京的登场，可谓民心所向。他拥有了宪法赋予总统的巨大权力，可以决定国家内外政策的基本方针，可以决定武装力量的锋芒所向，可以任免包括总理在内的国家重要行政官员。

从此，普京在俄罗斯扛起了秩序、法治和社会公正的大旗，果断向经济寡头开刀，强力向地方官员收权。同时，普京大力强化中央集权，重视抓好社会调控，从而赢得了许多人特别是全社会弱势群体的支持和拥护。

02 心灵的默契，促成权力轮回

2004年，普京在俄罗斯第四届总统大选中顺利获胜，赢得连任。至此，普京已经完全掌控了俄罗斯政坛的走向，成为俄罗斯历史上的第二个叶利钦。叶利钦在第二个总统任期的后两年，基本处在寻找接班人的状态，以至于形成了走马灯式的换总理格局。局内人士都知道，叶利钦不是在选总理，而是在选接班人。叶利钦说："我确实想创造一个政治家正常地、文明地、平静地离开政治生活的先例。"普京的出现，让叶利钦如愿以偿。

可是，到了2008年普京任期届满时，谁会出任俄罗斯的下一任总统呢？普京在任时会像叶利钦那样为俄罗斯的未来选好接班人吗？对此，人们都在密切地关注着。就在2008年总统大选即将临近时，普京突然高调宣布：完全支持梅德韦杰夫参选，到时自己会出任新政府的总理。

在此之前，梅德韦杰夫还只是俄罗斯政府的第一副总理。普京的表态，让梅德韦杰夫一下子成为"低调、实干、人品好、忠诚、有修养、从政经验丰富"的政治家，一个有能力的好人形象展现于世人面前。就这样，梅德韦杰夫的民调支持率从最初的11%，一下子蹿升至45%。在普京的全力保荐下，梅德韦杰夫在2008年俄罗斯第五届总统大选中，战胜了俄罗斯共产党中央委员会主席久加诺夫、俄罗斯自由民主党主席日里诺夫斯基、俄罗斯民主党中央委员会主席博格丹诺夫3位候选人，成为俄罗斯政治舞台的新主角。

其实，梅德韦杰夫的当选，并不仅是他独立的政治人格征服了选民，也是普京的保荐赢得了选民。换句话说，他是普京的政治盟友。这个道理，梅德韦杰夫是非常清楚的。为此，他在自己的任职期内修改了宪法，将俄罗斯总统的任期由4年调整为6年。这也是梅德韦杰夫的明智之举，有力地巩固了“普梅”式的政治同盟关系，为此后普京的王者归来埋下伏笔，也为他自己能在12年后再一次成为普京的继任者打下基础。

普京要想卷土重来，不能缺少俄罗斯国家杜马的强力支持。俄罗斯国家杜马是俄罗斯联邦会议的下议院，有450个议席。2008年以前，国家杜马的任期为4年，自2008年起，国家杜马的任期延长至5年。按照宪法规定，俄罗斯国家杜马具有下列职权：同意俄罗斯联邦总统对俄罗斯联邦政府总理的任命；决定对俄罗斯联邦政府的信任问题；任免俄罗斯联邦中央银行行长；宣布大赦；提出罢免俄罗斯联邦总统的指控等。

2011年12月5日，俄罗斯国家杜马选举落下帷幕，选举结果是，执政的统一俄罗斯党获得了49.54%的支持率，一举赢得238个议席。随即，统一俄罗斯党最高委员会主席格雷兹洛夫宣布赢得胜利，他说：“统一俄罗斯党赢得了胜利，这一成果非常显著。我们获得了第六届国家杜马的多数席位，这意味着建立强大、统一的俄罗斯的原有方针将得以延续。”12月14日，格雷兹洛夫宣布辞去统一俄罗斯党主席职务，由梅德韦杰夫接任。

虽然统一俄罗斯党在国家杜马选举中获得了胜利，可选举却受到了国内民众和西方国家的质疑。杜马选举刚刚结束，俄罗斯共产党主席久加诺夫、自由民主党主席日里诺夫斯基、苏联前领导人戈尔巴乔夫以及美国国务卿希拉里等国内外重量级政治人物纷纷发声，指责俄罗斯国家杜马选举存在舞弊行为。戈尔巴乔夫甚至提出：“必须重新举行选举。”

杜马选举结束的当天晚上，莫斯科就爆发了数千名示威者参加的示威抗议活动。示威者高喊“俄罗斯不需要普京”等口号，以此来表达对杜马选举的强烈不满。此后，俄罗斯又先后两次爆发大规模的抗议示威活动，抗议大潮波及全国各地。于是，一些西方媒体趁机大造舆论，说俄罗斯民众已经厌倦了普京，普京正在失去对国家政权的控制。

然而，西方媒体错了，普京可不是见硬就怕的人。普京通过发言人佩斯科夫向全世界宣布，杜马选举结果依然有效，不可更改。这一信息，充分表达了普京的强硬立场，大选的进程依然由普京掌控。

随后，俄罗斯国家杜马于2011年12月21日召开第一次全体会议，统一俄罗斯党推荐的候选人纳雷什金以238名议员赞成的压倒性票数，战胜了俄罗斯共产党推荐的候选人梅利尼科夫、自由民主党推荐的候选人日里诺夫斯基和公正俄罗斯党推荐的候选人米罗诺夫，顺利当选俄罗斯第六届国家杜马主席，并宣誓就职。

当选之前，纳雷什金是克里姆林宫办公厅主任，是普京的铁杆拥护者，曾与普京在圣彼得堡一起从政。2004年起，纳雷什金担任政府办公厅主任，2007年成为副总理，2008年出任克里姆林宫办公厅主任。无疑，纳雷什金也是普京政治体系中重要的联盟者。

2013年3月23日，中共中央总书记、国家主席习近平在莫斯科会见了纳雷什金。习近平指出，深化中俄全面战略协作伙伴关系，既有良好基础，也有日益增强的相互需要。同普京总统就两国开展大项目合作达成广泛共识，相信俄罗斯国家杜马会积极支持、推动，提供有力的立法保障。纳雷什金表示，俄中对国际秩序等许多重大问题看法一致，俄方高度重视两国全面战略协作伙伴关系。俄罗斯国家杜马各党派在发展俄中关系方面高度一致，坚定支持两国合作。

俄罗斯国家杜马的组成格局，为普京再次赢得总统选举提供了强有力的政治保障。其实，西方媒体所说的“很多俄罗斯公民已经厌倦了普京”是缺乏事实依据的。俄罗斯公民非常实际，只要能够带来实实在在的好处，他们就非常拥护普京。于是，在2012年3月5日这一天，普京如愿以偿地成为总统大选的最后赢家，开始了自己的第三个总统任期。当普京的第三个总统任期已经过半时，俄罗斯民众欣喜地感觉到，他们的选择是正确的。

在第六届总统大选前夕，许多人都在猜测现任总统梅德韦杰夫能不能像叶利钦和普京两人一样谋求连任。但很快，答案就出来了。2011年9月24日，统一俄罗斯党召开了第十二次代表大会。会上，梅德韦杰夫展示出了超常智慧和团队意识。他在全体党代表面前公开提议，由普京作为统一俄罗斯党候选人参加下一任总统大选，自己不做候选人。提议很快得到了全体党代表的一致赞成。

梅德韦杰夫的提议通过后，普京也正式表态，如果他当选总统，梅德韦杰夫将出任总理。这种默契一旦变成现实，俄罗斯政坛的“梅普”组合就会恢复到4年前的“普梅”组合状态。这将是俄罗斯政坛的一个前所未有的传奇，两个人上演了一场精彩的“二人转”。

普京的强者归来，意味着从2012年起的6年甚至12年，俄罗斯的政局仍然由“普梅”这一组合来执掌，俄罗斯将继续沿着普京早已规划好的路径前进。对此，俄罗斯政治分析家尼克诺夫甚至说：“我们已经看到了2036年前的俄罗斯政治格局。”尼克诺夫的话不无道理。假如普京在2018年的总统大选中再次获得连任，其任期将到2024年；假如梅德韦杰夫2024年赢得总统大选并在2030能够连任，其任期就将到2036年。

普京的再次当选，让一些西方媒体大为不爽。英国《每日电讯报》刊文：“‘梅普’二人此前已经出现种种不和的迹象，现在看来这些不和的迹象大多是假的，他们本质上是在同唱一份歌单上的歌。”路透社则这样形容“梅普”二人的权力轮回：“普京打破了俄罗斯重启长远改革的希望，而这种改革对俄罗斯来说是如此迫切。”

在俄罗斯政坛，“普梅”配合得非常默契。普京第一次担任总统时，任期只有4年，而且只能连任一届。他做满两届8年总统后，只好根据宪法将总统之位交给他精心选定并大力扶持的梅德韦杰夫，自己转而当起了总理。而梅德韦杰夫知恩图报，在任期内将宪法做了修改，把总统的任期从4年延长至6年。这一修改，不禁让人想到普京初任总统时说的那句话：“给我20年时间，还你一个奇迹般的俄罗斯！”普京已做完8年总统，再做两届的12年，加起来正好是20年。这决不是简单的巧合。

其实，普京与梅德韦杰夫之间在政治上形成某种默契不足为奇。他们本来就是师兄弟关系，早在1991年他们就一起在圣彼得堡工作过，也可以说，梅德韦杰夫是普京一手扶持起来的。梅德韦杰夫生于1965年；1987年，在列宁格勒国立大学获得法律学位；1990年，获得副博士学位；1991年，任列宁格勒国立大学讲师，同时还担任圣彼得堡市政府的法律顾问；1999年，梅德韦杰夫追随普京进入俄罗斯政府并担任政府办公厅副主任；2000年，任俄罗斯天然气工业股份公司董事会主席；2003年，担任总统办公厅主任；2005年，出任俄罗斯政府第一副总理；2008年，赢得俄罗斯第五届总统大选；2012年，梅德韦杰夫被任命为俄罗斯政府总理，并当选为统一俄罗斯党主席。

"普梅"间的这种政治默契，在普京的政治生涯中已经不是第一次出现了。1999年的最后一天，普京从叶利钦手中接过总统的权杖时，就承诺："永远不对前一届政府的人进行清算。"正因为有了这句承诺，叶利钦才一直平安无事。

03 强权背后，体现政绩的强力支撑

2000年，普京从叶利钦的手中接过俄罗斯总统的权杖之后，以其强硬的手段平息并稳定了车臣的局势，遏制了日益猖獗的恐怖主义活动。他强力整顿俄罗斯经济，把石油天然气资源企业收归国有，使俄罗斯一直保持着5%左右的经济增长率，其GDP由2000年的2597.02亿美元增长至2014年的2.06万亿美元，

排名世界第9位，等于再造了7个俄罗斯。应该说，普京创造了俄罗斯经济发展的一个奇迹。同时，俄罗斯的军事实力迅速增强，军事大国形象已向全世界充分展示。

在俄罗斯，普京已成为强权的代名词。崇尚东正教的俄罗斯民族，有着一种较为强烈的“救世”情结。东正教是与天主教、基督新教并立的基督教3大派别之一，由一些被称为“自主教会”或“自治教会”的地方教会组成。这些教会彼此独立，但有着共同的信仰。东正教从东罗马帝国传入俄罗斯后，迄今已有1000余年的历史。尤其是从20世纪80年代末开始，在俄罗斯大地上掀起了一股强大的东正教热潮，恢复东正教信仰成为俄罗斯社会的普遍现象。这股宗教热潮的一个显著特征是信教人数急剧增加，最终俄罗斯半数以上的居民成为东正教信徒。东正教的俄罗斯化，有力地增强了俄罗斯的民族凝聚力。

信奉东正教的俄罗斯人，习惯在某一个特殊时期，把救世的重担、内心的期待以及获得的荣光都交给一个救世主，像伊凡大帝、彼得大帝、叶卡捷琳娜二世、亚历山大二世、列宁、斯大林等。到了21世纪，普京成为俄罗斯人所选择的一位新的救世主。从2000年起，普京一直主宰着俄罗斯政坛的风云变幻，成为当之无愧的俄罗斯政治的“操盘手”。

路在人走，事在人为。普京所开创的在世界上独一无二的俄罗斯政治新局面，实现了对总统权力和总统选举的强力掌控，决不是一蹴而就的事。能够赢得大多数俄罗斯人民的信赖与支持，仅靠强权是远远不够的，敢于担当，善于作为，政绩突出，才是最强力的支撑。

普京在首次连任俄罗斯总统的8年间，使俄罗斯的综合国力得到了大幅度的提升，成为一位名副其实的“铁腕总统”。2000年，俄罗斯的GDP仅为2597.02亿美元，这个数字甚至比中国台湾省还少了664.6亿美元，排名世界的第19位。2004年，俄罗斯的GDP为5910.17亿美元，在世界的排名上升到第16位。2008年，俄罗斯的GDP达到1.66万亿元，继2007年排名世界第10位后，再一次实现了位次前移，排名世界第8位，达到俄罗斯前所未有的鼎盛时期。

仅仅用了8年时间，普京就把一个内忧外患、民族凝聚力缺失、险些沦为世界二流国家的俄罗斯，重新带到了世界强国的行列，GDP总量提升了11个位次，他的治国能力有目共睹，令人信服。普京带领俄罗斯人，敢于同以美国为首的西方国家公开叫板，军事上频频与强大的美国“比拳脚”“掰手腕”，前苏联时代的超级大国实力再度显现。于是，俄罗斯成为世界上最能对美国的全球支配地位构成威胁的国家，美国独霸天下的态势受到遏制。为此，俄罗斯人欢呼不已，他们渐渐找回了世界强国的自豪感。

2012年2月，正值俄罗斯第六届总统大选前夕，《俄罗斯报》发表了述评文章《普京执政8年让俄罗斯“脱胎换骨”》。文章指出，普京在首次连任总统期间，最大的贡献就是化解了国家所面临的“系统性危机”。他具备杰出的组织才能，并采取了高水平而又非常理智的办法，从而赢得了巨大的成功。“系统性危机”之所以可怕，是因为它能摧毁社会生活的所有基本元素。经济危机蔓延至社会领域，而社会危机又导致政治动荡，从而形成连锁反应。要扭转局面，七八年无疑是非常短的时间。不同的人对普京有不同评价，但都不得不肯定他的这一功绩。在国家历史上，这8年堪与苏维埃政权的前10年相媲美。当时，苏维埃政权通过巨大努力，战胜了经济崩溃，降低了文盲率，解决了孩童无家可归等社会问题。

文章指出，普京的第二个贡献是使大多数俄罗斯人民的生活水平，从以往的低得难以接受上升至起码能够接受，这种改变惠及大多数人。第三个贡献，是在社会生活的主要方面实现了稳定，这是有目共睹的。第四个贡献，是国家为社会持续发展创造了必要的经济、政治和心理前提。第五个贡献，是俄罗斯民众恢复了对国家的信任。普京担任总统之前，俄罗斯人在回答“你是谁”之类的问卷调查时，常称自己是某个民族的人，或者是某个城市的人，就是不提自己国家的名字。而在普京连任总统后，人们最常见的回答则变成了“我是俄罗斯人”。这充分体现了普京的成就。20世纪90年代，在苏联这个超级大国于瞬间倾覆后，许多人不清楚自己生活在一个怎样的国度里，人们无法明确回答俄罗斯究竟代表着什么。但时至今日，普通人都能给出自己的答案：俄罗斯是一个拥有自身明确发展目标的伟大国家，可以勇敢表达并捍卫这些目标，而不必在西方面前摇尾乞怜。

《俄罗斯报》发表的述评文章，虽说有为普京竞选总统摇旗呐喊、擂鼓助威的嫌疑，但对普京的评价不得不说是客观公正的。从文章发表后所获得的民意反馈情况看，文章内容基本道出了广大人民的心声。

普京以其令人信服的执政业绩，在俄罗斯国内赢得了极高的民众支持率。1999年8月，普京刚刚出任总理时，他的民众支持率仅有31%；而到了2008年，俄罗斯和格鲁吉亚爆发军事冲突之时，他的民众支持率达到了88%。2014年2月，乌克兰危机爆发后，尽管俄罗斯经济四面受压、困难重重，普京却成功把握住了这场危机中的机遇，以一贯强硬不屈的姿态面对西方的挑衅和制裁，支持率不降反升，甚至一度飙升至惊人的89%。这个数字，让一些西方国家领导人既眼红又气愤。

俄罗斯与乌克兰之间的矛盾由来已久。乌克兰和俄罗斯原本是不同的国家，但由于钦察汗国的建立，第一次将包括乌克兰和俄罗斯在内的东欧大草原统一成一个国家。从钦察汗国到沙皇俄罗斯，再到苏联，一直都维持着统一的局面。但是，民族的隔阂成为统一解体的原因之一。乌克兰民族和俄罗斯民族是斯拉夫民族的不同分支，乌克兰历史比俄罗斯的更早，也更辉煌。在沙皇俄罗斯和苏联统治时期，乌克兰经济比俄罗斯好，也让乌克兰人在面对俄罗斯人时有一种优越感，认为乌克兰被俄罗斯统治是不可接受的耻辱。

由于地缘因素，乌克兰一直是西方国家重点拉拢的对象，给它很多好处让它疏远俄罗斯，加入欧洲联盟。对俄罗斯反感的乌克兰人，把对俄罗斯的反感转化为对西方的向往，因而出现许多“亲西方派”人物。但是，很多的乌克兰东部居民已经与俄罗斯建立了紧密的经济联系，感情上十分亲密，他们强烈反对疏远俄罗斯而加入西方。这与乌克兰西部的反俄罗斯情绪形成明显的对立，从而加剧了乌克兰国内的分裂和动荡，加之西方国家的干预，最终导致乌克兰危机的爆发。

乌克兰危机爆发后，普京不顾以美国为首的西方国家的制裁警告，于2014年3月17日签署总统令，承认克里米亚和塞瓦斯托波尔为独立主权国家，第二天又与克里米亚和塞瓦斯托波尔代表签署条约，实现了克里米亚和塞瓦斯托波尔以联邦主体身份加入俄罗斯。随后，俄罗斯国家杜马又于同年3月20日批准克里米亚及塞瓦斯托波尔作为新主体加入俄联邦的国家间条约。

于是，以美国为首的西方国家对不听话的俄罗斯采取了严厉的制裁手段。西方国家认为，经济制裁手段会让俄罗斯民众对普京产生不满情绪，从而引发民众抗议，甚至可能引发上街游行示威，最终动摇普京的执政基础。可让西方国家大失所望的是，制裁手段不但没有引发俄罗斯的内乱，反而大大激发了俄罗斯人的爱国热情以及对普京的强力支持。俄罗斯民众没把愤怒发泄在普京领导的政府头上，而是把矛头对准了西方制裁者。

乌克兰危机爆发后的民意调查结果显示，66%的俄罗斯人民把西方视为打压和羞辱俄罗斯的真正敌人，把普京视为抵御外部冲击、捍卫俄罗斯利益的神圣保卫者。接近一半的俄罗斯人民认为，西方制裁不仅瞄准俄罗斯的统治精英，还旨在惩罚俄罗斯的普通民众。由此，不少人认为，西方制裁不仅是对俄罗斯整个国家的进犯，更冒犯了他们的个人和家庭，他们的心里充满了愤怒。

政绩是检验一个领导者的最好标准，普京强硬背后的底气自然是他执政以来俄罗斯经济发生的翻天覆地的变化。2000年，俄罗斯贫困人口比例高达29%。2008年，这一比例已经下降至13.4%。到2014年年底，这一比例再次下降至11%。2000年，俄罗斯民众月平均工资为2232卢布，约合当时的82美元。2014年，俄罗斯民众月平均工资为3.68万卢布，约合630美元。2014年年底，俄罗斯央行的黄金和外汇储备为3855亿美元，国际货币的储备规模仅次于中国和日本，居世界第三位。对此，美国《时代》周刊执行主编施滕格尔也不得不心悦诚服地评价普京："普京将处于混乱中的俄罗斯重新带到世界强国之列，取得了非凡的领导成就。"

04 “既生瑜，何生亮”，普京无人可以替代

“既生瑜，何生亮”，这句话来自罗贯中的长篇章回体小说《三国演义》，是周瑜对自己的才华比不过诸葛亮的一种感慨。在《三国演义》中，周瑜以其经典名言“既生瑜，何生亮”为后人所感慨。究其原因，就是因为周瑜没有一个正确的心态。心态是一匹脱缰的野马，可以驰骋万里，也可以践踏庄稼，需要我们用熟练的技巧去驯服；心态是一股高山清泉，可以滋润禾苗，也可以颠覆一切，需要我们用成熟的人格去引流。周瑜面对一个才能和智谋都胜过自己的人，不是以积极的态度去向其讨教，而是选择了以嫉妒的心态与之争斗，甚至采用不光明的手段去陷害，这种不健康的心态，最终导致自己积愤成疾、英年早逝。

其实，这是《三国演义》为了凸显诸葛亮的高大形象而虚构的一句话。《三国演义》这部小说，是有着明显褒蜀、抑魏、贬吴倾向的作品。自《三国演义》之后，周瑜形象及其历史功绩在世人心中大打折扣。在陈寿的正史《三国志》里，周瑜并不是一个小肚鸡肠的人物。公元208年的赤壁之战，曹操是北军的统帅，周瑜是南军的统帅。当时，周瑜仅有33岁，风华正茂，从苏东坡的《念奴娇·赤壁怀古》中，足见他的英雄豪气。而诸葛亮时年27岁，还只是刘备派驻在联军大本营中的一个观察员。

历史上的周瑜胸襟广阔，气度宽宏。吴军老将程普因为周瑜年轻，对他很不服气，多次当面侮辱他，但周瑜从不与他计较。后来，程普为周瑜的才华和品德所折服，感慨道：“与周公瑾交，若饮醇醪，不觉自醉。”“醇醪”是味厚的美酒。于是，程普与周瑜成为最好的朋友。《三国演义》所描写的心胸狭窄的周瑜，是罗贯中为了衬托诸葛亮而刻意塑造的配角形象，是艺术处理，不可当真。“三气周瑜”也毫无历史根据，周瑜最后是病逝于出征途中的。周

瑜不仅有勇有谋，而且精通音律，雅量高致，即使在喝醉时也能听出曲中的谬误，在《三国志》中，就有“曲有误，周郎顾”的记载。

在俄罗斯，每到一个关键时期，普京就会把“既生瑜，何生亮”这句话当成子弹射向他的对手，让他的对手黯然神伤：今时今日，普京无人可以替代。2012年俄罗斯总统大选之前，普京已于2000年和2004年先后两次毫无悬念地赢得俄罗斯总统大选，连续两届当选总统。由于俄罗斯宪法规定总统只能连任两届，普京不得不退出2008年的总统大选，但他却强力支持他的政治搭档梅德韦杰夫竞选总统。之后，他出任总理，仍处在俄罗斯权力的巅峰。参加过2000年、2004年和2008年俄罗斯总统竞选的人，都非等闲之辈，但他们前两次与普京竞争，第三次与普京的政治搭档梅德韦杰夫竞争，无不以惨淡的结果收场。自从普京在2000年的总统大选中横空出世以来，在俄罗斯政坛上，普京似乎只有合作伙伴而没有竞争对手。与普京生在一个时代，与普京处于一个舞台，只能做陪衬，只能当配角。出现这样的局面，谁也没办法，因为这个世界是用实力说话的。

普京从来都是一个喜欢参与竞争、喜欢迎接挑战的人，而不是一个甘于孤独寂寞的人。就在2011年俄罗斯国家杜马选举大战即将拉开帷幕的前两周，普京还饶有兴致地观看了一场格斗比赛，由俄罗斯著名重量级格斗选手菲多·艾米连科对阵美国选手杰夫·蒙森。这是在美俄两名大力士之间的无规则终极格斗，身上文有“自由”与“团结”的美国选手杰夫·蒙森被俄罗斯选手菲多·艾米连科打得鼻青脸肿。

当赛事终局的哨声响起时，美国选手已经被打得无法站立，俄罗斯选手获得最后的胜利。这时，按照组委会的安排，普京走进了比赛场地，发表了热情洋溢的讲话，对获胜的俄罗斯选手表示祝贺，对失败的美国选手表示致敬。正当普京在格斗赛场高声赞扬俄罗斯大力士是“真正的男人”时，赛场本应响起热烈的掌声，可现场的气氛恰恰相反，喝倒彩的嘘声和口哨声完全淹没了掌声。

显然，这些喝倒彩的人不是触景而发，而是事先做好了准备。在普京讲话进入高潮的那一刻，想给普京一个难堪。这些震耳欲聋的嘘声和口哨声，不只针对普京，也针对普京的追随者和支持者。俄罗斯国家杜马大选在即，俄罗斯总统大选也为期不远，赛场上的这一片嘘声很难不对选情产生影响。

那一天，观看电视实况转播的观众都目睹了这个不同寻常的场面，上传到互联网上的视频也引起很多人的兴趣。俄罗斯电视台在之后播放的新闻节目中，对普京讲话时观众的反应做了剪辑，只播出了普京讲话后观众欢呼的片段。但是，未经剪辑的视频仍然被上传到了美国视频网站，立刻吸引了数十万人点击观看。对此，普京的支持者很是担忧。

2011年12月4日，俄罗斯总统大选前的最后一次国家杜马选举如期举行。选举结果是，执政党统一俄罗斯党虽然受喝倒彩事件影响丢失了70多个议席，但仍毫无悬念地夺取了议会第一大党的地位。这是统一俄罗斯党的胜利，更是普京的胜利。在这次选举中，俄罗斯共产党和公正俄罗斯党的议席都比上一次选举有了明显的增加，但是无法撼动统一俄罗斯党的压倒性地位。

竞争的胜负已见分晓，整个选举活动随之结束，一切与选举有关的事情也都尘埃落定。可随后，获胜的普京所领导的统一俄罗斯党却被质疑在杜马选举之中存在舞弊行为。2011年12月10日，俄罗斯各地普遍出现了抗议大潮，从圣彼得堡到西伯利亚，全国由西向东的各大城市均受到了较大波及。仅莫斯科博洛特纳亚广场上的示威者，人数就超过了两万。为了稳定局势，2011年12月12日，时任俄罗斯总统的梅德韦杰夫在自己的脸谱网（Facebook）主页上表示："宪法规定俄罗斯公民有权表达自己的立场，而他们正是这么做的。一切都依法进行，这很好。但我不同意集会所提出的口号和声明。"梅德韦杰夫所说的"他们"，指的是普京的反对者；所说的"口号"，指的是"普京下台"；所说的"声明"，指的是"杜马选举结果无效"。

2011年12月24日，也就是纪念苏联解体20周年的前一天，莫斯科的街头举行了有5万多人参加的示威集会，强烈质疑统一俄罗斯党在国家杜马选举中的舞弊行为。这次示威集会也是普京执政12年来所遭遇的最大规模的一次反抗集会。参加集会的人们打着一幅幅"普京下台"的标语，与以往大街小巷都在传唱《嫁人就嫁普京这样的人》的情形形成了鲜明的反差。

半个月的时间内，人们在寒风中游行集会，主要向媒体和政府表达两个方面的诉求：一是重新举行国家杜马选举，二是中央选举委员会主席下台。

此后，支持普京和统一俄罗斯党的民众也发起了声势浩大的游行集会，声称“反对普京”就是“背叛国家”。对于国内两个阵营民众的各自示威，普京并未直接回应，而是让发言人佩斯科夫向全世界传达了他的强硬立场：杜马选举结果依然有效，不容更改。

其实，参与游行集会的那些普京的反对者大多是俄罗斯的中产阶级。这些城市精英在拥有了富足的生活之后，开始向政府表达他们的政治诉求。英国杂志《经济学人》对此评论道：“这场抗议示威并非一场革命，它更像是中产阶级从纳税人向公民的转变。”显而易见，这些普京的反对者的背后有来自西方的支持。一些西方国家对普京及统一俄罗斯党一直心存不满，借此机会大力鼓动俄罗斯反对派游行集会，充当搅局角色。这也是一些西方国家的惯用伎俩，善于用发现、培养、支持反对派的方式，来给不顺从自己的国家搅局。但是，在普京面前，任何虚伪、肮脏、装腔作势的政治秀和声明都显得苍白无力，任何欺骗世人和民众的手段都会土崩瓦解。西方国家的小聪明，只能以失败而告终。

参与游行集会的反对派成员有许多是从苏联体制中走出来的，这些人不希望俄罗斯总是普京一个人执政。而这些反对力量，却提不出由哪一位合适的人选来取代普京。显然，连一位取代普京的合适人选都提不出来，这样的游行集会不足以对普京参加2012年的总统大选构成威胁。

集会游行爆发后，普京表示，自己愿意与反对派进行对话。普京表达了这样一种宽容的态度后，却向反对者提出了问题：“我希望对话，可是，我跟谁对话呢？”这个问题，让反对者目瞪口呆，无法回答。

是啊，谁有资格来跟普京对话，是时任列宁格勒州州长的马特韦延科，还是人称“最后的寡头”的普罗霍罗夫？

对话没有发生，因为有普京；2012年的俄罗斯总统大选毫无悬念，因为有普京。在俄罗斯，今时今日，普京无人可以替代。

05 面对西方搅局，强势应对粉碎图谋

普京的强势，是某些西方国家不愿意看到的。在普京于2000年和2004年连任两届俄罗斯总统后，一个强大的俄罗斯逐渐呈现在世界面前。梅德韦杰夫担任总统后，俄罗斯的大政方针也大多在梅普协商做出决断。在2012年的俄罗斯总统大选中，一些西方国家不希望看到普京再次当选总统。为此，他们从2011年年底的俄罗斯国家杜马选举之前就开始插手，对俄罗斯的杜马选举和总统大选进行搅局。

也许普京不会忘记，1995年10月时任美国总统的克林顿在美国参谋长联席会议上的那次讲话。他说："我们取得了一个原料附庸和一个未遭原子弹破坏的国家，这个国家好不容易才建立起来的。在所谓的改革过程中，由于苏联的意识形态基础动摇了，我们不经流血就能够把一个是美国主要竞争对手的国家推出争夺世界霸权的战争。"也许，普京就是在耳边时常响起克林顿那段话的情况下，带领俄罗斯度过了艰难的"后苏联时期"，成为俄罗斯的政治领袖。

政治领袖是俄罗斯政治体系中的关键组成部分，在"后苏联时期"占有特殊的重要地位。由于俄罗斯政治文化一直偏爱强势而有个性的政治领袖，从1917 年以来，苏联的政治领袖大多秉承了强势这一特点。但是，因为改革派领导人戈尔巴乔夫个人的优柔寡断，从而丧失了对改革乃至国家的控制，未能成为掌控苏联局势的政治领袖。此后，叶利钦站了出来，成为俄罗斯第一任民选总统。他推动俄罗斯进行激进的市场化改革，希望使俄罗斯走上以市场经济为特征的"文明之路"。但由于复杂的国际国内环境以及政策方面的失误，这一尝试最终以失败而告终。即使如此，叶利钦仍不失为新生的俄罗斯联邦的政治领袖。

在经历了复杂的甄选之后，叶利钦选择了普京作为自己的接班人，并且帮

助普京顺利当选。有克格勃背景的普京，是一位具有开拓精神和坚韧性格的领导人。在接任总理之后，很快凭借自己的超群才能，解决了车臣问题，并且有效提高了社会福利，从而迅速提升了自己的威望，以绝对优势当选总统。执政之后，普京很快推动了俄罗斯政治制度新的转型，他通过除了暴力之外的一切手段强化国家权力，打击“寡头”，取消地方选举，限制独立媒体，通过“西罗维基”掌控权力，最终使整个政权集中于自己的手中，形成了被称为“可控民主”或“主权民主”的普京体制。在8年任期结束后，普京拒绝了第三个总统任期，而是选择了一项略显复杂的政治安排：将总统职务交给自己的同盟者梅德韦杰夫，本人则以总理和统一俄罗斯党主席的身份继续参政，形成了一种特殊的“双头制”政权，直到 2012 年重返克里姆林宫。这一切，西方国家都看在眼里，“郁闷”在心里。

不可否认，在俄罗斯，普京掌握着非常庞大的权力资源，足以应对处理国家局势的需求。为此，他本人也在国家杜马的讲话中宣称，俄罗斯已度过了“后苏联时期”，俄罗斯有足够的能力加强国家的统一和避免更多危机的出现。除拥有庞大的财力支撑外，军队和警察也一直站在普京这边，从未出现过动摇。此时，与普京相对抗的力量是那些所谓的“系统”政党和“非系统”团体，前者在议会中占有席位，后者正推动着街头抗议活动的发展。在游行集会的影响下，尽管民心越来越躁动，但是，大部分民众想要看到的是对目前体制的改良，而不是再来一场“革命”。这一切，对巩固普京的政治领袖地位都是有利因素。

然而，由于西方国家对俄罗斯事务的持续渗透，普京政府有序应对当前形势的策略受到很大的影响。这一次俄罗斯国家杜马的选举结果，就大大出乎普京和统一俄罗斯党的意料。自2010年年底以来，普京所领导的统一俄罗斯党的支持率就一直在下跌。一些西方媒体甚至分析指出：在2011年的国家杜马选举中，普京所领导的统一俄罗斯党有可能失去第一大党的地位。一些西方媒体还煽动：统一俄罗斯党要想在国家杜马继续保持第一大党的地位，只能依靠贿选和操纵选票来实现。由此可见，一些西方媒体对俄罗斯国家杜马的选举，已经不是一个正常的关注程度了。

在俄罗斯国家杜马选举结束之后，一些西方国家看到自己所期望的结果没能出现，普京所领导的统一俄罗斯党继续在国家杜马选举中占据着第一大党的地位，就进一步采取措施，鼓动和拉拢普京的反对者大搞游行集会，试图以重新选举的方式来挽回败局。他们利用舆论工具，爆料统一俄罗斯党在杜马选举中有作弊行为。由于一些西方媒体的连续爆料，普京的反对者趁势行动，组织了大规模的抗议活动，强烈要求普京下台、国家杜马重新选举。抗议活动此起彼伏，此消彼长，持续不断。显然，这些抗议活动并非只是针对国家杜马选举，而是将矛头直接指向了普京，有着非把普京搞臭搞垮不可的态势。

这次大规模的游行集会已经成为普京执政历史上出现的最为严重的一次政治危机。游行集会不仅影响了普京的执政地位，也极大地影响了广大民众的正常生活，更威胁到了国家的安全。为了平息无休止的抗议活动，大批俄罗斯军警紧急出动，进驻一些大城市，逮捕了部分态度蛮横的示威者。由于普京采取了强硬的应对措施，以游行集会为主要方式的抗议活动得以平息，而且没有出现流血事件。

对于此次政治危机，普京一针见血地道破了它的根源："在杜马选举后和总统大选前，一些外国代表召集他们已用资金支持的那些人，即所谓的赞助接受人，指导他们并给他们布置行动任务，来影响杜马选举尤其是总统大选的进程和结果。"普京说，"在俄罗斯这个国家，有些人像走狗一样向外国使领馆乞食，指望得到外国基金会和政府的支持，而不是依靠自己人。国内外的反对者，其目的就是想把俄罗斯搞乱、搞坏。那些反对我们的人，是想看到一个贫弱的俄罗斯，而不是强大的俄罗斯。他们想要一个无组织、无秩序和分裂的社会，以便他们在背后搞一些肮脏的勾当。"普京还说，"但是，他们的此类活动，肯定是做'无用功'，因为俄罗斯的民众不会被外国势力资助的那些政客迷惑。"普京最后有些嘲讽地说，"那些别有用心的国家，若把这些钱用于偿还债务，停止无效且代价高昂的干预政策，效果会更好。"

普京的谈话似乎没有直截了当地说明什么，但英国路透社却分析指出："普京的谈话是在暗示，不容许在俄罗斯出现邻国格鲁吉亚、乌克兰那样的'颜色革命'，不容许总统大选的结果出现丝毫偏差。"也许英国路透社所分析指出的，恰恰也是普京的心声。

普京就是普京，就是俄罗斯当之无愧的政治领袖。对于在游行集会中被当场逮捕的抗议分子，俄罗斯联邦法庭虽然判决其中的许多人有罪，然而，这些涉嫌违法的抗议者，却只被判处了15天监禁，服刑地点还是在莫斯科市的各警局监狱。

也许，正是有了这样一种非常人性化的待遇，使得那些过去不问政治的社会名流也纷纷赶赴抗议地点参加相关活动，一些人被警车带走的时候，还事先有所准备地穿着裘皮大衣。一位莫斯科市民在社交网络上幽默地写道："用不了多久，上流社会会拒绝接纳没有蹲过监狱的人。"这位市民的话，分明是在不满俄罗斯当局对参与游行集会的涉嫌违法人员的宽容判罚。

由于一些西方国家的干预，俄罗斯总统大选前的普京又面临着一件麻烦事，那就是普京政府不仅失去了一些知识分子和资产阶级的信任，同时也失去了一些年轻人的支持。这些年轻人普遍在30岁左右，过去对政治漠不关心，或者曾是普京的强力支持者，而如今，这些年轻人在一些西方媒体的煽动下，纷纷转而反对普京。这部分人的数量虽然不多，但他们受过良好的教育，阅历广泛，熟悉互联网，有着一定的政治远见。从某种程度上来说，他们代表着俄罗斯的未来，分量不可小觑。

但是，一些西方国家的如意算盘打错了，普京强硬地宣布俄罗斯国家杜马的选举结果有效。于是，随着2012年3月俄罗斯总统选举大幕的拉开，普京再次成为聚光灯的焦点。是西方通过资金和舆论支持的反对派获胜，还是掌握大量公共权力和政治资源的普京卷土重来，成为这次总统选举的主要看点。而最终的结果显示，绝大多数的俄罗斯选民愿意再给普京6年时间，以换取社会稳定和经济免受政治危机的冲击。普京第三次当选俄罗斯总统毫无悬念。

这样的选举结果，让一些西方国家大跌眼镜，他们苦心安排的"莫斯科之春"并没有如期出现。在苏联解体后，俄罗斯民族已经领教过所谓的多党制、民主制带来的最初快感以及接踵而来的各种负面效果。在一个没有民主传统的国度，激进的政治和经济改革让俄罗斯人对于民主有了更加冷静的认识。俄罗斯民众最终认识到：所谓的西方"革命"解决不了任何根本问题，激进变革的代价最终只会落到普通民众头上。

同时，普京政府并没有像利比亚、埃及等国家那样大规模镇压示威游行者，反而是选取了一种较为宽容的应对姿态。尽管在国家杜马选举结束后，有大量的军警被调入莫斯科市中心，但是，普京政府强调，大量军警来到莫斯科是警力的定期轮换。同时，普京和梅德韦杰夫还保证，俄罗斯公民在法律范围内举行游行示威是允许的。一个经历过斯大林“大清洗”的国度，很清楚在全球化的时代用铁拳镇压民众将会损伤政权的合法性，允许适度的游行示威将有助于事态的降温。这一点，普京做到了。

在2012年大选中，普京用公共权力和政治智慧，击退了西方势力通过金钱支持的反对者的咄咄攻势，让自己再次成为克里姆林宫的主人。从2012年开始，俄罗斯进入了普京的第三个总统任期，而且是6年的任期，俄罗斯这艘巨轮在普京的掌舵下，再一次开始新的航程。

06 超人总统，无所不能，缔造“普京王朝”

2012年3月4日，普京以64.39%的得票率在俄罗斯总统大选中胜出，完成了第三次当选俄罗斯总统的壮举，开启了6年新的任期。这时，普京已经年满60岁了。让人不可思议的是，从普京的照片来看，这位已经年满60岁的俄罗斯领导人的体魄，与很多俄罗斯20多岁的小伙子相比，不见有丝毫逊色。

在俄罗斯人的心目中，普京驾机上天、潜水入海、远东射虎、访贫问苦、怒斥奸商……无时不显示着充沛旺盛的精力。当今世界，恐怕没有哪位国家领导人能像普京那样，将自己的个性淋漓尽致地展示在世人面前了。

2011年8月1日，普京在俄罗斯西北部的特维尔州参加2011年度全俄“谢利格尔”青年教育论坛时，就兴致勃勃地参加了一个掰手腕的比赛，与年轻人同场较量，硬汉本色显露无遗。

2012年的俄罗斯总统大选前夕，一些公益艺术家绘制了一本名为《超级普京，寻常男人》的系列连环画。这本连环画，与20世纪90年代好莱坞动作大片《生死时速》情节类似。连环画中的普京身穿和服，被描述为“具有北欧特征”的“超人”，通过一系列英雄壮举拯救了世界。一些网友认为，此系列连环画的诞生，与2012年的总统大选密不可分，可以算作幕后竞选的一部分，连环画甚至是由克里姆林宫直接主导的。同时，连环画也从某种角度折射出了“超级普京”这一主人公的多才多艺。

除了模范丈夫、卓越的国家领导人之外，普京还有着许多传奇经历：2009年8月1日，普京乘微型潜艇至世界最深淡水湖贝加尔湖水面下约1400米处，探查新能源“可燃冰”；2009年9月19日，在俄罗斯索契市国家公园，普京试着驯服了一只美洲豹；2009年12月18日，在俄罗斯圣彼得堡市，普京在对高级体育学院的工作访问中，为学生上了一节柔道训练课；2010年8月10日，普京头戴耳机，坐在消防飞机的驾驶舱内，在莫斯科东南进行空中灭火作业；2010年8月23日，俄罗斯受高温侵袭，普京跨越北极圈进行探访，寻找气候改变的证据；2010年10月29日，在西伯利亚地区，普京参加了一支考察队进入山谷生物圈保护区，观察雪豹的习性；2010年11月7日，圣彼得堡市郊外，普京在跑道上测试方程式赛车；2010年12月10日，在圣彼得堡的慈善音乐会上，普京当众演奏钢琴，赢得了现场观众雷鸣般的掌声；2011年8月10日，普京来到塔曼半岛，考察了由俄罗斯考古学家发现的数个古建筑遗址；2011年8月14日，普京在造访俄罗斯北部的修道院时，驾驶船只在欧洲最大湖泊拉多加湖上游览；2011年8月29日，普京在造访诺夫罗西克市期间，与骑行爱好者同骑。

凡此种种，不胜枚举，似乎世界上已经没有能够难住普京的事情了。这位会开战斗机、乘潜艇下海底、赤膊骑马钓鱼、危险时刻射虎救人的柔道高手甚至还向媒体透露过，他年轻时曾获得过四级木匠证。所有这些，都通过各种媒体，以图片和文字的方式传向了世界，让人一睹普京的风采。

因为有了普京这样的领导人，俄罗斯民众感到无上的骄傲和自豪。普京通过媒体所做的这一切，是为了让人们不要忘记他，并让人们像从前一样相信他、支持他。关于如何利用媒体来展示和宣传自己，俄罗斯媒体曾做过一次调查统计，即在一周之内，普京、梅德韦杰夫、麦当娜等7位名人和精英，各在俄罗斯第一电视频道、俄罗斯台和独立电视台的电视新闻中，累计出现了多长时间。调查统计结果为：普京以34小时43分钟排名第一，梅德韦杰夫以24小时12分钟排名第二。由此可见，普京对媒体的宣传报道是非常看重的。

普京利用媒体展示自己的做法非常奏效，为自己赢得了不少分数。对普京"毫不掩饰"的健美肌肉，最感兴趣的是俄罗斯的年轻女性。每当普京在公众场合亮相时，大批的俄罗斯少女都会挥舞着普京的这些生活照，向他兴奋地叫喊着，表示对他的喜欢和支持。普京甚至还是俄罗斯男同性恋群体的偶像，据进入21世纪的前10年统计显示，在俄罗斯的同性恋网站上，普京一直是网民们的热门讨论人物，甚至有一些网民建议，普京应该在退休后去演《断背山》的续集。《断背山》是美国的一部爱情片，由华人导演李安执导，好莱坞著名影星杰克·吉伦哈尔、希斯·莱杰、米歇尔·威廉姆斯和安妮·海瑟薇倾情出演。影片讲述了1963年至1981年的美国怀俄明州，两个男人之间情爱与性爱的复杂关系。该片上映时，形成一种席卷全球的文化现象，对学术、时装和乡村音乐等不同文化领域产生了广泛影响，在社会上也掀起了对同性之爱的大讨论。普京这位体魄健壮的领导人，还让俄罗斯很多的酒民、烟民自愧不如，他们觉得，与这位烟酒不沾的领导人比起来，他们的身体都不够健康。

普京展示给世人的硬汉形象，显然是经过精心策划的，目的就是为了加深人们对他的印象，使最具有男子汉气概的领导人形象得以巩固。正是得益于自身所固有的硬汉形象，普京的民意支持率一直在40%以上。2008年夏天，在俄罗斯与格鲁吉亚发生的冲突中取得胜利后，普京的支持率一下子攀升至让全世界惊叹的88%。当俄罗斯遭遇历史罕见的经济危机时，普京的支持率仍保持在76%以上。即便在经历了国家杜马选举舞弊案与民众大规模游行集会之后，普京的支持率依然高于40%。

其实，普京的硬汉形象在俄罗斯和苏联的历史上并不新鲜。苏联领导人勃列日涅夫就竭力把自己打扮成硬汉形象。他的胸前经常挂满勋章，还4次自封为“苏联英雄”。俄罗斯这个民族，感性、尚武的特点非常明显，容易受偶像和热血的感召。不但广大民众崇尚硬汉形象，一些大人物也同样崇尚硬汉形象，苏联领导人斯大林、苏联元帅朱可夫都偏爱重用高大英俊的部下。由此可见，普京煞费苦心地向外界展示自己的硬汉形象，在俄罗斯这个特定的国度，还是非常有必要的。

当然，俄罗斯人需要普京、信赖普京，不仅因为他有着健壮的体魄和强悍的个性，同时，也因为他能够通过强硬的政治手腕，让俄罗斯实现民族复兴的梦想，给俄罗斯人带来民族复兴的自豪感，并使广大民众振奋精神，重新燃起对大国地位的强烈渴望。俄罗斯人永远不会忘记叶利钦“迷失的时代”以及西方国家实施围堵的惨痛教训，而正是普京的横空出世，才使俄罗斯结束了叶利钦时代的内政混乱、经济衰退以及国际地位的下降，并开辟了一条崭新的“普京道路”。在担任总统的8年任期内，普京铁拳出击，打击并粉碎了车臣非法武装，实现了俄罗斯空前的政治稳定和经济复兴。普京处在俄罗斯权力的巅峰，面对西方国家的围堵与搅局，显得果敢决绝，对俄罗斯的振兴梦带有一种不可动摇的坚定。所有这些，都让俄罗斯人钦佩不已。俄罗斯民众心里明白，普京之所以敢强硬地同西方国家抗衡，是因为他的内心坚定了领导俄罗斯重树大国地位、重返强国行列的决心和信心。俄罗斯人希望拥有一个强大的国家，更希望拥有一位有才华的政治领袖，他们希望在世界民族之林享有更多的尊严和荣耀。

在俄罗斯，并不是所有的民众都对普京的硬汉形象买账，在一定程度上也存在着不同的声音。有些人认为，普京玩得有点过分了，尤其在经济危机的大背景之下，玩硬汉形象更显得有些不合时宜，这可能是他身边的政治顾问出的坏主意。还有些人认为，普京玩硬汉形象完全是为了宣传，或者说通过展示健康的身体来安慰民众。但是，这又有什么用呢？国家经济形势从整体来看并不算太好，物价水平不断上涨，普通民众的生活还是十分艰难。莫斯科大学经济系博士生丽斯塔巴达娃说："我本人来自符拉迪沃斯托克市，那里实行乘公共汽车货币化，把以前对残疾人和退休老人的乘车优惠都取消了，每年仅给400卢布的补贴。这些人相当困难。你想想，当他们看到普京在青年论坛中掰手腕时，会是一种什么样的心情？"

为了争取更高的民众支持率，普京在第三次当选俄罗斯总统后，极其郑重地向全体俄罗斯人民做出承诺："我将努力提高人民收入，这将是统一俄罗斯党施政的主要目标。我们的关注重点是把人民生活水平提高到一个新的高度。这当然指的就是要提高人民的实际收入水平，包括退休工资。我们要让每个家庭都能有良好的收入水平。"俄罗斯人需要普京这样的政治强人和铁腕硬汉，普京也恰恰顺应了俄罗斯人的心理需求，一位"超级普京"就此产生。

国家就是我的信仰

Chapter 02 草根本色：放纵自己，青春年少最任性

我本人有一些原则，其中之一就是，永远都不后悔。

——弗拉基米尔·普京

01 龙年出生，父母的掌上明珠

1952年10月7日，弗拉基米尔·弗拉基米罗维奇·普京出生于苏联列宁格勒（今圣彼得堡）的一处贫民窟。列宁格勒这座城市是1703年由俄国沙皇彼得一世下令建造的，该城的第一座建筑物就是扼守涅瓦河河口的圣彼得保罗要塞，城市因此被命名为圣彼得堡。苏联成立后，为纪念十月革命领导者列宁于该市发动革命，于1924年将市名改为列宁格勒。1991年苏联解体后，经广大市民投票公决，取消列宁格勒的命名，恢复圣彼得堡的旧名。圣彼得堡位于俄罗斯西北部、波罗的海沿岸，是仅次于莫斯科的俄罗斯第二大城市。

普京对自己的出生年一直心存感激。2012年1月1日，时任俄罗斯总理的普京就曾骄傲地说："按照东方中国的纪年，明年是龙年，我就是龙年出生的人。按照以往的经历，龙年都是我的好年头。我希望这次龙年在给我带来好运的同时，更给所有的俄罗斯人带来成功、收获和幸福。"

事实也正像普京所说的那样，每一个龙年都是普京的好年头。1952年的龙年，普京诞生，从此开始了他波澜壮阔的人生。1964年的龙年，普京开始学习摔跤，学习掩饰自己的情绪，学习遇事不动声色，学习头脑敏捷冷静，学习准确判断危险。从此，他强者的心态初露端倪。1976年的龙年，普京完成了克格勃的训练，最终实现了当一名克格勃的梦想，并在克格勃对外侦察局中负责德语国家的情报侦察工作。正是这份工作经验，为他日后打开权力之门奠定了政治基础。1988年的龙年，普京被克格勃派遣到民主德国，所担负的秘密工作就是收集当时联邦德国的经济谍报。这项工作，使他养成了机敏灵活、处变不惊的办事风格。2000年的龙年，俄罗斯时任总统叶利钦在这一年开始的前一天，宣布辞去总统职务，普京在总理的职务上出任代总统。从此，普京登上了俄罗斯权力的巅峰。这一年的3月26日，他顺利地当选俄罗斯第三届总统。

2012年的龙年，再一次成为普京的好年头。在这一年3月4日的总统大选中，普京与他的政治搭档梅德韦杰夫默契配合，用一贯的权谋和铁腕，一举击败了众多的竞争对手，顺利当选俄罗斯第六届总统，开始了自己的第三个总统任期，一举完成了从总理到总统、从总统到总理，然后又从总理到总统的权力轮回，创造了世界政坛的一个奇迹。

也许，2024年那个龙年，也会是普京的一个好年头。如果普京能在2018年的总统大选中再一次当选俄罗斯总统，那么到2024年，他的第四任总统任期就将圆满结束，从而创造担任20年总统的辉煌奇迹。当今世界，这样的辉煌奇迹只有普京才能创造。

无疑，每一个龙年都给普京带来了好运。为此，他不管在什么样的场合，都喜欢说自己是龙年所生，甚至在以总理身份发表电视讲话时，也不忘表白一下。同时，他还公开表明自己出身于一个平凡的工人家庭，但从来不觉得自己的出身低微。

普京的父亲弗拉基米尔·斯皮里多诺维奇·普京曾经是苏联海军的一名士兵，后来退役。母亲玛丽亚·伊万诺芙娜·谢罗莫娃则在圣彼得堡的一家国有工厂当工人，一直到退休。

普京后来之所以能够登上俄罗斯权力的巅峰，除了受父母的教育和影响外，还与曾祖父及祖父的身世因素有关。

普京的祖籍是摩尔多瓦。他的曾祖父弗拉德·普京内曾经担任摩尔多瓦大公的卫兵。大公就是摩尔多瓦的最高统治者。有一次，俄罗斯沙皇彼得一世正在与摩尔多瓦大公商议要事。忽然，一名土耳其刺客闯入议事大厅，前来行刺彼得一世。这时，普京的曾祖父普京内挺身而出，与刺客展开了殊死搏斗，最终力擒刺客，救了彼得一世和摩尔多瓦大公的性命。彼得一世很是感动，当即与摩尔多瓦大公商量，把普京内留在自己身边当贴身卫士。随后，彼得一世封弗拉德·普京内为上尉，并赏赐他一块领地。弗拉德·普京内家族由此便在圣彼得堡住了下来。弗拉德·普京内婚后生有6子，个个都学父从军，个个都英勇善战，最后都成为出色的侦察兵。

普京的祖父斯皮里顿·伊万诺维奇·普京，是普京曾祖父的第三子，除了英勇善战外，还做得一手好菜，是圣彼得堡当地一名非常有名气的厨师。第一次世界大战结束后，他被苏联共产党安排到莫斯科郊区的哥尔克镇工作，为当时住在那里的列宁及其家人做饭，成为苏联最高领导人的厨师。这份职业，不是一般人能够担当的，只有经过严格的审查，才有资格走进苏联最高领袖的家门。列宁逝世后，他又被苏联共产党安排到斯大林的别墅，去给苏联新的最高领袖当厨师。他退休以后，又在莫斯科市委的伊林斯科耶休养所当厨师。普京小时候，多次跟随祖父到伊林斯科耶休养所去玩。直到担任俄罗斯总统后，他依然怀念与祖父、祖母在一起的那段幸福时光。

普京的祖母奥利娅出身于一个很普通的工人家庭。为了躲避第一次世界大战带来的动乱，斯皮里顿曾经与妻子奥利娅一起迁移到特维尔城附近。在那里，奥利娅生下了普京的父亲弗拉基米尔·斯皮里多诺维奇·普京。

普京的父亲与普京的母亲伊万诺芙娜在特维尔城的舞会上相识，最终结为连理。从此，两个人患难与共，基本上没有分开过。

普京的父亲不苟言笑，表面看似乎有些冷淡，但他的内心却深深地爱着普京，并且非常关心普京的成长。母亲伊万诺芙娜对普京更是舐犊情深，处处围着他转。在生育普京之前，伊万诺芙娜已经生过两个孩子，但都不幸夭折了。到了41岁，伊万诺芙娜才生了普京，普京也成了家里的独苗。因此，普京被父母称为“迟到的孩子”，自然成为父母的掌上明珠。对于母亲的精心呵护，普京自己多次说：“这辈子除了照顾我，母亲没有其他任何追求。每件琐碎的小事，都体现着她对我的疼爱。”

而谈及自己的父亲时，普京总是有些伤感：“坦白讲，我不想谈论我的父亲。这不是因为别的，主要是我不想触碰有关‘二战’经历的话题……”

20世纪30年代，普京的父亲还是驻守在塞瓦斯托波尔的一名俄罗斯海军士兵。战争开始时，他在一家军工厂做事。当时，他满怀志向地递交了入党申请，随后还递交了一份希望上前线的声明。

随后，普京的父亲被派到了一支由28人组成的游击队。这支队伍的人数不多，主要负责炸毁列宁格勒附近的桥梁和铁路。在与德国纳粹进行的一场战斗中，这支队伍有24人阵亡，而普京的父亲则幸运地活了下来。

有一天，普京父亲所在的小组再次遭到德国纳粹的追击。普京的父亲在一片沼泽地里躲藏了几个小时后，再次得以幸存。当时，普京的父亲说，他潜在那片沼泽地里，依靠一根芦苇管呼吸。他听到了德国士兵经过的声音，离他只有几步远，还听到了狗的叫声。不久，他和战友在德国纳粹的战线后发起了一次突袭。突袭的过程中，他们遭遇了一名德国士兵。那名德国士兵打量一番普京的父亲后，就把一颗手榴弹扔了过来。随着一声巨响，普京的父亲昏了过去。

当普京的父亲苏醒过来时，已无法走路，他需要去找驻扎在涅瓦河对岸的组织。此时已是严冬，涅瓦河早已结冰，完全暴露在德国纳粹的火炮和机枪火力之下，根本无法抵达对岸。危急之时，普京的父亲遇到了他的邻居。他的邻居冒着敌人的炮火，把他送到了当地的一家医院。而手榴弹的残片卡在他的腿里，为了保住腿，医生选择了不取出来。最终，普京的父亲和他的邻居都熬过了战争，幸运地活了下来。

因为“二战”时期的这些痛苦经历，普京总是不愿提及自己的父亲。而普京的母亲，也差点在“二战”中死去。就在德国纳粹围困列宁格勒时，普京的母亲就在城中。普京的父亲在前线负伤，从医院回到家里后，发现收尸队正在他家收尸。从尸体中，普京的父亲认出了妻子的鞋子，逼着收尸队把昏迷的妻子放在家里。最终，普京的父亲救醒了他的妻子。也许，就是从那时起，普京父亲的性格变得强硬起来。父亲的这种性格，也直接影响了普京。

普京的母亲是一位非常传统的俄罗斯妇女，她从不耍心眼，善良的眼神宛如一泓清澈的秋水。普京在与人谈话的时候，也会时不时地流露出与母亲一样的眼神。普京的父亲则是一个非常严肃、做事专注且规规矩矩的人。他并不是一个自我封闭的人，只是不喜欢毫无意义的闲聊。这个特点，在普京的身上也显露无遗。普京也是一个寡言少语的人，他的性格与他的父亲有很多相似之处。两个人都性格坚毅，都能够在瞬间决定自己的意志。

这个平凡的家庭，除了培养了普京善良沉稳、严肃专注、内敛且守规矩等性格外，并没在财富或者权势上给予太多的帮助。普京出生后，他们一家三口一直住在巴斯科维胡同里的一个20多平方米的公用房间里。家里的用水，都是用木桶从一楼提到五楼。楼房内，还经常有大老鼠沿着楼梯乱跑乱窜。孩提时期，普京常常怀着好奇的心情，在地板上追赶这些大老鼠。有时候，他还会和小伙伴们把被赶到角落里的老鼠扔到人群里。

普京在穿衣上也曾十分窘迫。大约是1970年，他到科米自治共和国一个建筑队参加一次义务劳动，得到了一些报酬，回来后，才买了第一件新外套。此前，他甚至连一件像样的衣服也没有。当然，那个时代的普通人家，生活状况差不多都是这样，家境清寒、生计窘迫的何止普京一家？在列宁格勒市内，家家户户住的大多是公房，居住条件有的好一些，有的差一些，但各家的生活水平大致不相上下。

家庭就是普京的一座堡垒。可以说，寻常人家的磨砺是他最大的优势。普京担任俄罗斯总统后，他更是意识到过苦日子所获得的精神财富。那时，在普京父母的心目中，最为珍贵的是普京这个人。年少的普京曾看着身边一个个家庭走向破裂、解体，其中许多是因为男主人毫无节制地酗酒而酿成的。他目睹这种悲剧，最初是在他家所在的大杂院里，而后则是在学校里。因此，在普京看来，他所处的家庭环境是最好的。父母所做的一切都是为了使他生活得更好。正是有了他们，普京才能拥有一个良好的人生开端。父母营造的温馨环境，对于普京的成长无疑是非常重要的。

02 年少气盛，永远不当孬种

普京的父母是老来得子，因此他们对普京宠爱有加，普京的童年自然过得非常快乐。他与父母一直生活在圣彼得堡的一个大杂院里，与那个年代苏联大城市里的孩子们有着相同的经历。所谓大杂院，是指当时苏联的一种特殊的住房使用机制，就是多户人家共用一套单元房。由于文娱活动的匮乏，住在一套单元房内的孩子们聚在同一个院子里，形成了一种复杂而原始的大杂院生态。在这样的大杂院里，普京和他的小伙伴们玩着与他们年龄相符的各种游戏，像踢足球、躲猫猫、玩“绿林好汉和勇士决斗”等。在这么一个大杂院里，天性不服输的普京逐渐成为维护公平正义的小侠客。

由于大人们无暇照看，大杂院的孩子们在做各种游戏的时候，相互之间往往会出现矛盾和摩擦，甚至会动手打起来。对普京来说，与小伙伴们打架是家常便饭。一提起打架，普京就会显得特别精神。就在他当选为俄罗斯总统后，也毫不隐讳地承认自己小时候经常与小伙伴们打架。而当被问到为什么与小伙伴们打架时，他却笑着说：“现在我也说不上来。”

而在小伙伴们的眼里，普京经常打架，完全是为了维护一种公平正义。普京打架的次数越多，小伙伴们似乎越敬重他。在大杂院里，普京不知道什么叫惧怕，也许从来没惧怕过谁。平时，普京一旦看到有人欺负人，不管欺负人的人是谁，即使年龄比普京大，即使身体比普京棒，普京都会毫不犹豫地挺身而出，帮助受欺负的弱者，充分展示了该出手时就出手的英雄本色。

普京8岁的时候上了小学一年级。这所学校离普京的家不远，最多10分钟的路程。十月革命之前，这所学校属于公爵夫人奥博连斯卡娅的私人财产，是当时的私人女子学校。后来，因为列宁的夫人克鲁普斯卡娅在这所学校读过书，学校因此改名为克鲁普斯卡娅小学。但是，当地的居民还是喜欢把这所学校叫作第193小学。当普京读完小学的时候，第193小学又改为了第193中学。

刚上小学的普京，身体并不算太强壮。但是，一旦遇到欺负人的捣蛋鬼，普京就会爆发出不可战胜的强大力量，而且往往是对手越强大，普京表现得越坚忍，越不可战胜。面对普京这种咄咄逼人的架势，许多捣蛋鬼都会望而却步，乖乖地俯首称臣。其实，普京完全是怀有一种打抱不平的心态，而不是想当孩子王，不是想用武力压制别人。

后来，普京的同班女同学奥莉加·沃尔科娃骄傲地对记者说："在我们的心中，普京就是一位英雄。他总是在关键时刻挺身而出，来维护同学之间的公平正义。有时，他可以把比他大的两三个家伙打得落花流水，来伸张正义。但他从来不依仗自己的力气，去主动侵犯别人，或者给别人施加压力。在普京的身上，外在的朴实和内心的尊严得到了完美的结合，从而赢得了同学们的一致尊重。"

普京的班主任老师德米特里耶芙娜·古列维奇评价普京时说："普京身材虽然不算魁梧，但他却是一个非常灵活、非常顽强的孩子。他的表现从来让人看不到有丝毫的胆怯和懦弱，总是以强者的姿态出现。他善于保护自己，也善于保护身边的伙伴。他自己从来不惹事，但如果谁惹了他，他就会马上还以颜色。他的心里，一直恪守着'人不犯我、我不犯人，人若犯我、我必犯人'的信条。一旦打起架来，普京就像一只小老虎一样勇往直前，不会向任何人低头。所以，他的脸上经常会青一块紫一块的。"

普京读五年级的时候，开始学习摔跤。从此，他变得稳重起来，很有侠客风范。但是，为了保护自己，为了维护公平正义，普京还是该出手时必出手，同学们切身感受到有他在就有公平正义在。

对普京来说，童年时代的打架经历虽然大多是孩童之间的胡闹，但对他的性格却产生了非常大的影响。即使在当选总统后，普京还清楚地记得他在大杂院里第一次打架的情形。他甚至还对那次打架做过反思和忏悔，并表示如果有机会，就去给被打的人赔礼道歉。他在描述那次打架的情形时说："那一次站在我面前的，是个不起眼的丑八怪，所以，我才动手对他无礼。但是，当我打了他以后，我才意识到这样做是不对的。后来，我更是觉得，不论对谁，都不应该这样，都应该尊重别人。那次打架，是一个非常具有典型意义的无理取闹的教训。”这些坦率质朴的话，充分展示了普京敢于直面自己的襟怀。他曾经犯过错误，曾经有过不尊重人的行为，但他能够及时地反省自己，并及时加以改正。

关于如何看待打架的问题，普京有着自己的独特观点：在任何情况下，对也好，错也罢，都应该做个有力量的人，这样才有可能回击别人。要随时做好应战的准备，该出手时必出手，而且出手要快，这样才能给侮辱自己的人以强有力的回击。但是，不到万不得已时，一定不要轻易卷入任何一次争斗。而当无路可退时，就要坚决还击，而且一定要把战斗进行到底，直到取得最后的胜利。

普京对打架的认识，对他强势性格的形成产生了非常深远的影响，他因此成为一个时刻准备着的人。他以自己所特有的自信和强势，在面对任何一个对手时，不管是打架，还是政治博弈，都会运筹帷幄，战而胜之。

普京从小养成的正义和公平的埋念，对他以后的成长很有益处：不论是后来在克格勃时对人命的珍惜，还是当选总统后亲民形象的树立，以及强国富民思想的提出。儿时这段充满侠客风范的经历，无疑成为一种公平正义意识的萌芽。

普京是大杂院里长大的孩子，在大杂院里生活，在大杂院里接受教育。大杂院里的平民生活环境，塑造了普京的一套自我评价标准。刚上小学时，普京俨然是一个不听话的孩子。学校是一个有规矩的地方，每一名学生都有明确的行为准则。对此，普京感觉自己就像被关进了鸟笼子，非常不舒服。于是，他开始抗争，试图冲破学校这个“牢笼”。这种“向往自由”的叛逆行为，自然会受到老师“重点关照”，而老师们的行为更是引起了普京的反感。就这样，普京与老师之间形成了一种不可名状的对抗。

在升入六年级之前，普京的学习成绩一直是不好不坏，他对自己的学习成绩从来不怎么当回事。他的班主任德米特里耶芙娜·古列维奇说：“班级总共

45名学生，只有两三个人不是少先队员，而这两三人中，就有普京。普京虽然个头不高，但非常活泼好动。课间休息时，他总是跑着走路，他甚至在一个课间可以跑遍全校的所有楼层。课堂上，普京也老是坐不住，不是往窗外望望，就是朝课桌里看看。让他捧着一本书老老实实坐一节课，简直是一种惩罚似的。他的优点，就是脑子好使，记忆力也非常好。”

而普京所关注的，是周围世界的汹涌澎湃和五光十色，他把走进大自然、感知大自然放在了第一位，而把功课、学校，还有其他与学习相关的事情放到了第二位。他把自己的生活分成泾渭分明的两部分：一部分是没有什么意思的学校生活，另一部分是非常有吸引力的校外时光。每天中午放学后，普京总是急匆匆地跑回家里，吃口饭就到院子里去玩。他所有的课余时光，都是与小伙伴们一起度过的。小学低年级时，他只在院子里玩，而到了小学高年级，他就顺着小胡同跑到别的大杂院里去玩。

后来，在普京的身上发生了一个奇迹。普京升入六年级后，竟然开始主动地学习了。对于他的转变，同学们都认为他厌倦了自己的成绩总是一般，内心萌生了对知识的渴望。其实，普京的转变完全来自升高中的入学考试压力。当时，普京和他的同学们在读完八年级后，要进行一次比较严格的初中毕业考试。苏联实行的是5分制打分标准，在初中毕业考试中，每一门学科的成绩都达到4分以上，才可以升入一所比较理想的高中。而在六年级之前，普京的各学科成绩一直在3分和4分上下徘徊。普京知道这样的成绩一定会影响他正常升学的，他必须做到知耻而后勇。

从此，普京像变了一个人似的投入到学习中。他利用课余时间大量读书，学习成绩也开始直线上升。不久，普京又加入了少先队，戴上了红领巾，还被全班同学选为少先队的中队长。当时，苏联少先队的成员为10岁到15岁的儿童少年。一夜之间，普京就从一个从未参加过少先队组织生活的人变成了班级少先队组织的领袖人物，一个崭新的历程就此开始。

03 爱好体育运动，项项不服输

当今世界，俄罗斯是一个名副其实的体育大国，田径、体操、摔跤、拳击、自行车、击剑、跳水、游泳、女排、举重、赛艇、现代五项等，都是他们的优势项目。尤其近几年来，俄罗斯已经成功举办了2013年的喀山世界大学生运动会、莫斯科世界体操锦标赛以及田径世锦赛、2014年的索契冬季奥运会、一级方程式大奖赛以及喀山游泳世锦赛。尤其是2018年，俄罗斯将举办第21届世界杯足球赛，俄罗斯的体育必将迎来新的发展机遇。

衡量一个国家是否是一个体育大国，除了看举办多少大型国际赛事之外，还要看全民健身的普及程度以及精英阶层的参与程度。从精英阶层的参与程度这点来看，俄罗斯总统普京无疑起到了一个很好的典范作用。

早在20世纪70年代，普京就曾担任过桑勃式摔跤教练和柔道教练。特别是他担任桑勃式摔跤教练时，培养了许多优秀的选手，其中就包括曾两度获得世界冠军的阿布杜拉耶夫。为表彰普京的特殊贡献，苏联曾授予他“功勋教练”称号。

2012年10月10日，普京被国际柔道联合会授予柔道八段。在授段仪式上，国际柔联主席委泽在贺词中说：“普京既是国家领导人，也是公认的柔道大师。他是柔道运动的最佳形象大使。”2013年11月13日，正在韩国进行国事访问的普京，被世界跆拳道联合会授予跆拳道荣誉黑带九段，这是跆拳道的最高荣誉。普京除了喜欢搏击运动外，还广泛涉猎其他体育项目，他因此被人们冠以“运动达人”的称号。

2010年，58岁的普京曾在圣彼得堡体验了一把当F1赛车手的感觉，他甚至连续驾驶了几个小时，时速最高达240公里。2012年9月，普京在萨列哈尔德鸟类研究站驾驶机械滑翔机飞行，参与“希望飞行”科学项目。普京还经常参加游泳和健身运动，在与政坛要员磋商国事之前，他都会花一两个小时游泳。举哑铃健身是普京的拿手项目。普京还对冰球情有独钟，常常参加各种冰球比赛。2015年5月，普京在索契的冬奥会体育馆参加一场冰球表演赛时，一人独进8球，战胜了对手。除此之外，普京还喜欢骑马、射击、山地滑雪、摩托、潜水，有空还去冰天雪地的西伯利亚河边赤身钓鱼、在夏令营中和年轻人掰个手腕攀个岩，乃至踢球、打羽毛球、驾驶电动雪橇。所有的俄罗斯人，都对这位已年过60的总统所表现出的生命活力与体育精神，感到由衷的钦佩。

普京喜欢体育，是从青少年时代开始的。从小学到中学，普京总是尝试着各种体育锻炼，以此不断地增强自己的体魄，从而展示自己所特有的健壮和强悍的形象。而尝试每一种运动项目，普京都能迅速融入，把握运动技巧和相关要领，很有专业运动员的范儿。

在回忆青少年时期酷爱体育运动的经历时，普京毫不掩饰自己参加体育锻炼的初衷。他说："青少年时期，我习惯维护公平正义，经常为了帮助弱者与人动手打架，渐渐地树立了孩子王的威信。为了捍卫和保住孩子王的地位，就必须展示一个强健的体魄，必须为以后征服可能出现的竞争对手做准备，永远做一个胜利者，而不是失败者。要想达到这样的目的，光靠强硬手段和无赖习气是不够的，必须有手腕和真本事。基于这种想法，我就首先开始学拳击。"

说到学拳击，普京说他最崇拜的偶像就是世界拳王穆罕默德·阿里。阿里出生于1942年，整整比普京大10岁。阿里从12岁开始练习拳击，年仅18岁时，就在1960年的意大利罗马奥运会上夺得冠军。从此，阿里一发而不可收，职业生涯总共参加了108场业余拳击比赛，取得了103胜5负的战绩。之后，他又参加了62场职业拳击大赛，取得了57胜5负的战绩。他威震世界拳坛，成为当之无愧的拳王。处在青少年时期的普京，被阿里的英雄气概折服，常常挥舞着拳头，要做"阿里第二"。

拳击虽然是运动员双方两只拳头的对抗，但实际是体能、技术和心理的全方位较量。由于拳击需要肌肉的强大爆发力，需要完善的技术和战术，所以，拳击成为最复杂的竞技运动之一。比赛双方面对瞬息万变的赛场情况，要在极短的时间内，准确地了解对方的基本状况，并迅速做出相应的判断，采取相应的行动，利用身体条件、娴熟技巧和战术素养进行攻击和防守，既能提高身体素质，更能提高心理素质。因此，普京对练习拳击总是乐此不疲，他自身的力量、耐力、速度、灵活性、协调性等素质都得到了迅速的提升。

后来，普京在一次演练对打时，鼻子被对方打成了严重骨折。于是，拳击练不下去了，普京转而练习桑勃式摔跤。桑勃式摔跤是苏联人综合本国各民族摔跤的特点，并加入一些擒拿自卫技术而创的一种摔跤。最初几次训练，普京的体力在训练队里算不上是最好的，但他有一种不服输的精神，不论对手有多强，他都会顽强地与之对抗。

普京能够进入桑勃式摔跤这一行当，是他争取来的结果。那是1965年的一天，普京与自己的同学鲍里先科放学一同回到家里后，就开始往各家体育俱乐部打电话。当时，正值多雨的10月，各家体育俱乐部“按兴趣”招生的工作已经结束。于是，在最后一通电话里，他们开始跟教练软磨硬泡，终于让教练答应允许他俩第二天到俱乐部找他。就这样，他们认识了桑勃式摔跤教练阿纳托利·拉赫林。

当时，普京想要锻炼自己的愿望无疑是非常强烈的。为此，他甚至在第一次和教练谈话时谎报了年龄。从那天开始，普京和鲍里先科每天放学后都是急急忙忙吃完饭，然后抓起训练用的东西就往俱乐部跑。

在教练阿纳托利·拉赫林的眼里，普京刚刚加入到摔跤运动队时，身体素质和摔跤技巧上并没有什么出众之处，但他有着无比强烈的学习意愿。在练习的过程中，他总想比别的孩子多练一些，这无疑是普京强者心态的一种表现。

由于普京勇敢、机灵、有活力，又肯下功夫，从而迅速从所有的新手中脱颖而出，引起了教练阿纳托利·拉赫林的注意。在体育训练中，任何一名教练都会把对运动项目的热爱程度、自身所具备的不怕吃苦的坚强意志，放在评价学员的首要位置。阿纳托利·拉赫林在评价普京时，就用了“超乎寻常”这个词。

当时，教练不仅要关心学员的身体成长，还要关注他们的学习成绩。学员必须随身携带成绩册，以便随时向教练阿纳托利·拉赫林汇报学习成绩。摔跤队里的规定非常严格，不管你是谁，如果你在考试中得了2分，就会被劝退回家，去专心读书，什么时候成绩提高了，什么时候再回来继续练习摔跤。由于纪律严明，摔跤训练不但没有影响普京正常学习，反而促进了他学习成绩的提高。

普京与摔跤队队员的关系都很好，对此，教练阿纳托利·拉赫林说："他们之间是一种纯粹的平等关系。普京对待所有人都是一视同仁，从来不欺负任何人，从来没和其他队员发生过冲突。"

当普京走上铺着地毯的训练场地时，总能凸显出一种非凡的韧性。他从不向任何人妥协，每场比赛，他都要竭尽全力，付出百分之百的努力和专注。就算是打不赢的比赛，他也不肯轻易认输，总是坚持再坚持，一直到精疲力竭，就像一只必定要战斗到最后一刻的雪豹。而比赛一结束，他就会立即恢复原有的善良、温和、彬彬有礼的形象。对此，教练阿纳托利·拉赫林说："普京上了比赛场就会变成斗士；而走下比赛场，他就马上恢复那种哲人和思想者的状态。我认为，这就是一个人的最高境界，普京就恰恰具有这种独特的品质。不论是场上还是场下，普京从来没有过于情绪化的表现。当然，这不代表他打赢了所有的对手。体育就是体育，没有永远的胜利者。然而，即便是打输了，他也会表现得很平静。甚至在摔跤队队友们的印象中，从来没见到普京在比赛中紧张过。"

普京学会摔跤后，经常在比赛中获得第一名，因而，他身边的孩子们都很惧怕他。他和同学在一起时，往往会把周围的安全风险承担在自己的身上，为了公平正义，同痞子、无赖摔跤，用摔跤的胜负来征服人。这些经历都很好地历练了普京。他很早就学会了掩饰自己的情绪，遇事尽量不动声色。他头脑冷静敏锐，总能准确地判断危险的方向和程度，并妥善地加以处置。青少年时期，普京的强者心态就初见端倪，成就了坚强自信、永不服输的个性，而且从不轻易卷入是非。无论做什么事情，如果他一旦下了决定，就一定要取得成功。

04 上高中，去哪儿读书自己定

当普京顺利通过初中的毕业考试后，去哪所高中继续读书自然就提上了日程。

十月革命胜利后，苏联就非常重视发展国民教育事业。苏维埃人民委员会成立后的第三天，领导全国国民教育工作的国家教育委员会就宣告成立，并发表了《告人民书》，提出了苏维埃政府在教育方面的基本任务，主要包括实施免费的普及义务教育、组织统一的苏维埃学校、培养师资、增加国民教育经费、广泛地建立成人文化教育组织、吸引教师讨论有关国民教育建设问题等。

普京上小学的时候，苏联的教育已在全世界处于先进水平。当时的基础教育格局是，一年级到三年级为小学教育，四年级到八年级为初中教育，九年级到十年级为高中教育。基础教育学校都是根据某一个地区实际需要设立的。只设一年级到三年级的学校称为小学，设一年级到八年级的学校称为不完全中学，设一年级到十年级的学校称为完全中学。学生在小学毕业后，可以进入不完全中学读书，也可以进入完全中学读书。学生在不完全中学毕业后，可以进入完全中学读书，也可以升入中等专业学校、职业技术学校和中等职业技术学校学习。学生在完全中学毕业后，可以升入技术学校和各类高等院校深造。

普京小学毕业时，第193小学改为第193中学，普京幸运地得以在原来的学校继续读初中。但是，由于第193中学不是完全中学，所以，他在第193中学毕业后，就要进入一所完全中学去读高中。只有读完高中，才可以升入大学深造。

初中毕业后，与普京在一个班级学习的同学都决定到第197中学去读高中。第197中学是一所办学条件非常好的学校，许多学生在这里完成学业后，以优异的成绩升入上一级各类学校。而普京却偏偏没有选择进入第197中学，而是选择了以化学学科为主打的第281中学，这让他的老师和同学们都感到有些不可思议。这是因为，普京平时对理科类学科兴趣不大。于是，有些同学跟他开玩笑道："你是不是想当门捷列夫第二？"门捷列夫是俄罗斯著名的科学家，是化学元素周期表的发明者。面对老师和同学们的不理解，普京只是微笑着回答："就是想到那里去上学。"

有人还猜测，普京选择到第281中学去读高中，是他父亲的主意，说他的父亲想让普京将来成为一名工程师。这种猜测是毫无根据的，选择进入第281中学，完全是普京自己做出的决定，普京的父母对普京选择到哪所中学去读高中没提出任何建议，他们相信普京的选择是对的。普京虽然是家里的独苗，父母对他关爱有加，但处理一些事情，普京从来不依靠父母，基本都是自己拿主意，这也锻炼了普京遇事果断决策的能力。

其实，普京选择到第281中学去读高中，是因为他有着比较特殊的想法。到第281中学，他又可以结识更多的同学，从而扩大自己的人脉。结识一位新同学，就会让这名同学的亲戚朋友知道普京的名字，了解普京这个人。结识的新同学越多，知道和了解他的人就会越多。这种交际理念为他后来参加总统大选争取选票奠定了思想基础。同时，第281中学是以化学学科为主打的学校，这可以激发他对学习理科的兴趣，以便更好地学习和掌握自然科学知识。事实证明，普京的想法很有战略意义。这一心理动机，他从未向任何人说过。这也是普京性格中的一个特点，他会向别人宣布自己对某件事情的最后决定，但从不向别人解释这个决定的原因。

在未选择进入第281中学之前，普京已对这所学校做过认真的调查。在圣彼得堡，这所学校也算是一所比较注重教育质量的学校，不仅作为优势学科的化学课内容要比其他学校深得多，其他课程的教育也都相当超前。而且，这所学校的学习环境非常宽松，对学生接受教育和正常成长都是非常有利的。因此，第281中学对学生入学成绩的要求也较高。而普京初中毕业的成绩都在4分以上，而且大部分是5分，结果很顺利地被第281中学录取了。

普京选择进入第281中学读高中，还把与他关系密切的两位同学拉上了。这两位同学，一个叫斯拉瓦亚·雅科夫列夫，一个叫瓦络佳·伦津。据雅科夫列夫回忆，他和瓦络佳·伦津进入第281中学读高中，完全是普京撺掇的结果，他和瓦络佳·伦津事先都没有去第281中学读高中的想法。撺掇斯拉瓦亚·雅科夫列夫和瓦络佳·伦津一同到第281中学读书，普京的理由就是好朋友在一起，遇事能够相互照应。

普京进入第281中学后，渐渐成为一个典型的"斯拉夫男孩"。当时，斯拉夫人是欧洲各民族和语言集团中人数最多的群体，具体分为东斯拉夫人、西斯拉夫人和南斯拉夫人。而俄罗斯则属于东斯拉夫，波兰、捷克和斯洛伐克等国家属于西斯拉夫，塞尔维亚、克罗地亚、斯洛文尼亚等国家属于南斯拉夫。"斯拉夫男孩"就是本分守规矩的男孩。与读小学时相同，普京仍旧是那个既不显山也不露水的极为平常的学生，没有给当时的老师们留下过多的印象。在第281中学，普京一心扑在学习上，虽然重视交际，但和谁也不深交。除了学习之外，体育运动是他最大的爱好。每天一放学，他就急着赶往训练场，到了训练场，普京就会变得生龙活虎，与在学校里的"斯拉夫男孩"形象截然不同。

普京的理科成绩虽然不算突出，但他的文科成绩还是出类拔萃的。普京非常爱好文学，在文学课和历史课上，同学们无不被普京回答问题时的深度和个性折服。普京的一位女同学用这样的语言来描述普京回答问题的情景："每当老师叫普京回答问题时，我们就小声或打手势请求他把回答问题的时间拖得长一些，好让老师没有时间问其他同学。他差不多总能有求必应。甚至有一次，普京应同学们要求，竟然和历史老师聊了整整一节课，让同学们感到很放松。"

在第281中学，普京的德语水平得到飞速提高。他喜欢德语，对学习德语有着非常浓厚的兴趣，并为学好德语而不懈努力。此外，他还对以马列主义哲学和政治经济学为主要内容的社会科学基础课产生了兴趣。普京升入高中后，马列主义哲学和政治经济学才刚刚列入学校的教学大纲。为了学习好马列主义哲学和政治经济学，他作为第一批成员参加了政治通信员小组，并积极参加政治晚会、关注国际形势、大胆发表相关见解。他还担任了第281中学的政治时事宣传员。政治时事宣传员是负责定期向学校师生通报近期国内外政治事件，并配上一定评论的人员。在苏联，政治时事宣传员在学校中有着很高的地位。于是，普京成为当时校园中不可或缺的人物，这无疑是整个中学时代最令普京感到自豪的一件事。也许，普京现在所具备的出众表达能力，就是在那时锻炼出来的。定期向全校师生通报近期的国内和国际政治事件，并配上合适的评论，也让普京对政治时事的敏锐度和大局观得到了磨砺和树立，为日后成为俄罗斯的政治领袖奠定了基础。许多年后，普京的中学校友们仍能从正在发表演说的普京身上，看到当年那个政治时事宣传员的影子。他的同学描述道："他讲话时惯用的手势、展现的面部表情以及得意时的浅笑，都和当年那个政治时事宣传员没什么两样。"

普京在做政治时事宣传员期间，悟出了许多为人处世的道理。他懂得了永远不要让别人成为你的敌人，也不要和太多人表现得过于亲近。所以，当年的普京虽然对大家的态度都十分友好，可身边却没有特别亲近的人。他仿佛对谁都是一个样，根本无法从表面上分辨出哪些人是他的朋友、哪些人是他的敌人。

中学时代，普京就已经是一个非常独立的人，他从来不依赖别人。他看似和大家在一起学习并开展各种活动，但总是与同学保持一定的距离。参加活动时，他就像个局外人一样，从第三者的角度来观察活动的进程。而不论对什么事情，他总有自己的独特看法。有时，他会把自己的看法说出来。但更多的时候，他总是把自己的看法放在心里。这种独立对他日后的政治生涯无疑起到了很大的帮助作用。

05 情窦初开，想恋爱时就恋爱

年少之时，普京虽然是一个寡言少语、十分腼腆的男孩，有着“斯拉夫男孩”之称，但是，他的情感世界非常丰富。他的言行，总是让人感觉对人体贴入微而又充满爱心，同时，又不缺少幽默感。正因为如此，普京很有女生缘，许多女生都喜欢接近他，喜欢听他讲话，喜欢看他参加体育竞技，甚至喜欢与他交朋友。别看普京对男生表现得有些冷漠，但对女生，他却展示了热情的一面。在第193中学读书的最后一年，普京有了他人生的恋爱。

普京喜欢的女孩叫薇拉·布里列娃。普京升入初中的时候，薇拉·布里列娃才从斯托诺小城的另一所小学转入到第193中学，成为普京的同班同学。随着年龄的增长，薇拉·布里列娃渐渐发育成亭亭玉立的美少女。到了六年级，薇拉·布里列娃已成为众多男生的追求对象。但是，薇拉·布里列娃的心里只喜欢普京。她总是把自己打扮得漂亮一些，然后寻找各种借口去接近普京，和普京说话。有一次，她还偷偷地跟在男同学的后面去了普京的家。当普京在自己的家里看到薇拉·布里列娃时，感到很惊讶，但表情却显得很镇静。也就是从那时起，普京对薇拉·布里列娃产生了好感。

升入六年级后，普京一改以前不求上进的状态，逐渐成为班级里一名出类拔萃的学生。他把主要精力都用在学习上，很少注意班级里女同学的表现，即使薇拉·布里列娃总是找借口与他套近乎，他也是坦然视之。普京不光在学习成绩上直线上升，在体育上也是大显身手，身体越来越强壮。这无疑都为他在同学眼中赢得了加分。那时，普京就似乎已经学会如何控制自己的情感了，同学们都看不出他喜欢哪位女同学，看不出他对哪位女同学好。

其实，当时的班级里，并不是只有薇拉·布里列娃喜欢普京，还有另外两个女生也喜欢普京。但是，那两个女孩对普京的情感表现得很是隐蔽，不像薇拉·布里列娃那样直截了当。

到了八年级，普京与薇拉·布里列娃之间的关系发生了质的变化，他们由同学成为恋人。后来，薇拉·布里列娃回忆，她和普京谈恋爱的时候，她只有14岁，而普京16岁。当时，普京的个子虽然不高，但非常健壮，全身都是肌肉，让她有一种安全感。同学们经常拿他当话题，喜欢对他评头论足。最初，他们之间只是相互喜欢，而最后，两个人终于发展到了再也不能掩饰感情的地步。他们在斯托诺小城恋爱了，而且两个人都是初恋。

其实，普京那时并没有多少空闲时间与薇拉·布里列娃谈恋爱。他除了上学之外，还要去训练馆练习柔道，根本没有过多的时间去“花前月下”。但是，普京很会关心和爱护薇拉·布里列娃，让她享受恋爱的快乐。当他们在大街上遇到酒鬼挑衅的时候，普京总是挺身而出，全力保护薇拉·布里列娃，不让她有不安全的感觉。当时，他们两个人是真心相爱，普京甚至还许诺将来要娶薇拉·布里列娃。当他们把相爱的事告知双方父母时，得到的却是“需暂时放一放”的答复，理由是他们的年龄都还小。

最终，这次初恋成了昙花一现。但是，那段美好的经历一直留在普京的记忆中，尤其是恋爱时与薇拉·布里列娃那青涩的一吻，永远让他记忆犹新。

那是一个隆冬的新年夜晚，普京与薇拉·布里列娃共同邀请了几位要好的同学，在普京的家里过新年。相聚的过程中，一位同学提议大家一起来玩旋转瓶子的游戏。这种游戏，就是把瓶子放在桌子上旋转，瓶子停下来后，瓶口对着的那人，如果是男同学，就与主人拥抱一下，而如果是女同学，就要与主人接一次吻。显然，普京对玩这个游戏很有兴致。于是，他就拿一个瓶子放在桌子上。瓶子开始旋转起来。说来也真是奇怪，当瓶子停下来的时候，瓶口正指向薇拉·布里列娃。按照游戏的规则，薇拉·布里列娃就要与主人普京轻轻接吻。他们只好按规则来，轻轻地吻在了一起。当时，薇拉·布里列娃窘得脸蛋发烫，她低着头，脸上像燃起了一团火。而普京，却显得很老到、很淡定。

薇拉·布里列娃后来回忆：“十几岁的普京正是血气方刚的帅小伙，有着雄浑的男子气，天不怕地不怕。他经常与一班朋友聚会，看着朋友大喝烈酒和香槟，他却一点也不沾。他对女孩子有着磁铁一般的吸引力，简直是个人见人爱的万人迷。尤其是当他出现在体育赛场上的时候，所有女孩都会被他迷得神魂颠倒。”当然，这并非指他的外表，而是一种内在的品质魅力。有一天夜里，她与普京一起等火车，结果火车晚点了。“漆黑的夜里，旁边有一个女孩很是害怕，但我很镇定，因为普京很镇定。与他在一起，我也变得无所畏惧。”她认为，两个人没能走到一起，主要是因为她当时有些高傲，而且她和普京根本不是同一类型的人。

薇拉·布里列娃初中毕业后，拥有了属于自己的爱情，再也没有和普京见过面。她仍居住在斯托诺小城，只是搬到了市中心。她当过缝纫工、清洁工、售货员，而她的丈夫是个护林员。巧合的是，薇拉·布里列娃的丈夫与普京同名，也叫弗拉基米尔。

薇拉·布里列娃一家的生活并不宽裕，一家4口靠补助金生活。尽管很多人建议她给普京写信，求普京给予帮助，但她说：“我是一个有血性的俄罗斯人，就算我在大桥底下挨饿，也不会写信向他寻求帮助。”她不想利用和普京的这种特殊关系来谋取利益。薇拉·布里列娃觉得，初恋是美好的，但若牵扯到利益关系，最初那点美好的回忆可能就要失去了。

当普京在第281中学的生活和学习渐入佳境之际，他又开始了一场青春之恋。如果说普京与薇拉那段恋爱只是小孩子之间的相互喜欢，那么，他在中学时代的这一次恋爱则增添了一些浪漫色彩。与他恋爱的女生叫列娜·奥夫奇尼科娃。

在第281中学，和普京最要好的是同样来自第193中学的斯拉瓦亚·雅科夫列夫和瓦络佳·伦津。伦津和普京是同桌，坐在他们前面的是斯维特兰娜·波塔普丘克和列娜·奥夫奇尼科娃。列娜·奥夫奇尼科娃与普京的前后桌关系，为他们之间的恋爱创造了条件。

与普京同桌的伦津也喜欢列娜·奥夫奇尼科娃。但是，他不敢动手去揪列娜·奥夫奇尼科娃的小辫子。于是，他就求自己的好朋友普京去揪。普京兴致好的时候，就会按照伙伴的要求去做，然后若无其事地坐在那里，好像什么事也没发生过，根本不怕列娜·奥夫奇尼科娃的报复。也许，正是这种强悍性格，决定了普京最后成为一名出色的克格勃特工。而伦津虽然也曾想过要当克格勃特工，但是，他懦弱的性格决定了他无法胜任这份具有挑战性的工作。

普京上九年级的时候，曾和一个十年级的同学打了一架，普京因此“一战成名”。那位学长先是踢了普京一脚，而且拒不道歉，这下惹怒了平时不显山不露水的普京。双方经过一番拳打脚踢，那位学长渐渐体力不支，最后败退而去。普京原以为事情到此结束，没想到当天放学后，普京在马路上被那位学长和他的同学截在了半道。普京毫不惧怕，使用摔跤中的套路，很快在众人面前把那位学长制伏在地，而后扬长而去。从此，再也没有人敢在普京面前施展拳脚了。

列娜·奥夫奇尼科娃是班级里的一个才貌出众的女生，周围总有一帮追求者绕着她转。但是，不知为什么，列娜·奥夫奇尼科娃偏偏喜欢上了貌不惊人、言语不多、性格内向的普京。对此，很多同学都感到不理解，这个素来高傲，对很多男孩都不正眼相看的美女，怎么会喜欢上毫不起眼的普京呢？也不知是什么时候，普京与列娜·奥夫奇尼科娃合拍了一张十分亲密的照片。照片上，列娜·奥夫奇尼科娃将一条围巾围在普京的脖子上，普京的手则搭向列娜·奥夫奇尼科娃的胳膊，两个人含情脉脉、满脸微笑地注视着对方，看上去完全是一对沉浸在热恋中的小情侣。

每次放学回到家里，列娜·奥夫奇尼科娃就以赞叹的口吻，向自己的姐姐提起普京，这也引起了她的姐姐加丽娅的好奇心。她的姐姐觉得，我妹妹打小就娇气十足、心高气盛，谁都不放在眼里。可一提起普京，她说起来就没完没了。这个同学究竟哪一点值得妹妹这样大加赞赏呢？

终于有一天，加丽娅在妹妹列娜·奥夫奇尼科娃的引见下见到了普京。见面后，加丽娅感到非常失望，因为第一眼看上去，普京只不过是个非常不起眼的男孩。这让加丽娅大吃一惊，不理解妹妹怎么会对普京如此推崇备至。加丽娅说：“自从妹妹与普京好上以后，几乎一放学就往普京家里跑，两人一起聊天、逛街，总有说不完的话。但是，他们之间的关系从没有出格。”

普京的高中生活因为有了列娜·奥夫奇尼科娃的存在，变得更有滋味了，同学们羡慕地称他们为郎才女貌的一对。

后来，普京与列娜·奥夫奇尼科娃的恋爱也是无果而终。但他们之间一直保持正常的往来，就连她的姐姐加丽娅也成了普京的真挚朋友。

06 考入大学，更知男儿当自强

普京18岁那年，从残酷的高考竞争中脱颖而出，被列宁格勒大学法律系录取，成为一名大学生。当时，法律专业是列宁格勒大学最热门的专业之一，竞争非常激烈。被列宁格勒大学的热门专业录取，对身为工人阶级的普京一家来说，无疑是一件非常大的喜事。但是，普京的父母并不是太高兴，因为他们一直梦想着自己的儿子能够成为一名工程师，根本不想让儿子去读法律专业。当普京选择列宁格勒大学入学门槛最高的法律系时，父母甚至有些不理解，普京的父亲还因此和儿子产生了一次较为激烈的争执。

普京上小学的时候，他的父母就很明确地要求他读高中，然后上大学。但那时谈上大学还为时尚早，没有把上哪所大学提到议事日程。所以，一家人谁也没有把上大学的事天天挂在嘴边，他的父母也没有具体商量过普京应该报考什么大学，学什么专业。他的父母虽然搞不清将来让普京去考什么大学，但有一点他们是确定无疑的，那就是自己的儿子必须接受高等教育。

到了十年级下学期，当普京明确地告诉父母准备考大学时，他的父母很高兴，自然没提出什么异议来。从此，父母对他的学习要求得更紧了。而就在这时，普京的柔道教练拉赫林给他和他的父母提出了报考技术学校的建议。这是因为，普京从10岁那年起，就开始学柔道，教练一直是拉赫林。普京的这位教练对他考大学的志向总是不以为然，反倒力劝他去报考高等技校，然后专心致志地学习柔道。为此，拉赫林还特意约见了普京的父母，并当面对他的父母说："根据普京的成绩，我可以保送他到列宁格勒金属工厂附属高等技术学校，根本不用考试。"当时，普京就是在该厂的体育俱乐部练柔道，教练们可以将所有练柔道的成员顺利转入该厂附属的这所学校，从而使所有成员免除服兵役。教练还对普京的父母说，这所学校很不错，放弃这个大好机会，就是做天大的傻事。考大学本科是一种冒险，万一考不上，普京就得马上参军入伍。

听拉赫林教练这么一讲，普京的父亲有些动心了，原先一定要普京考大学的想法也有些动摇了。于是，普京的父亲也开始做普京的思想工作，要他按照拉赫林教练的建议去报考技术学校。就这样，普京陷入了两面夹击的境地：训练场上，有拉赫林教练劝说他；回到家里，又有父母给他施加压力。教练和父母的一致目的，是叫普京放弃报考大学。但普京最终对他们说，他的目标就是要考大学，这事就这么定了。在人生的一个重要关头，普京果断地做出了考大学的决定。同时，他报考大学也是为了实现他加入克格勃的美好梦想。而当他如愿以偿地考上列宁格勒大学法律系时，他的人生由此跨入一个崭新阶段。

列宁格勒大学就是现在的圣彼得堡国立大学，当时的全称是列宁格勒日丹诺夫大学。该大学创建于1724年，坐落于涅瓦河北岸，与冬宫遥遥相对，是俄罗斯最早，也是世界上最优秀的大学之一。建校200余年来，这所大学培养出各方面的优秀人才数以万计，在世界上享有盛誉。其中，俄罗斯资产阶级临时政府总理克伦斯基，苏联的创始人、伟大的无产阶级革命导师列宁，都是这所学校的毕业生。

在普京的心目中，列宁格勒大学是有志学子积极投考的最热门高校之一，而法律专业更是该校最热门的。列宁格勒大学法律系每年的招生考试竞争都很激烈，报考人数和录取学生的平均比例是20：1。而在普京报考的那一年，法律系最热门的国际法专业，报考与录取的比例更是高达40：1。经过残酷的筛选淘汰，普京最终如愿以偿，进入了这所大学的国际法专业，开始了他的大学生涯。

进入列宁格勒大学后，普京延续了高中时期的学习精神，要求更加严格，学习更加刻苦。他的各科成绩都达到了5分，从没出现过4分，用他自己的话说："5分是我的目标，我要用5分来验证自己，为自己说话。"

在列宁格勒大学，校园文化生活极为丰富多彩，堪称世界大学之最。当夜晚来临时，学校各系都要组织各种各样的晚会或聚会。但是，在这些活动中，很难看到普京身影。这个时候，普京通常正躲在宿舍或者教室里看书。后来，聚会改在宿舍里举行，他就把自己学习、看书的阵地转移到了图书馆。看着他专注的样子，同学们都不忍心打扰他，都不忍心让他去参加什么晚会活动。

在当时的列宁格勒大学，只有那些最有天赋的学生才能被允许不参加相关活动，专心致志地投入到学习中。而在普京那一级的法律系，只有10名学生能够获得如此宝贵的学习机会。这种学习方式要求学生拥有高度的自觉性，而这无疑是普京最不缺少的。

在当时的社会环境下，列宁格勒大学中的每一个人似乎都对时事政治有着浓厚的兴趣，普京也不例外。普京所写的毕业论文就是《论国际法中的最惠国原则》。年轻的普京，从当时苏美关系缓和、经贸往来增多的政治现象中，敏感地捕捉到了经济生活中最为关键的问题，表现出他政治嗅觉的敏锐和政治见解的独到。尽管学习和体育占据了普京的绝大部分时间，他却依然拥有非常好的人缘，这不得不说是普京人格魅力的作用。

普京觉得，大学的时光既紧张又快乐。学习期间，普京参加了学校组织的建筑队，与建筑队的同学一起搞实践活动，到苏联科米自治共和国人迹罕至的森林里开辟林道，修建房屋。普京在森林里干了一个半月，拿到了900多卢布的报酬。当时，苏联全国的月平均工资才200卢布，普京拿到的报酬相当于一个月挣了3个人的工资。工资之所以这么高，是因为森林里工作条件艰苦，蚊子非常多，娱乐的时间非常少。实践活动结束时，普京还获得了四级木匠证书。

普京拿着钱，与朋友一起去了一趟加格拉。加格拉是黑海的海滨城市，景色秀丽。去一趟加格拉，普京花去了450多卢布。普京用剩下的钱买了一件非常有档次的外套，这件外套，他穿了整整10年。

普京在大学期间还幸运地开上了小汽车。他读大三的时候，他的母亲在咖啡店里付账时，得到了一张国家发行的彩票，就是这张彩票中了一辆日古利牌小汽车。这辆价值3500卢布的小汽车如果卖掉的话，对月收入只有200卢布的普通苏联人来说，绝对是一笔不小的收入。这笔钱可以让普京一家人住进新建的独立公寓。但是，普京的母亲没有把小汽车卖掉，而是送给了读大学的普京，这让普京乐得近乎疯狂。

对普京来说，大学里的法律专业学习，只是他实现目标的一种途径，他还需要有人给他更多的指引。此时，正是他世界观开始成型的时期。幸运的是，他遇到了一个对他的命运产生重大影响的人，这个人就是索布恰克教授。索布恰克于1937年出生在西伯利亚的赤塔市，那里距离中国的满洲里只有200多公里。索布恰克和普京一样，出身于工人家庭。索布恰克的父亲是火车司机，家境也不宽裕，他完全是靠自己的努力才考入列宁格勒大学法律系的。

大学毕业后，索布恰克被分配到斯塔夫罗波尔边区工作，那里是安德罗波夫和戈尔巴乔夫的故乡。索布恰克在那里工作的时候，戈尔巴乔夫正担任边区共青团书记。索布恰克在工作之余，以函授的方式，读完了列宁格勒大学的法律硕士学位。此后，索布恰克回到母校，担任法律系教授，主讲经济学。

普京从大学三年级开始听索布恰克的课。普京的毕业论文《论国际法中的最惠国原则》就是由索布恰克主持审查的，这篇论文最终获得了优等成绩。普京和索布恰克的交往，对他后来从政产生了决定性影响。

索布恰克是一位有独立思想的知识分子，无穷的个人魅力和启蒙天赋使索布恰克成为具备活动能力、超凡脱俗的人物。他的思想非常独立，常以不同的方式批判时事。不过在讲台上，他不会公开挑战当局。他知道，那样做的结果将会是被捕并被流放国外。

普京23岁时，以优秀的成绩毕业了。从此，他又有足够的资质被称为法学家。同时，他的夙愿也终于实现了：神秘的克格勃向他打开了大门。普京大学毕业后就加入了克格勃，索布恰克则继续在列宁格勒大学任教。而十几年后，索布恰克走上了“学而优则仕”的道路。1988年年初，50岁的索布恰克突然步入政坛。为帮助戈尔巴乔夫实施政治体制改革，他决定从政，并开始在政坛上一显身手。也正是因为索布恰克是普京的大学老师，并亲自指导过普京的毕业论文，这也为普京日后步入政坛埋下了伏笔。他们是师生关系，一些事情永远会心照不宣。

Chapter 03 谋划前程：历练再历练，我的未来我做主

事情做得越多，人就会得出这样的结论：还有许多事情没有做。

——弗拉基米尔·普京

01 被小说感染，立志当一名出色的间谍

早在读初中的时候，普京就特别喜欢看长篇惊险小说《盾与剑》，甚至到了痴迷的程度。他总是把《盾与剑》带在身上，一有时间就拿出来看，翻来覆去看不够。

《盾与剑》的作者是苏联著名作家科热夫尼科夫。《盾与剑》与苏联著名作家谢苗诺夫的长篇惊险小说《春天的十七个瞬间》一样，写的都是受苏联人民喜爱的同一类题材，即伟大的苏联卫国战争中看不见的战线上的战斗。

盾和剑都是苏联肃反人员所佩戴的标志上的图案，象征着肃反人员无论在何处，他们的职责就是用图案上的盾来保护国家和人民免受伤害。

《盾与剑》共72章，主人公是苏联侦察员亚历山大·别洛夫。1939年，别洛夫化名约翰·魏斯潜入德国，打进德军谍报机构，经受住了重重考验，成功地扮演了帝国保安局的党卫队上尉魏斯的角色，出生入死，一直战斗到最后的胜利时刻。

《盾与剑》发表于1965年。当时，普京14岁。3年后，《盾与剑》被改编成了4集电影。电影上映后，普京更是场场不落。他嘴里念叨的是别洛夫，脑子里浮现的是别洛夫，甚至在做梦时梦见的也是别洛夫，别洛夫俨然成了他言谈举止的楷模。

让人感到惊奇的是，《盾与剑》中的主人公别洛夫，就好像是普京的前世

一样，普京的人生轨迹，有很多地方与别洛夫相吻合。

吻合之一：工人家庭出身，独子，父亲希望他能子承父业到工厂工作。吻合之二：早就想当一名侦察员。吻合之三：父亲为祖国战斗过的经历，让他更加明白侦察工作对国家安全的重要性。吻合之四：为了成为一名侦察员，少年时代起就坚持每天早上做操，并有目的地在柔道运动队学习柔道。吻合之五：相貌符合侦察员的特殊需要。吻合之六：为了侦察工作，不得不同心爱的姑娘断绝关系。吻合之七：痴迷于歌德，还专门学过化学。吻合之八：曾在封闭的、专门的职业侦察员学校学习过。吻合之九：有很强的判断力，而且冷静清醒。吻合之十：曾经认真地练过体育。吻合之十一：尽管在音乐方面绝无天赋，但还是花费时间去试图理解音乐的真谛，以期对未来的工作有所帮助。吻合之十二：练过跳伞。吻合之十三：开始时，心目中的侦察员全都是丰功伟绩，但随着工作的不断深入，终于明白这项工作是由无尽无休的耐力和警觉构成，成就靠无数件日常小事换来。吻合之十四：除了有侦察员所需的组织能力、行动能力等职业天赋外，还能慧眼识人。吻合之十五：记忆力和自制力都非常卓越。吻合之十六：学过德语，唯一一次国外工作经历在德国。

如果没看过《盾与剑》这部小说或电影，而了解俄罗斯总统普京的基本情况，几乎都会把上面这16点看成是形容普京的，而不是《盾与剑》中的主人公别洛夫。也许，这也是天意，普京喜欢《盾与剑》这部小说和电影后，他就慢慢地变成了主人公别洛夫，现实版的《盾与剑》在他身上上演。

小说和电影中的侦察员形象深深地感染了少年普京。在普京的心目中，别洛夫赤胆忠心，疾恶如仇，大智大勇，睿智果敢，是国家的英才，是民族的英雄。在没看《盾与剑》这部小说和电影之前，普京一直想当一名飞行员，驾驶着飞机，翱翔在祖国的蓝天上，保卫着祖国的领空。可当他看了别洛夫的英雄形象后，他就毅然决然地放弃了当一名飞行员的理想，立志像别洛夫一样，当一名神奇的、无所不能的间谍，而且还发誓要到克格勃去当间谍。

当时普京觉得，一名间谍能办到一支军队所不能办到的事情，一名间谍也可以决定上千人的命运。英雄人物的壮举，是每个做过英雄梦的少年都难以抵挡的诱惑。

普京立下当一名间谍的志向后，内心始终充满着狂热之情。不久，他在《我的理想》这篇作文中写道："我的理想是做一名间谍，尽管全世界所有人对这个职业都不会有任何好感，但是……报效祖国和人民的方式就是去做一名出色的间谍，用自己的恶名去换取敌人的失败，用自己的牺牲去赢得祖国和人民的胜利。"这篇作文，不仅让普京当时的老师感到震惊，更让他的同学们吃惊和敬佩不已。

普京不是空怀理想，而是开始默默地做起了相关的准备。当时，他参加学校体育队的集训。在集训期间，他利用训练的间隙，认真准备参加文化课的考试。他知道，为了能够具备当侦察员的条件，他必须把学习摆在第一位，而把参加体育队的训练放在次要的位置。

普京在努力学习的过程中，他的课桌上始终摆放着一幅侦察员的照片，这名侦察员就是卡尔洛维奇·别尔津。作为列宁时期苏联情报机构的开创者，别尔津是全俄肃清反革命和消除怠工特别委员会中非常著名的侦察员。普京把别尔津的照片摆在自己的课桌上，充分说明别尔津在他心目中的地位。普京的言谈举止也表明，他已经把别尔津当成了人生榜样和国家英雄。

榜样的力量是无穷的。受《盾与剑》主人公别洛夫的影响，当时苏联的许多青少年都会梦想着当一名像别洛夫一样的侦察员。可是，许多青少年没有像普京那样，把自己的梦想坚定下来，付诸行动。在许许多多青少年的眼里，去克格勃当间谍就好比是天方夜谭，永远是可望而不可即的。

普京确立了当一名间谍的理想后，出人意料地独自去了一趟克格勃大楼。克格勃大楼在黎基易内大街的4号大楼，为克格勃的最高管理机关。列宁格勒市里的很多人，都曾想方设法接近这里，以表达自己的各种诉求。

当时，正值列宁格勒市的秋天，普京第一次来到了克格勃大楼。克格勃整座大楼都是封闭的，根本无法进入。普京在大楼前转了好长一段时间后，才发现大楼门口站着一个人。普京很是惊喜，立即上前询问怎么加入克格勃。

那个人听明白了普京的问话后，就告诉普京，想了解如何加入克格勃，得到柴可夫斯基大街的克格勃接待处去询问。而当普京跑到克格勃接待处的时候，接待处没有开门，普京便记下了克格勃接待处的接待日和接待时间。

当普京再次来到接待处的时候，受到了一位军官的接待。普京向军官直言："我想来你们这里工作。"负责接待的军官告诉他，他的年龄还小，还不具备到克格勃工作的条件。

听了军官的话，普京没有灰心，继续问那位军官："我想具备来你们这里工作的条件，今后应该怎样努力？"

那位军官被年少的普京打动，就耐心地对他说："我们这里只接收读完大学和当过兵的人，闲散人员一律不要。你要来我们这里工作，就要读完大学或者服满兵役。"这位军官还告诉普京，来克格勃工作，最好是法律专科学校或者大学法律系毕业。

后来，普京如愿地进入克格勃，总是忘不了那位军官的热情接待。普京觉得，他当时只是一个普普通通的少年，而那位军官并没有对他简单打发了事，而是在办公室里，耐心地与他进行了面对面的交谈，并提出中肯的建议。这次经历，让普京少年时代的梦想有了实现的可能。从此，普京就朝着那位军官所指引的方向努力。普京前往克格勃接待处的这一趟，真是不虚此行。

接待普京的那位军官，是苏联国家安全委员会的叶戈罗维奇。他值班的职责，就是为了接待来访的每一位公民，倾听公民的诉求。当时，接待处所在的这座大楼，对每一个市民来说都不陌生，列宁格勒市的市民管它叫"大房子"。所有的来访者，都怀有不同的心态和诉求，有神秘的告密者、绝望的喊冤者、抱怨住房不公的申诉者、打击报复的造谣者，甚至还有疯子。

在叶戈罗维奇的眼里，在克格勃接待处做接待工作，是一件非常不容易的事情。他说："我们做接待工作，每一天都战战兢兢，期待自己值班的前一天不要放映关于间谍和侦察员的电影。因为电影放映的第二天，他们一定会迎来一大批心理失衡的来访者。这种情况，在《神秘的复仇者》《盾与剑》《死亡季节》等电影放映之后，都得到了集中的体现。来访者向克格勃大楼的军官们报告他们发现的大量线索，仿佛每走一步都会发现外国间谍的丑恶嘴脸，甚至街坊邻居的一些举动也有了某种不可告人的含义。军官们通常只是口头上答应采取措施来打发这些病态的怀疑者。”

叶戈罗维奇在接待普京的时候，刚开始也把少年普京看成了一名告密者。当站在他面前的这位个头不高、淡黄色头发、一身新校服的少年递过自己的身份证和团员证后，他的心情才有些放松。而当普京直截了当地问他如果将来想在克格勃工作需要上什么学校时，他感到非常惊讶，并由衷地赞叹眼前这位稚气的少年。

于是，叶戈罗维奇想到了克格勃新任领导人安德罗波夫几天前所说的话，就是克格勃各部门要在国内高校选拔有前途的毕业生。但是，叶戈罗维奇不能向一个中学生和盘托出克格勃领导人制定的政策，只能委婉地告诉他最好考大学的法律系。事实上，叶戈罗维奇的话，对当时还仅仅是一个少年的普京而言，已经足够了。普京听懂了，而且照办了，也成功了。

普京是一个非常有心劲的少年。当天，他离开克格勃的接待处之后，并没有回家，而是马不停蹄，直接去了列宁格勒大学，了解了法律系的一些情况。他看了法律系在校园中所处的位置、法律系教学楼、法律系的教室、法律系的课程计划和考试科目等，一切都让他耳目一新。

结束了克格勃接待处和列宁格勒大学的探访后，普京就开始一心一意地准备考取列宁格勒大学的法律系。他放弃了化学、物理等学科，开始专心学习文学、语文和其他考试必考科目。当时，普京知道，他出身于一个普通的工人家庭，没有谁可以依靠，一切都只能靠自己的努力来积极争取。他必须坐下来刻苦学习，必须日夜不停地啃书本。从克格勃接待处和列宁格勒大学回来，他已经知道应该怎么学习，怎么做好努力。他感到，自己的父母已经为他接受良好的教育尽了他们最大的努力，而在他实现加入克格勃的梦想上，父母是帮不上忙的，只能靠自己努力去争取。除此之外，没有任何捷径可走。他发誓：想做就一定做好，取得成功。要不，还不如不做。

02 克格勃，心目中的至高无上

普京从14岁开始，克格勃就成了他心目中的至高无上。在电影《死亡季节》主人公阿贝尔、电影《盾与剑》主人公别洛夫、连续剧《春天的十七个瞬间》主人公施季里茨的感召下，他要成为一名克格勃特工的愿望越来越强烈。

“克格勃”是苏联国家安全委员会俄文简称“К Г Б”的音译，是1954年3月13日至1991年11月6日期间苏联的情报机构。许多学者说，苏联就是克格勃，离开了克格勃，苏联就不存在了。研究好克格勃的历史，才能研究好苏联的历史。

克格勃的前身为捷尔任斯基1917年创立的全俄肃清反革命和消除怠工特别委员会，简称“契卡”。捷尔任斯基是俄罗斯伟大的革命家，是列宁的战友。十月革命时，他专门负责斯莫尔尼宫与起义军的通信联络，积极参加了攻打冬宫的组织工作。在全俄苏维埃第二次代表大会上，他被选为全俄中央执行委员会委员。在全俄中央执行委员会的会议上，被选为全俄中央执行委员会主席团委员。十月革命胜利后的1917年12月，被任命为全俄肃清反革命和消除怠工特别委员会主席，“契卡”从此诞生。

1922年，全俄肃清反革命和消除怠工特别委员会改称国家政治保卫局；1923年，改称国家政治保卫总局；1934年，改称国家安全总局；1941年，改称国家安全人民委员部，仅过半年，恢复为国家安全总局；1943年，恢复称为国家安全人民委员部；1946年，改称国家安全部；1953年，改称内务部；1954年，改称国家安全委员会，也就是“克格勃”，这个名称一直沿用了30多年；1991年，苏联解体后，改称俄罗斯联邦安全局。

克格勃的职权领域大致与美国中央情报局和联邦调查局的反间谍部门相当。在20世纪30年代，由亚戈达和叶若夫领导的国家安全总局，成为苏联“大清洗”的工具，给克格勃蒙上了许多阴影，亚戈达和叶若夫甚至一度被称为苏联的“恶魔”。“大清洗”也称苏联肃反运动，是指1934年年末至1938年年末苏联在斯大林执政时所爆发的一场政治镇压和迫害运动。这场持续4年之久的“大清洗”，由基洛夫被刺事件引发，包括对苏联共产党内部的清洗以及对无辜人员的迫害。“大清洗”究竟制造了多少冤案、杀害了多少无辜者，至今没有一个确切的统计数字，但作为一场政治性镇压运动，其规模之大、涉及面之广、危害之深，在历史上堪称空前，它是斯大林领导苏联时期最黑暗的一页。斯大林死后，苏联开始重新审查这些案件。1956年，赫鲁晓夫在第20次党代表大会上攻击斯大林时报告道，过去两年里已有7679人被恢复名誉，他们中间大多数都已死去。最惊人的是，在1934年号称“胜利者代表大会”上选出的134名党中央委员会委员中，有98人在“大清洗”期间被逮捕并被枪决。仅1937年，被苏联公安和安全机关枪决的人达353074人。1938年，也达到了326818人。

冷战期间，克格勃的职能过大，涉及国内所有领域，甚至凌驾于苏联党和政府之上，在国际上也成为“红色恐怖”的代名词。所谓“冷战”，是指1947年至1991年间，以美国、北约为主的资本主义阵营，与以苏联、华约为主的社会主义阵营之间的政治、军事斗争。1946年，英国前首相丘吉尔在美国富尔顿发表“铁幕演说”，正式拉开了冷战序幕。1947年美国杜鲁门主义出台，标志着冷战开始。1955年华约成立，标志着两极格局的形成。1991年苏联解体，标志着冷战结束，冷战前后共历时44年。美国和苏联同为世界上的超级大国，为了争夺世界霸权，两国及其盟国展开了数十年的斗争。在这段时期，虽然分歧和冲突严重，但双方都尽力避免世界范围的大规模战争爆发，其对抗通常通过局部代理人战争、科技和军备竞赛、太空竞争、外交竞争等冷方式进行，即相互遏制，却又不诉诸武力，因此称为“冷战”。

克格勃历史上最有影响力的领导人，一位是安德罗波夫，另一位是贝利亚。安德罗波夫于1967年至1982年长期担任克格勃的领导人，1982年11月，安德罗波夫接替勃列日涅夫，成为苏联共产党总书记。安德罗波夫作为苏联安全工作领导人升任为苏联共产党的最高领导人，这在苏联历史上还是第一次。他在勃列日涅夫时代就享有“一个现代的有专业知识的、机智灵活的干部”的名声。他常常被描绘成有教养的、具有学者风度的形象。他在就任克格勃主席的15年中，强化了克格勃组织，建立了一个较稳固的权力基础。他倾向于反对个人崇拜，尽量避开礼仪性活动。安德罗波夫作为苏联最高领导人，在执政的1年3个月期间，进行了大胆的改革工作，大刀阔斧地进行人事调整，为发展国民经济和提高人民福利方面做出了贡献。

而贝利亚于1941年至1943年以及1953年，先后两次担任克格勃主席。贝利亚是苏联政治家，秘密警察首脑，也是斯大林实施“大清洗”计划的主要执行者之一。第二次世界大战结束后，贝利亚被斯大林晋升为军事元帅。“二战”之后到斯大林逝世之前，贝利亚是苏联实际上的二号人物。但是，他在争夺斯大林继承权的斗争中失败，不但被赫鲁晓夫撤职，还被以叛国的罪名处死。

俄罗斯的情报工作可谓历史悠久，早在16世纪，俄罗斯就出现了负责侦察并扫除叛徒的沙皇禁卫军。这些禁卫军穿着黑色衣服，骑着黑色战马，系在马鞍上的狗头和狼尾扫帚形刷子象征着他们的神圣使命。

苏维埃政权初期成立的契卡，由列宁的战友捷尔任斯基担任首任领导。当时的契卡主要针对的是国内各种反对势力和敌特的猖狂破坏活动，尤其是各种对领袖的暗杀活动。契卡成立之初，普通民众对其工作很配合。曾经有过这样一个小故事：一名外国间谍不小心将文件掉在了地上，就被当地居民揭发了。当时，契卡领导人捷尔任斯基就对那名间谍说：“你的被捕是一种必然，因为你面对的不只是契卡，还有广大群众雪亮的眼睛。”但到了20世纪30年代，随着契卡在“大清洗”期间制造的大量冤假错案，其声誉在民众心中急剧下滑，从而引起了人们的极度恐慌。

1954年，苏联特工组织改名为克格勃，世界已经进入冷战时期。当时，苏联民众开始用一种非常复杂的心态来看待特工。一方面，特工的种种特权让人羡慕；另一方面，特工无处不在，凌驾于国家机关、决定人生死祸福的莫大权力又让克格勃一度成为恐怖的代名词。克格勃承担着10多项不同的功能：收集情报、守卫边疆、保护领导人、打击敌特活动、密切监控苏联人民生活等，从教堂到军队，克格勃无处不在。克格勃的触角伸向四面八方，大学、工厂等无孔不入。

苏联解体前，克格勃机构的设置主要包括：第一总管理局，负责国外情报，在全世界建立广泛的情报网，开展各种活动；第二总管理局，负责反间谍；第三总管理局，负责军队内部的反间谍工作；第四总管理局，负责克格勃的交通运输；第五总管理局，负责监视并清除各种持不同政见者，20世纪80年代末改为保卫宪法制度总管理局；第六总管理局，负责经济安全；第七总管理局，负责户外监视和跟踪；第八总管理局，负责通信和密码；第九总管理局，负责领导人的安全保卫；第十总管理局，负责管理档案；第十二总管理局，负责窃听；第十五总管理局，负责通信检查和信号情报；第十六总管理局，负责政府机构保密工作。此外，克格勃还设有边防军总管理局和克格勃高等学校。克格勃高等学校就是专门系统培训高级间谍的机构。

当时，克格勃在苏联已经成了国中之国，它渗透到了国内的所有领域和部门，能够控制社会生活的所有方面。克格勃在苏联国家政治生活中起着举足轻重的作用，是其他现代国家的任何机构都无法比拟的。尤其在安德罗波夫担任主席期间，克格勃在苏联国家政治生活中的作用更是前所未有，这也是克格勃在普京的心目中占有至高无上位置的一个重要因素。

苏联解体后，俄罗斯特工机构与当权者尤其是总统之间的关系变得扑朔迷离。先是克格勃的领导人克留奇科夫参与策划了苏联共产党八月政变，随后是叶利钦极为小心地应对特工机构，致力于削减其权力，瓦解其机构，并在这些机构之间制造矛盾，维持一种脆弱的节制与平衡关系。而到普京执政后，克格勃出身的人有很多都受到重用。俄罗斯政要中，许多人都有浓厚的克格勃背景。而俄罗斯各类大型公司中的领导职务，也有许多是由克格勃退休干部担任的。在普京的第一个总统任期，重要职位的官员中，有一半都是戴过克格勃肩章的人，其中包括总统顾问、政府部长、联邦区总统代表、州长等。这样，俄罗斯民众对特工的看法也发生了很大的变化。

普京担任总统期间，俄罗斯联邦安全局已经变成了一个独立机构。如果说该机构也有意识形态，那这个意识形态就是致力于实现国家稳定和秩序。如今，效力于联邦安全局的人，不仅将自己看作克格勃的继承者，更自视为当年沙皇秘密警察的继任者。俄罗斯联邦安全局早已不是简简单单的克格勃的再生，而是在前克格勃成员普京的庇护下，进化得更为强大。

03 梦想实现，顺利加入克格勃

普京是带着有一天能加入克格勃这个美好愿望进入列宁格勒大学的，整个大学期间，他时时刻刻都在为实现自己的美好愿望努力着，甚至总是憧憬着在列宁格勒克格勃接待处遇到的军官叶戈罗维奇会突然出现，宣布把他招收到克格勃工作。

可是，普京在列宁格勒大学读了3年多，在克格勃接待处遇到的军官叶戈罗维奇一直没有露面。普京一直记着军官叶戈罗维奇告诉他的话："我们不接收主动来的人。"为此，他只得怀着忐忑不安的心，默默地等待着。

普京有着良好的出身，又在大学里品学兼优，完全是个可造之才。所以，就在普京默默等待之时，克格勃其实已经在注意他了。因工作需要，克格勃经常在莫斯科大学、列宁格勒大学等著名大学公开挑选优秀大学生，且挑选工作有着严格的程序和标准。在学校领导的支持和配合下，克格勃可以先调阅学生的档案，再和可能的人选个别谈话当面考察，初步筛选后再向上级汇报，决定是否录用。

克格勃的挑选标准是：具有强烈的爱国主义和献身精神，机智勇敢，身体健康，年龄不超过25岁。具体考察分五步：第一步是看长相。克格勃通常会挑选相貌普通、没有明显生理特点的人，因为越是普通的人在工作中越不容易给别人留下深刻的印象，从而不会被轻易地识别出来。第二步是看性格。可能的人选一定要为人机智、易于共事、意志坚强和具有正常的性观念。第三步是看档案。经过以上两个程序之后，克格勃还会调阅人选的档案，主要是查看其家庭出身，有无国外关系以及是否受过刑事处罚等。克格勃一般比较欢迎出身于清白的平民家庭、没有海外背景的青年人。第四步是多样形式的考察。克格勃对经过前3步考察而确定的人选将进行严格的审查，包括对人选的电话进行监听，对其日常行动进行严密跟踪监视，向其邻居详细询问人选的各方面情况，等等。第五步是找人选谈话。鉴于克格勃工作的危险性，加之肃反委员会及其后的克格勃在处理“大清洗”等事件中都犯有很多错误，苏联许多民众对特工人员并没有什么好感，因此，克格勃在吸收新成员前，都会与被征召对象进行面对面的谈话，要求其做出自愿加入安全部门工作的表示和承诺，以免在日后的工作中陷入被动状态。

被录用的大学生，还需要经过半年至5年的专门训练和培养。这种严格的挑选和训练方式，使克格勃能够长期拥有一支素质较高的专职特工队伍。

普京在读大学四年级时，有一天，学校突然通知他，说有一个人将在一间小教室里见他。当普京怀着疑惑的心情走进这间没有人上课的教室时，见到的是一个身着便装的中年人，看上去很有军官的气质。普京马上意识到，眼前这个人很可能就是克格勃的人。其实，这个人就是克格勃的军官瓦西里耶维奇。瓦西里耶维奇对普京说：“我想和你谈一谈你的工作分配，但我现在还不想说究竟是什么工作。”随后，瓦西里耶维奇与普京约定了另一个会面的地点。

两个人商量好在法律系的门厅里见面，可瓦西里耶维奇没按约定的时间到场，迟到了20多分钟。看到等得有些焦急的普京时，瓦西里耶维奇说：“这都是安排好的。”显然，瓦西里耶维奇是故意迟到的，他是在用一种特殊的方式来考察普京。接着，瓦西里耶维奇说，“咱们开门见山吧！如果邀请你到克格勃工作，你觉得怎么样？”普京回答得很干脆：“我非常愿意到克格勃工作。”

与瓦西里耶维奇谈话之后，普京就像吃了定心丸一样踏实了许多，他有些兴奋，也有些快慰。多年的努力，多年的期盼，终于得到了回报。但是，之后相当长的时间内，克格勃的人就好像突然消失了一样，没有任何消息，这让普京感到了些许不安。普京临近毕业的时候，大学就业委员会开始研究安排毕业生的就业去向。这时，学校法律系的一位老师看着毕业生的名单说：“我们要让普京当律师，他是一块当律师的好材料。”而就在这时，有人给学校打来电话，专门邀请普京到大学的人事部去谈话。原来，找普京谈话的人就是监督学生分配的克格勃特工，他是专门为普京而来的。这个人说：“普京的分配事宜已经决定了，我们要让普京到克格勃去工作。”听了克格勃军官的话，普京心中的石头总算落了地。

普京回到家后，如实地向父亲说明了自己将加入克格勃的事情，得到了父亲的支持。他的父亲觉得，对一个工人的儿子来说，能够成为克格勃军官，是一件很光荣的事情。几天后，普京就在大学就业委员会的指导下，填写了各种加入克格勃的申请表。

1975年，年轻的普京终于实现了自己梦寐以求的愿望，正式成为克格勃的一名特工。最初，普京想干的是情报工作，就是特别想到第一总管理局工作。实际上，他被分到了第二总管理局，也就是反间谍局。当时，占据克格勃核心地位的是第一总管理局，这里的情报工作人员都是从克格勃的军官里选拔上来的，每612个克格勃军官中，才产生1个对外情报军官。毫无疑问，普通的克格勃工作人员若是想直接进入第一总管理局，就好比一步登天，是非常不容易的。

在第一总管理局供职的情报人员之所以被另眼相看，让人羡慕，是因为身为克格勃的对外情报人员，不仅前途远大，有充足的机会深入国际政治斗争的最前沿，从而丰富自己的职业经验，而且对外情报人员的物质待遇也非常丰厚，可以在很大程度上改善家庭生活。

更重要的是，对外情报军官只要不被所在国的反间谍组织发现，这种境外工作的时限一般会长达6年。如果在出差期间表现良好，在不曝光的前提下，会顺利进入名流行列，这样就可能为将来的升迁埋下伏笔。接下来，由分管他们的直接领导或上一级领导做一个鉴定，决定他们是否继续升职。如果上述的种种规定都遵守得好，和领导的关系处得也不错，那么，情报工作人员回国工作两三年后，就很有可能重新得到这份美差，再次被派驻国外。如果此次境外情报工作仍旧保持出色的成绩，不仅升职机遇充足，还会因超期服役而享受提前晋衔的待遇。

普京所在的克格勃列宁格勒分局被列宁格勒市民戏称为“大房子”。这座9层建筑的第六层就是普京梦想进入的第一总管理局，而第五层则是第二总管理局。所以说，普京只有从第五层上到第六层，才算真正实现了自己的梦想。

然而，普京刚刚进入克格勃后，就被领导派往克格勃的一所封闭式间谍培训学校去参加培训。这所间谍培训学校就是克格勃第401保密学校。1977年，普京通过由特别专家组成的考察团的严格考试，以优异成绩从第401保密学校毕业，并被授予陆军中尉军衔。之后，普京的工作岗位就发生了变化，他从反间谍部门被调到了情报部门。这就是说，普京几乎不费吹灰之力就从第五层上到了第六层。这一调动，让他的同事们都为之惊叹。

这次调动，完全取决于普京自身过硬的能力和素质。就在他参加封闭式间谍培训期间，情报部门的领导一直在暗中考察着普京的表现。经过一段时间的细致观察和了解，普京无可挑剔地被选中了。情报部门的领导说：“我们选拔干部是很谨慎的，是非常谨慎的。情报工作向来要求视野开阔的知识分子，最好精通外语。这还仅仅是一般标准。普京非常干练，凡事上手很快。他头脑冷静，善于和人打交道，对人一视同仁，和同事相处融洽。我首先发现他具备严密的分析能力，在采取措施之前能深思熟虑，做好充分准备。这一特质使他脱颖而出。此外，他对待工作认真负责，从来不用催促。是的，我们从事的是分析工作，这一点用不着隐瞒。普京具有优秀的分析头脑，要是不能很好地利用他的这一点，对我来说，简直是渎职。”普京后来的表现，让这位领导感到一种慧眼识人的骄傲。

当时，普京的具体工作内容显得非常神秘，即使是在列宁格勒的老同事面前，他也不会说出他所负责的具体项目。为此，他的同事们说，普京的工作方向和结果，我们一无所知，这也是我们奉行的准则。即使我们同处一室，也永远不打听别人在干什么。这也不是什么新规定，而是在情报界流传的不成文的戒律。

在列宁格勒工作期间，普京很好地锻炼了与人打交道的能力。不光是自己的同事，他还和克格勃其他部门或者外部的朋友保持联系。当时，列宁格勒分局的办公室里只配备一部电话机，普京总是毫无顾忌地用电话和工作以外的朋友联系，谈话时对个人问题也毫不隐讳，显得很是阳光。

普京曾经接受过一项特殊的任务，就是接近西方国家公民，从中发现克格勃可以招募的人才。于是，当时只有25岁的普京很快就与和自己同龄的大学生们开始共谋大事。他通过一些巧妙的手段诱使那些外国大学生犯罪，然后以把他们驱逐出境的借口威胁他们，从而顺利地和他们签订为克格勃工作的合同。

当时，那些到列宁格勒学习、出差或旅游的欧洲人，都可能与普京发生过交往。在欧洲人面前，他总是显得很拘谨，但总是让人产生非常愉快的感觉。在那个年代，普京就已经成为一个专门从事与欧洲人打交道的专家。

在列宁格勒分局，普京与两个同事结成了非常亲密的友谊。让人没有想到的是，在21世纪初，3人一起主宰着整个俄罗斯的命运。普京担任总统，而他的两位好友伊万诺夫和巴特鲁舍夫则分别担任国家安全委员会书记和联邦安全局局长。

由于普京的工作能力突出，他很快被派到克格勃的外语短训班去学习，后来又被派到莫斯科安德罗波夫红旗学院培训。正是这几次重要的学习培训，成为他走上对外情报工作的转折点。

04 特工与空姐的爱情，一段故事很精彩

普京于2000年3月当选俄罗斯联邦第三届总统后，俄罗斯随即进入了“普京时代”。普京不仅成为俄罗斯全民的偶像，更是成为俄罗斯女人渴慕的对象。有一段时间，俄罗斯还出现了一首超级流行歌曲，名叫《嫁人就嫁普京这样的人》。2002年8月初，这首歌在俄罗斯电台播放，并在全国各大电台反复播放。这首歌是3个女孩合唱的，内容是失恋女孩诉说要找一个像普京一样的男朋友。它不仅曲调优美，歌词也朗朗上口，令人过耳不忘。这首歌的歌词大意是：

我的男友打了一场架/打得遍体鳞伤/喝得酩酊大醉又沉沦毒海/他简直令我无法忍受/我把他逐离我的身旁/我如今想要一个像普京的人/昨天我在新闻上看到了他的身影/他说，这个世界正处于十字路口/他是那么具有说服力/使我下定决心想要/一个像普京的人/一个像普京强而有力的人/一个像普京不酗酒的人/一个像普京不使我伤心的人/一个像普京不会舍我而去的人。

“嫁人就嫁普京这样的人”，也的确表达了许多俄罗斯女人尤其是青春少女的心声。担任俄罗斯总统的普京，以其独特的个人魅力，成为俄罗斯众多时尚女性关注的焦点人物。而普京与第一夫人柳德米拉的爱情故事，也广为流传。普京刚毅、睿智，柳德米拉贤淑、漂亮，一个郎才、一个女貌，他们的爱情宛如一个美丽的童话。

1958年1月，柳德米拉出生在加里宁格勒市一个普通工人家庭。加里宁格勒市是苏联著名的工业城市。她的父亲什克列布涅夫在一家机械修理厂工作，母亲叶卡捷琳娜是这家机械修理厂车队的收款员。父亲和母亲对柳德米拉喜爱有加，要求也非常严格。尤其是她的母亲，从小就带着她做各种手工，有意识

地培养她的动手能力和自理能力。柳德米拉还没上学的时候，就会帮助母亲做一些力所能及的家务。上学以后，她除了洗衣、做饭外，还学会了织毛衣，而且织得非常漂亮，让许多大人都赞叹不已。

柳德米拉自小酷爱戏剧，曾梦想着长大后当一名戏剧演员。为此，她请求父母把她送进了地区少年宫的戏剧团，参加节目排练，很快便成了骨干演员。在戏剧团里，她几乎演遍了俄罗斯所有著名古典话剧，成为街坊和同龄伙伴中的戏剧小明星。由此可见，少年的柳德米拉是多才多艺的。柳德米拉先是在加里宁格勒市第44中学上学，后来转到加里宁格勒市第8中学，并在那里一直读到高中毕业。

柳德米拉高中毕业后，信心满满地报考了自己向往已久的列宁格勒戏剧学院表演专业。她顺利地通过了第一轮考试，却在第二轮考试中阴沟里翻船，被意外淘汰了。其实，柳德米拉的文化课成绩一直不错，如果她不报考戏剧学院，而去报考其他大学，被录取一定不成问题。报考戏剧学院失败后，她的男友阿布罗西金找到她，商议他们一起工作1年后，再一同去考加里宁格勒理工大学。于是，柳德米拉就和男友来到加里宁格勒汽车销售厂，找了一份工作。后来，她又到邮政局做邮递员、到医院做清洁员、到戏剧俱乐部做领班和伴奏等各种临时工作。

一年后的1975年，柳德米拉和男友如愿考入加里宁格勒理工大学，从而走进了培养未来工程师的摇篮。就这样，她的演员梦想就随之破灭了。可是，枯燥的理工课程让她无论如何也无法培养起学习的兴趣。两年后，柳德米拉只好忍痛辍学，到一家工厂当了一名车工。但是，她对戏剧艺术的爱好依然没有放弃，这也成就了柳德米拉的超凡气质。终于，柳德米拉于1980年年初考进了航空公司，成为加里宁格勒航空队的一名空姐。就在这一年，她也结束了与男友的漫长初恋。

成为空姐的柳德米拉，在一个十分偶然的机会下与普京相识了。那是1980年，22岁的柳德米拉与空姐中队的一位女伴前往列宁格勒，进行一次为期3天的休假旅游。那位女伴在列宁格勒的朋友中，有一个名叫罗杜尔金的人，是列宁格勒音乐学院的毕业生。柳德米拉与女伴度假期间，罗杜尔金就邀请她们去列宁格勒苏维埃剧院听音乐会。邀请她们的同时，罗杜尔金还邀请了自己的好友普京。一场姻缘就这样悄悄地拉开了帷幕，一段动人的爱情故事就这样开始了。这场音乐会结束后，普京与柳德米拉竟然又兴致勃勃地相约在一起，每天晚上都去听音乐会。当快乐的3天假期即将结束时，他们只好相互道别。而就在地铁口分别时，普京出人意料地将自己的电话号码留给了柳德米拉，这就叫作该出手时就出手。此时，普京是一名克格勃的少校特工，一般是不会轻易把自己的电话号码留给别人的。留下电话号码后，普京还对柳德米拉说："我在警察局工作，因为工作需要，我暂时不能告诉你真实情况。"

普京给柳德米拉最初的印象，是清瘦矮小而且不爱讲话。但随着时间的推移，柳德米拉越来越觉得自己被普京吸引了。对柳德米拉来说，普京最吸引她的地方，就是他有一种真正男子汉的性格。那个时候，柳德米拉家里还没有电话，为了解除思念的煎熬，她只能坐飞机去和普京约会。恰巧航空公司经常要派人到列宁格勒出差，柳德米拉就常常主动争取这样的机会。

1年后，两个人的恋情迅速升温。这时，23岁的柳德米拉接受了普京提出的建议，放弃空姐工作，到列宁格勒读书。她顺利地考入了列宁格勒国立大学语言系预科班，被分配到西班牙语言文学专业学习。学什么都是有用的，若干年后，西班牙语果然帮了柳德米拉一个大忙。当她作为第一夫人陪同普京访问西班牙时，她抛开了翻译，与身边的王后直接进行交谈。

柳德米拉在预科班的宿舍找到了床位后，既可以安心学习，也方便了她与普京约会。但是，他们的约会总是来去匆匆。而让柳德米拉感到不快的是，普京在约会时常常迟到，有时是十几分钟，有时是几十分钟，有时甚至是个把小时。因此，柳德米拉经常在约会地点苦等。经历无数次的等待后，柳德米拉才知道普京原来是克格勃军官，觉得他迟到是情有可原的。但是，多少年后，普京一直保持着迟到的习惯，尤其是他当了总统后，依然没有改变。他甚至在会见一些国家的元首时，也常常迟到。他让西班牙国王卡洛斯等过20分钟，让瑞典国王古斯塔夫、韩国总统金大中和朴瑾惠等过30分钟，让德国总理默克尔、韩国总统李明博等过40分钟，让英国女王伊丽莎白二世等过114分钟，让乌克兰副总理基里连科、美国国务卿克里等过3个小时，让乌克兰总统亚努科维奇等过4个小时……由此，普京被冠以“迟到大王”的称号。而当各国的媒体记者问及普京为什么迟到时，普京会理直气壮地回答：“别问我为什么迟到，迟到不需要理由。”

恋爱两年多后的一天，普京对柳德米拉说：“现在你应该清楚我是什么人了。我不爱说话，脾气不是很好，你是不是也感觉到有时无法忍受？我是不是你的人生伴侣，你现在可能已经决定该怎么做了。”听了普京的话，柳德米拉吓了一跳，以为普京要和自己提出分手，她只好以乖乖的神态看着普京，等待他说下面的话。过了好久，普京才说：“我爱你，我想选择一个日子和你结婚。”普京的话，完全出乎柳德米拉的意料，她没想到普京的求婚方式会如此出人意料。

就这样，普京和柳德米拉于1983年7月28日，在涅瓦河一艘游轮的浮船餐厅举行了简朴的婚礼。那一年，普京31岁，柳德米拉25岁。双方的亲属都高兴地出席了婚礼。到场的人按照俄罗斯的传统方式，祝贺他们成为夫妻。婚后，柳德米拉改名为柳德米拉·普京娜。

柳德米拉与普京结婚后，日子过得比较艰苦，两个人挣的钱总是不够花，柳德米拉常常为钱的事发愁。那时候，柳德米拉还在列宁格勒大学文学系就读。为贴补家用，她只好出去打工。当她考取了法语和西班牙语的翻译证后，就通过做翻译赚一些外快。

1985年，普京与柳德米拉的大女儿玛莎出生。柳德米拉分娩的时候，普京正在安德罗波夫红旗学院参加克格勃的高级培训，因而不在柳德米拉的身边。不久，普京又被克格勃派往民主德国去工作。无奈之下，柳德米拉只好跟着普京去了民主德国。在民主德国，他们的第二个女儿卡捷琳娜出生。

在民主德国期间，柳德米拉一边工作，一边料理家务，还要抽时间学习德语。1990年，当一家人回到列宁格勒后，柳德米拉就在列宁格勒大学的外语培训班教德语。尽管那时生活清苦，但细心的普京总是在重要的节日给妻子买一些礼物，柳德米拉为自己有这样一个男人而感到高兴。

柳德米拉曾经很坚定自己的选择，称普京是她挑选的最对的人。但是，随着普京在仕途上的青云直上，柳德米拉渐渐感到了压力。1994年，柳德米拉遭遇车祸，颅骨和脊柱严重受伤，接连做了两次复杂手术。但忙于工作的普京无法分身，只好派自己的助手在医院里陪伴柳德米拉。

当普京与柳德米拉携手迎来30年珍珠婚的时刻，两个人却在2013年6月6日看完一场芭蕾舞演出后，高调宣布离婚。两个人的闪电离婚让外界的各种猜测此起彼伏：有的说两人是因为感情走到终点而平静分手；有的说是因为普京有了“小三”让柳德米拉感到愤怒而分手；还有的说是因为柳德米拉有了外遇而分手……

普京有着令人为之倾倒的政治家魅力，但这恰是柳德米拉所不能承受的。1999年年末，当柳德米拉得知普京将接任叶利钦的总统职位时，她充满了恐惧，甚至哭了一整天。原因是，她感觉自己从此不会再有私人生活了。此后，两个人的确是聚少离多，越走越远。

柳德米拉曾公开说，她和普京结婚之后最美好的一段时光，是普京派驻民主德国的时候。那时候，他们租住的公寓和普京的办公室只有一墙之隔。柳德米拉在家照顾两个年幼的女儿，而普京则经常从办公室的窗户朝家的方向眺望，眺望他生命中最亲近的3个女人……

05 谍报生涯开启，职位迅速升级

1984年，普京刚刚与柳德米拉结婚半年，就被调到克格勃对外情报局。按照以往的惯例，在对外情报局任职之前，普京还要接受比以往更加严格的专业训练。因此，普京以对外情报局少校军官的身份，被克格勃保送到了安德罗波夫红旗学院参加高级培训。这次学习，无疑成为他人生历程中的一个新起点，为他日后登上俄罗斯权力的巅峰奠定了一个坚实的基础。

安德罗波夫红旗学院位于莫斯科城北谢列梅捷沃2号国际机场附近，前身是1938年10月成立的苏联特种学校。学校的主要任务，就是为苏联看不见的战线培养间谍。苏联卫国战争期间，这所学校培养的谍报人员曾经成功打入了德军统帅部和德国情报机关，源源不断地为苏军统帅部提供了大量的情报。特种学校的毕业生还深入西方国家，开展了积极而富有成果的间谍活动，其中包括从美国获取了有关原子弹制造方法的重要情报。1948年9月，特种学校改称为高等情报学校。在克格勃的内部，这个学校还被称为“第101学校”。冷战期间，由于该校毕业生的间谍活动非常活跃，学校的知名度越来越高，以至于西方情报部门的头脑们一提到这所学校就头痛。1967年12月，第101学校被苏联最高苏维埃主席团授予红旗勋章。1968年，该校改称苏联克格勃红旗学院，成为高等院校。1985年，为纪念苏联克格勃领导人安德罗波夫，学院被命名为安德罗波夫红旗学院。1991年，苏联解体后，安德罗波夫红旗学院划归俄罗斯对外情报局领导。1994年年底，红旗学院改称为俄罗斯对外情报学院。

苏联的克格勃一直有这样的一种理念：特工是可以培养出来的。也就是说，任何一个人都能够被培养成一名真正的训练有素、业务娴熟的高级间谍。红旗学院就是克格勃培训谍报人员的专门教学机构。当时，红旗学院对学员的要求是：搞情报，这不是一种职业，而是一种生活方式。建校60多年来，红旗学院一直遵守严格的保密纪律，很少向外界披露学院自身所取得的辉煌业绩。虽然是这样，也不能抹杀学校培养了俄罗斯联邦总统普京和国防部部长伊万诺夫这样的政治明星的功绩。

送普京进入红旗学院学习的人，是克格勃对外情报局的彼得罗夫上校。也正是得益于彼得罗夫上校的推荐，普京才有了学习深造的机会。对克格勃的许多青年军官来说，进入红旗学院是梦寐以求的事情。其实，彼得罗夫上校是非常赏识普京的，普京是他心目中出类拔萃的年轻军官，更是他身边不可或缺的干将。但是，彼得罗夫上校还是从大局出发，觉得普京在业务上还有提升的空间，一旦得到提升，就会前途无量，日后必成大器，担当大任。于是，他忍痛割爱，最终还是决定把普京推荐到红旗学院去学习。

进入红旗学院后，要按照学员的外语知识水平，来确定每一名学员的学习期限。完全不懂外语的，学制将定为三年；粗略懂一点外语的，学制将定为两年；而精通外语的，学制将定为一年。由于普京的外语讲得非常流利，就被分配到一年制学习班参加学习。

学员除了学习期限不同外，学习内容也是不同的。在红旗学院，学习期限是由学院决定的，但具体哪个学员学习什么则不由学院来决定，而是由那些来自克格勃第一总管理局各办事处的“买主”决定的。所谓“买主”，指的是潜在的雇主，也就是学员未来的工作单位领导。在培训开始之前，第一总管理局有“雇用”意向的各办事处会对即将参加培训的军官们进行审查，确认哪些人适合自己部门的工作。确认之后，各办事处会在培训期间密切关注选定学员的动态，同时，被确定的军官也对自己将来的工作方向有了大致认定。

进入红旗学院后，普京便化名为普拉托夫。当时，学院的规定就是每个学员都必须有自己的化名。虽然学习内容有所不同，但大的方向还是比较一致的，就是学习与德国相关的经济、政治、体制、政党等各个方面的课程。事实上，普京当时已经知道自己毕业后会被派往民主德国或者联邦德国去工作。

学员进入学院后，艰苦的训练就开始了。由于普京在学员中的军衔较高，所以被学院指定为班级指挥官，同学们因此称呼他为普拉托夫少校。班级指挥官的职责，就是组织学习，监督学习，在训导者面前对所有班级成员负责。学员们还没来得及相互好好认识一下，就被送到了乌克兰西南波尔格勒的一个空降师，接受体能和战斗素质方面的训练。

学员训练，首先要过钻坦克这一关。在训练时，学员站在一马平川的场地上，甚至连一个壕沟都没有。这时，会有许多坦克从四面八方向学员开来，对学员进行围堵。眼看着一辆辆庞然大物开过来，学员们必须迅速地找准坦克腾空的空间钻进坦克底下，而且要钻得恰到好处，紧贴地面纹丝不动地趴着，不能撞到坦克的底壳，更不能被坦克的履带轧到。这种训练非常危险，稍有不慎就会命丧黄泉。训练场上，学员被坦克轧死轧伤的情况时有发生。

学员参加训练，还要过高地跳伞这一关。学员穿着带有背带的训练服，然后从高地上跳下。当时，大地里的玉米刚刚收完，满地都是玉米茬。学员落地时稍有不慎，就有受伤的危险。

普京过这两关时，凭借着练过柔道等体育项目的基本功，非常顺利地闯关成功。因此，许多学员都非常崇拜普京，纷纷要求跟他学习柔道。

红旗学院的教学目的就是学以致用，学校所教的东西都是学员在日后的工作中最为实用的基本功，没有半点掺假的东西。教官们非常严厉，毫无温情可言。学习期间，学员们必须学会徒手格斗、空手对付手持刀枪的敌人等一系列自卫技能，还要掌握熟练的汽车驾驶技术，成为百发百中的神枪手。同时，学员们还要学习各国文化、风土人情、民族特征和历史沿革。普京在这些课程的学习中迅速成为同期学员中的佼佼者。

当时，普京留给学员们的第一印象并没有什么特别之处。他只不过穿一件长大衣，戴宽檐礼帽，手里拿一把手杖似的长柄雨伞，看起来有些欧洲绅士的味道，更像是一名品位不凡的知识分子。在训练和学习之余，普京非常喜欢读文艺作品，因此很有书卷气。

在许多人眼里，境外谍报人员就是在路上鬼鬼祟祟、四下张望，然后在乘人不备时，突然把文件之类的东西塞进一个秘密地点的那类人，而其实并非如此。谍报工作主要是通过线人获取有用的信息，而招募线人，靠的是人与人之间合情合理的某种关系，以此来发展业务联系。红旗学院所培训的就是情报人员的这种能力。学院不仅教会情报人员独立地做决定，还要学会负责任。这是因为，学员们在以后的工作中会遇到许多复杂的境遇，根本没有人也没有时间商量，必须独立做出判断。

但是，学习归学习，分配归分配。无论如何，在红旗学院接受训练的每一个军官都希望毕业后能够出国工作。从严格意义上讲，红旗学院是一道通往国外的门户，学员们想通过这道门户到国外去，是无可厚非的。同时，国家花了血本培训他们，也并不是为了把他们留在国内。所以，参加学习的每个军官都很自信，认为自己一定能够被派到国外去。

毕业分配前，普京的同学诺沃谢洛夫早就决定去民主德国的德累斯顿。而到了毕业分配时，诺沃谢洛夫却被克格勃第一总管理局第四处意外“截获”，于是，克格勃临时决定，改派普京去德累斯顿。就这样，普京于1985年前往民主德国的德累斯顿，开始了他在民主德国的6年谍报生涯。

很快，普京就带着妻子柳德米拉和大女儿玛莎来到了德累斯顿，这标志着他谍报生涯的正式开启。“二战”期间，德累斯顿城虽然遭受了几乎灭顶的毁坏，但仍集文化古城、科技研究中心、重要工业城市于一身。两德统一后，德累斯顿很快成为仅次于柏林的德国第二大城市。普京的住所和工作驻地都在德累斯顿的安格利卡大街。与德累斯顿的大部分街道一样，这条街道绿荫浓郁，宁静优雅。在这里，普京的第二个女儿出生。也是在这里，普京的两个女儿从小就开始接受德国式教育。

20世纪80年代，苏联克格勃在民主德国境内分布着若干个情报小组，他们由柏林统一领导，再由柏林方面负责将完成的工作向莫斯科总部定期汇报。对克格勃的情报军官来说，当时的民主德国是一个非常出彩的地方。处于两种制度的对抗前沿，间谍战可谓如火如荼。可以说，世界上再没有一个地方能像这里一样，更加卓有成效地让谍报人员积累职业经验。在民主德国，柏林当然是所有情报军官都想大展拳脚的地方，可惜的是，普京被安排在了稍显次要的德累斯顿，许多克格勃的人都感到普京屈才了。

短短6年的民主德国生涯，普京的职位竟然连升了三级，从初来时的高级业务人员，到离开时的处长高级助理，可谓工作一帆风顺、职位升迁神速。后来，叶利钦就是在多次研究了普京的档案后，才决定任命他为俄罗斯联邦安全局局长。从这个任命中也可以推测出，克格勃的档案中对普京在德国的工作评价是让叶利钦非常满意的。

事实也是这样，普京的工作非常勤恳，从来不致力于钻营和逢迎，对所有人都一视同仁。他的平步青云应该是他勤奋、尽职尽责、工作积极主动的个人品质所决定的。当时，他的克格勃上司就评价他是一个很纯洁、很诚实的人，说他只是在尽心尽力地工作，对于其他的，尤其是金钱方面的诱惑，从来不屑一顾。这一点，也与普京夫妇的为人有关，他们两个人都是那种朴素、自尊、自制的人。普京的妻子柳德米拉回忆："在民主德国的时候，我几乎没在衣服上花过钱，两人的工资基本都花在了购买各种生活用品上。"

在民主德国期间，普京是德国啤酒的爱好者，每到星期天他都会携妻女一起，去闲逛游玩。闲暇时，他会阅读舍列尔和格杰的原著，也会去钓鱼。事实上，6年的德国工作生涯也在普京的身上或多或少地烙下了另一个民族的痕迹，甚至曾经有媒体称他为"克里姆林宫里的德国人"。

普京在德累斯顿所做的具体谍报工作，与在列宁格勒其实没什么区别，主要是进行情报分析。普京强调，在这块领土上，自己不从事技术和经济方面的情报工作，也不图谋弄到该国的秘密情报。正因为如此，普京后来才没被德国的反间谍机构禁止入境，也没有遇到其他任何不愉快的事情。

1990年，柏林墙被拆毁，两德宣告统一。在莫斯科的沉默中，普京在德累斯顿的寓所内悄悄地烧毁了所有文件，带着妻子和两个女儿黯然离开了民主德国。

06 不搞暗杀，只因人命弥足珍贵

1985年，普京在安德罗波夫红旗学院完成1年的学习后，以中校特工的身份，来到民主德国的德累斯顿市，为克格勃做情报工作。他的公开身份是苏德友谊之家的主任。

民主德国与联邦德国是第二次世界大战的产物。“二战”末期，苏联红军与美、英、法军队分别从东线和西线攻入德国首都柏林。随即，柏林由苏联红军和美、英、法军队实施分区域占领。1949年，包括东柏林在内的苏占区成立了德意志民主共和国。紧接着，包括西柏林在内的美英法占领区成立了德意志联邦共和国。柏林从此成为社会主义与资本主义两大阵营的分隔线和对抗线。冷战时期，民主德国与联邦德国之间还修建了一道柏林墙。

柏林墙始建于1961年8月，全长169.5公里，高3.6米。柏林墙是民主德国在自己的领土上建立的环绕西柏林边境的边防系统，目的就是阻隔民主德国与联邦德国之间人员的自由往来。最初，柏林墙是以铁丝网和砖石为材料建成的边防围墙，后期加固为边防设施，修建有瞭望塔、混凝土墙、开放地带以及反车辆壕沟等。1989年11月，民主德国宣布开放柏林墙，允许公民访问联邦德国。1990年6月，民主德国再次宣布拆除柏林墙。1990年10月，分裂长达41年之久的两德实现统一。

普京在民主德国工作期间，又学会了许多间谍人员应该具备的专业技能。在反跟踪技巧上，普京做得越发熟练。一次，在与线人秘密会面后，为了不暴露自己的住址，他表现得非常沉着，在城市里东游西转，闲逛了整整一天，让民主德国的谍报人员伤透了脑筋，最终无奈地选择了放弃。还有一次，普京与一位卧底人员接头时，突然发现被人盯梢。普京反应神速，飞快地钻进车里，把礼帽支在前座上，给人一种如同两个人在车上的感觉。然后，普京冷静地把车开出城外，引开了盯梢的人员，最终使得卧底人员化险为夷。

在俄罗斯情报官员内部，普京被公认是一个完全符合苏联克格勃人员标准的军官，他头脑冷静、手脚干净、古道热肠，在工作中铸就了深藏不露、坚韧强硬、始终如一的优秀品格。但从某种意义上讲，这位从来没有过暗杀记录的克格勃谍报人员又是“极不称职的”。其实，普京在克格勃的工作经历很简单，在列宁格勒，他做的是情报分析工作；在德累斯顿，他做的是情报收集和分析工作。对普京来说，在特工生涯中，他所做的基本都是文职类型的工作，与克格勃极负盛名的暗杀行动几乎毫不相干。

克格勃自1917年成立以来，一直以实力强大著称于世，甚至在某些方面超过了美国的间谍机构。克格勃留给世人的记忆，更多是从事暗杀行动。诸如托洛茨基血溅墨西哥城、美国间谍命丧慕尼黑、保加利亚叛逃者魂断伦敦，都是克格勃一手导演的。这些暗杀事件都曾轰动世界，克格勃的名声也随之传播于世界。

但对普京来说，不要说暗杀，就是明杀，他都不会去做。虽然他知道服从命令是克格勃谍报人员的天职，但在他的心目中，任何一条人命都是弥足珍贵的，他决不会因为某种需要而滥杀无辜。他经常跟同事们说，没有哪种事业比一条人命还珍贵。他认为，在谍报工作中，难免会出现一些紧急情况，这个时候就应该采取相应的果断措施，避免伤及人的性命。

一次，普京和他的上司遇到了一个危机事件，14条生命处在生死的关口。这时，应当做出决定的上司把责任推给了普京，并以命令的口气让普京去处置。此时，普京完全可以不理会这种无理的命令，因为这种责任并不在他的职责范围之内。但面对14条危在旦夕的性命，普京来不及多想，毅然决定前往出现危机事件的现场。普京觉得，人命关天，什么事都没有救人的事大。只要是为了救人，什么样的刀山火海他都要去闯。结果，由于救援及时，处置得当，14条生命转危为安。后来，普京在当选总统后与一位记者提起这件事时，还说那是形势所逼罢了，并不是自己的英雄表现。这充分说明，在普京的眼里，人命确确实实是无价的。

当柏林墙被宣布拆除后，普京作为旁观者，见证了民主德国渐渐走向消亡。一天晚上，一批情绪激昂的德国人冲击了普京所在的克格勃驻地。当时，恰好他们的领导不在，而普京是所有同事里资格最老的。于是，普京向驻德累斯顿的苏联坦克部队求援，要求他们尽快派人来维持治安，以免事态激化。但得到的答复是，莫斯科方面保持沉默，所以他们什么都不能做。这时，普京清楚地意识到，他们已经被苏联抛弃了。

情急之下，普京把驻地负责保卫工作的边防军战士动员起来，让他们拿起枪，准备好手榴弹和弹药，立即进入战备状态，形成一种高压态势。普京明白，他们的驻地存放着克格勃的许多机密文件，无论如何是不能让人强行进入的。

普京越过了围墙，去和正在谩骂他们的人谈判。其实，参加谈判是一件很危险的事，如果弄不好，就可能受到上级领导的批评，甚至被免职。同时，还有可能被直接杀害，或被扣为人质。普京心里清楚，他拿来冒险的不单是事业，还有家庭。但在危急时刻，他必须挺身而出，在保护那些档案安全的同时，更要保护自己同事的安全，也同样要保护那些将要冲击克格勃驻地的德国人的安全。一旦冲突发生，不知多少人命将惨遭荼毒。保护档案重要，保护人命更重要。如果他不去和这群情绪激动的人面对面地谈判，就很可能发生悲剧事件，这些德国人将成为瞄准镜下的牺牲品，自己的人也可能受到不可预料的伤害。

普京用流利的德语软硬兼施地说："我希望你们不要试图闯入这一地区。我的部下拥有武器，并已得到可以对外来闯入者开枪的授权。"普京严肃的表情和坚定的语气，终于使人群安静了下来。那些试图闯入的人私下交换了一番意见后，悄无声息地散去了。普京的果敢坚定和临危不乱，在关键时刻稳定了局面。

Chapter 04 初露峥嵘：机遇一旦闪现，就要牢牢抓住

谁不为苏联解体而惋惜，谁就没有良心；谁想恢复过去的苏联，谁就没有头脑。

——弗拉基米尔·普京

01 回家乡，借恩师提携谋得新职

普京被克格勃派往民主德国从事谍报工作后，凭借10余年在克格勃学习和工作的经历，很快打开了局面，展示了超乎寻常的精明和强干。而正当他为自己的祖国兢兢业业、无私奉献的时候，他的祖国却正酝酿着一场历史性的变革。

对于这场即将发生的巨变，普京已经有所觉察。1989年11月，随着柏林墙的开放，强大的东欧社会主义阵营拉开了土崩瓦解的序幕，苏联也迅速丧失了在欧洲所拥有的强大阵地，以至于出现了后来的苏联解体，让所有的苏联人民永远地丧失了苏联国籍。

1990年5月以后，立陶宛、爱沙尼亚、拉脱维亚等加盟共和国纷纷倒戈，先后宣布脱离苏联成为独立主权国家。同时，苏联总统戈尔巴乔夫与联邦德国总理科尔达成了从民主德国撤军的协议。这样，苏联从东欧一些国家撤出驻军的大潮即将来袭，克格勃情报机关自然也在撤出之列。

政治局势的变化使在民主德国的克格勃工作变得没有意义了，他们再也无法继续坚持工作。出于安全考虑，他们及时切断了与外界的一切联系和来往，谍报网也随之停止了一切活动。接着，他们奉命做撤离前的相关准备。这些工作相当烦琐，而任务最重的就是大量文件的处理。有用的文件要存档，而后发回莫斯科，没用的文件则一律销毁。由于销毁文件的量特别大，时间又非常紧迫，工作人员甚至把一个火炉子都烧坏了。在离开德累斯顿前，普京没有忘记将德累斯顿所有克格勃线人的档案全部取走，以免落入西方情报机构的手中。

1990年冬天，普京携带妻子柳德米拉和两个女儿一同登上回国的飞机。普京的回国，完全是一种无奈之举，但他回国后也并不意味着万事大吉。事实上，苏联国内的情况也非常糟糕，无论是工作岗位，还是住房需求，都远远不能满足民众需求。普京的很多同行都处于失业状态，没有房子，也没有前途。国内的广大民众都在指责或者抱怨总统戈尔巴乔夫，说他推进的改革，就像是拿着一把大扫帚，只轻轻一挥，就断绝了许多苏联人生存的希望。

这时，一些悟性高、有头脑的人开始回到自己拥有住房的城市，或者回到夫妻一方的父母所在地。这些人觉得，在人生的低谷时期，必须得先有个安身之地，而靠近朋友和熟人的地方就是值得依靠的地方。

普京正是基于这种考虑，才回到了列宁格勒。幸运的是，他进入自己的母校，也就是列宁格勒大学，成为校长外事助理，既留在了体制内，又保住了职位，而可预期的裁员浪潮又不可能很快就波及大学。这样一个结果是来之不易的。在回国后的头3个月，普京一家人的情况非常糟糕。普京的工作落实费尽周折，而且已经3个月没领到工资了，家里几乎连一分钱也没有了。

不幸中的万幸，早在1988年，普京就在自己的家乡列宁格勒买好了一幢房子，而且房子比较宽敞，可以容纳包括普京父母在内的3代人一起居住。有了这幢房子，普京回国后就不用担心没有房子住。

虽然有房子也有工作，但普京的情绪仍然非常不稳定。一些消息比较灵通的人知道了普京的特殊身份，就趁他傍晚出来遛狗的间隙，试图同他讨论一些当前国内比较敏感的话题。但不管是什么话题，普京的回答都很简单，也有些生硬，给邻居一种不好接触的感觉。普京在回国最初的几个月里，总是一副愁眉苦脸的样子，熟悉他的人都能看出他有些不安。

这种不安，不仅来自生活环境的突然改变，更来自国内政治混乱的影响。

苏联的人民像是刚从睡梦中苏醒一般，各种政党、运动、社会组织如雨后春笋一样发展起来，几乎到了随处可见的程度，加之国内政治经济秩序已经趋于崩溃，这一切让普京的内心充满了愁苦。

完全可以想象，正是在这种焦灼和忧虑中，才激发普京对这个国家的未来进行深入的思考。这些思考是他开始新的人生旅途的必要准备。俗话说，乱世出英雄。普京后来能在仕途上从容不迫，很大程度上是建立在这种理性思考的基础上的。

当时，似乎一切都在改变，就连苏维埃政权都处于飘摇之中。随着政权的瘫痪，民众的生活也急剧恶化。各个商店里空空如也，生活物资极端匮乏，卢布疯狂贬值，抢购风潮久久不散，民族矛盾愈演愈烈，流血冲突时刻都在发生。一场风暴正在苏联的大地上酝酿，而且没有任何迹象显示有人准备站出来阻挡风暴的发生。整个国家都在紧张，似乎每个人都处在无比的恐慌之中，都失去了希望。偌大的一个苏联，没有人知道这种混乱的局面会持续多久，所有的人都很茫然、无奈。

就在这时，普京出现了，他做出了一个重要决定，向克格勃提出了辞职请求，目的就是要涉足政界，尽自己之力救国救难。

普京在这个时候提出辞呈，应该是一种非常冒险的决定。此时的政界人物，说不定谁在第二天就成为国内内讧和民怨沸腾的牺牲品。本来普京在疾风骤雨、朝不保夕的时局中，已经享受着绝大多数人梦寐以求的安稳和丰足，因此被许多同龄人和同事羡慕。在情报部门任职，有一份校长助理的工作，还是中校军衔，有着无可争议的15年工作经历。这些都意味着更高的军衔和新的职位在向他招手。同时，再过不到9年，他又可以轻而易举地得到一份退休金。但是，具有远大抱负的普京，对这些没有丝毫的留恋，而是把目光放得更远。当机会来临的时候，他越发感到平静的生活并不适合他，他应该为国家、为人民做一点事情。

在一个偶然的场合，普京的一位大学同学向他提起了他的大学导师索布恰克，并建议他到导师那里去碰碰运气。这位同学告诉普京，索布恰克在与一些官僚打交道时遇到了一些困难，急需一个能干的帮手来辅助他。当时，索布恰克是列宁格勒市苏维埃主席。

1989年年初，50岁的索布恰克还只是列宁格勒大学教授、经济法教研室主任。而在1989年5月召开的苏联第一次人民代表大会上，索布恰克已经成为一颗耀眼的政治明星，被称为有经验、有权威、独立、直率的政治家。1990年5月，索布恰克当选为列宁格勒市苏维埃主席。在1991年6月，索布恰克又当选为列宁格勒市市长。

于是，普京第一次走进了索布恰克的办公室。索布恰克似乎早就期盼着普京的到来，两个人谈得非常投机，索布恰克随即聘请普京担任列宁格勒市苏维埃主席顾问。

当时，正是民主运动轰轰烈烈、各种政党不断产生的时候，没有人清楚这种“民主狂欢症”该如何收场。而索布恰克是当时列宁格勒民主运动的领袖，但其政治观点比极端民主主义者稳健得多，甚至有人指责他有专横霸道的情绪。而普京对索布恰克的观念是持赞同态度的，至少是没有原则性分歧的。他甚至从索布恰克身上看到了某种希望，不论是国家发展层面的，还是个人发展层面的。

索布恰克对普京有着毫无保留的信任。索布恰克不仅对普京的间谍身份毫不在意，更在下属和竞争对手的攻讦中为其辩护，这让普京非常感激。由于经常出差或出国访问，索布恰克干脆把许多工作都留给普京去处理。这种完全的信任让普京很是感激，工作做得也非常出色。

事实上，索布恰克非常需要普京这样的人。正是普京在政治经济方面的深刻见解，以及处理各种事务性工作的能力，最终成就了索布恰克，同时也成就了普京自己。在索布恰克的旗帜下，普京开始涉足政治舞台并开始引人注目。这是他踏上仕途的第一步，也是至为关键的一步。

02 面对突发政变，敢下结果难以预料的赌注

1991年，苏联发生了震惊世界的“八一九”事件。这次事变，对正在担任列宁格勒市苏维埃主席顾问、已经顺利进入政坛的普京来说，既是一次巨大的挑战，也是一次难得的机遇。

1985年，也就是普京被克格勃派往民主德国从事情报工作的那一年，戈尔巴乔夫接替已故的契尔年科，担任苏共中央总书记。他上任后，对苏联实施了大刀阔斧的改革，全面推行所谓人道的、民主的社会主义，大力宣扬公开性、多元化，逐渐削弱并最终取消了苏联共产党的领导。他撰写并出版了《改革与新思维》一书，渐渐将苏联的改革引向了思想混乱、经济崩溃的境地。

伴随着民主德国与联邦德国统一进程的加快和实现，立陶宛、爱沙尼亚、拉脱维亚等15个苏联加盟共和国先后宣布独立。尤其是叶利钦当选为俄罗斯最高苏维埃主席后，立即宣布俄罗斯为主权独立国家。此前，苏联军队出兵立陶宛时，叶利钦曾就戈尔巴乔夫宣布与出兵事件划清界限而发表严厉声明，指责戈尔巴乔夫纵容波罗的海三国的独立，宣布在政治上与戈尔巴乔夫彻底决裂。叶利钦宣布俄罗斯独立，如同给戈尔巴乔夫来了一个“釜底抽薪”，将苏联完全变成了一个空架子。

为缓和民族矛盾，防止联盟解体，戈尔巴乔夫采取亡羊补牢的策略，与15个加盟共和国的领袖协商提出了《主权国家联盟条约》，并经苏联最高苏维埃通过后，计划于1991年8月20日正式签署。联盟条约把国名“苏维埃社会主义共和国联盟”改为“苏维埃主权共和国联盟”，从而扩大了各加盟共和国的权力。这一条约受到了许多苏共元老的强力抵制，一场暴风骤雨即将来临。

8月19日凌晨，苏联中央电视台和广播电台同时播放塔斯社头条新闻：戈

尔巴乔夫因健康原因不能履行苏联总统职责，由副总统亚纳耶夫代任总统，苏联国家的全部权力交给苏联国家紧急状态委员会。当天，亚纳耶夫说，国家紧急状态委员会由他和总理帕夫洛夫、国防会议第一副主席巴克拉诺夫、国防部部长亚佐夫、内务部部长普戈、国家安全委员会主席克留奇科夫8人组成。紧急状态委员会在《告苏联人民书》中说：戈尔巴乔夫倡导的改革政策已经走入死胡同，苏联国家和人民的命运处在极其危险的严重时刻。亚纳耶夫当即命令：在莫斯科市实施紧急状态。

政变发生后，俄罗斯联邦总统叶利钦拒不服从紧急状态委员会的命令，他在议会大厦前的坦克上，情绪激昂地发表演讲，指责紧急状态委员会要恢复苏联的铁幕统治，号召群众举行政治罢工。他还说紧急状态委员会是违反宪法的组织，他以俄罗斯联邦总统的身份表示，要对执行这个委员会指示的人追究刑事责任。

虽然紧急状态委员会做出了搜捕反对派及罢工煽动者的决定，但执行者在行动上优柔寡断，没有及时果断地对叶利钦采取措施。就这样，叶利钦在特别部队即将包围他的别墅时，抢先20分钟赶往俄罗斯最高苏维埃所在地白宫，将那里变成他对抗紧急状态委员会的指挥总部。就因为输掉了短短20分钟，紧急状态委员会就错失了机会，没能改变苏联发展的历史；就因为赢得了短短20分钟，叶利钦拥有了改变历史的机会。

这一事件在国际上也引起了强烈反响。美国总统布什发表声明，不承认苏联新的领导人。法国总统密特朗提出，要召开欧洲共同体首脑会议，共同采取措施，对苏联施加压力。德国总理科尔则表示，他感到十分不安。显然，西方国家也在对苏联紧急状态委员会施加压力。

由于内部分歧、处置不力，加之外部施压，紧急状态委员会很快昙花一现。1991年8月21日，苏联国防部部务会议发布决定，撤回部署在实施紧急状态地区的部队。当晚，在克里米亚休假的戈尔巴乔夫宣布，他已完全控制了局势，恢复了一度中断的与全国的联系。8月22日凌晨，戈尔巴乔夫返回莫斯科，随即下令撤销了由紧急状态委员会颁布的各项决定，解除该委员会所有成员的现任职务。同一天，叶利钦宣布亚纳耶夫等人已被拘留。8月23日，叶利钦命令停止俄罗斯共产党活动并限制苏联共产党活动。8月24日，戈尔巴乔夫宣布辞去苏共中央总书记职务。8月29日，苏联最高苏维埃主席卢基扬诺夫被指控参与阴谋事件，被剥夺人民代表豁免权，并追究刑事责任。事件后，苏联政局进一步动荡。同年12月，苏联解体。

“八一九”事件的最大赢家是叶利钦。在整个事变的进程中，叶利钦始终掌控着事态发展的主动权，经过几个昼夜的斗争，他一跃成为万民拥戴的英雄。他也由此赚足了政治资本，为日后连任两届俄罗斯总统奠定了坚实的基础。

事变发生时，普京正带着妻子和两个女儿在外地疗养。普京是个非常有家庭观念的人，一直有带全家人一起疗养的习惯。一家人刚刚到达，还没适应环境，就爆发事变了。作为列宁格勒市苏维埃主席顾问，普京非常关心列宁格勒市的事态变化，也十分关注自己的老师和领导索布恰克的情况。于是，普京立刻给索布恰克打电话，简短地询问了一些情况，并在第二天就飞回了列宁格勒。

事变发生当天，索布恰克正在莫斯科参加一项活动。作为苏联第二大城市的最高行政长官，在得知叶利钦对事变的态度后，索布恰克毫不犹豫，马上做出了追随俄罗斯联邦总统叶利钦的决策。随后，他决定搭乘最早的一趟航班，尽早赶回列宁格勒，组织力量声援叶利钦。然而，索布恰克并不知道，他的名字已经进入了克格勃领导人克留奇科夫签发的大逮捕名单中，危险正向他悄悄地袭来。这时，列宁格勒的克格勃组织人员已经开始行动，随时等待抓捕索布恰克。

普京在返回列宁格勒市后，再一次向克格勃递交了一份辞呈。这样，在列宁格勒情报部门领导的案头，已经摆放着两份辞呈了，署名都是普京。一份是在普京担任列宁格勒市苏维埃主席顾问时递交的，另一份是他刚刚递交的。对普京来说，如何应对这次事变，是一次非常艰难的抉择。事变的一方，有他曾经效忠的上司，克格勃领导人克留奇科夫就是紧急状态委员会的成员之一。而另一方，有他的恩师索布恰克。此时，普京已经站在了一个三岔路口。

其实，普京离开克格勃的念头回国后就有了。对普京来说，离开克格勃是一个非常沉重的选择。他的第一份辞呈，是考虑能更好地在索布恰克身边开展工作。在民主领袖索布恰克心中，克格勃就代表着专制和独裁，用有克格勃背景的人，容易受到竞争对手的攻击。但普京的第一次辞职请求没被批准。无奈之下，在他为索布恰克工作的同时，不得不继续在克格勃里挂职。而事变爆发后，这个问题变得迫在眉睫。究竟是去还是留，他必须果断地做出抉择。当时，对于具有双重身份的普京来说，处境很是危险。

最关键的是，克格勃有可能利用他来解决一些诸如调查、审理之类的内部政治问题，这让普京感到非常不安。他知道，克格勃人员的天职就是服从命令。如果他不执行命令，就是违背誓言；而他执行命令，就违背了他心中的道德责任。他到列宁格勒市苏维埃政府做顾问工作，就是为了更好地承担一些责任，为国家和人民做一点事情。在普京的心中，道德的责任已远远地高于形式的责任。就这样，他果断地递交了第二份辞呈，以此表示与克格勃划清界限。这一举动，无疑带有巨大的风险。如果亚纳耶夫领导的紧急状态委员会取得成功，普京就必然会被当成叛徒关押起来。

就在索布恰克即将遭到抓捕的关键时刻，普京挺身而出。他不顾自己的安危，直接赶到列宁格勒机场，去迎接从莫斯科赶回来的索布恰克。1991年8月20日，在普京的亲自指挥下，经过精心挑选的列宁格勒市苏维埃政府的武装人员，以执行紧急任务的名义，在索布恰克所乘的飞机刚刚在机场停稳时，就迅速把汽车直接开到了飞机舷梯下，抢在克格勃人员赶来之前，将索布恰克接出了机场，并开始对他进行严密的武装保护。

在随后的几天里，普京成为索布恰克身边非常关键的人物。普京与索布恰克一同研究和应对各种复杂的局面，彻夜奔走于列宁格勒克格勃和列宁格勒军区之间，与克格勃领导人和军区领导人进行富有成效的谈判。在普京和索布恰克的共同努力下，列宁格勒军区没有执行紧急状态委员会的命令，从而使得列宁格勒的局势没有朝着紧急状态委员会所预期的方向发展，紧急状态委员会试图夺取列宁格勒市苏维埃政府政权的行动计划宣告流产。正是因为列宁格勒与莫斯科的相互呼应，仅仅3天后，一场轰轰烈烈的事变宣告失败。

普京的这次冒险行动，完全赢得了索布恰克，也赢得了叶利钦，更赢得了未来。

03 施展才干，渐渐升为二号人物

“八一九”事件平息后，列宁格勒又恢复了圣彼得堡这个名称。此时，普京作为索布恰克的顾问，开始积极为索布恰克竞选市长造势。在此之前，俄罗斯并没有圣彼得堡市市长这个职位。

圣彼得堡位于俄罗斯西北部，是俄罗斯的中央直辖市、俄罗斯西北地区中心城市、全俄重要的水陆交通枢纽，是世界上人口超过百万的城市中位置最靠北的一个，又被称为俄罗斯的北方首都。圣彼得堡始建于1703年，有300多年的历史。1712年，彼得大帝迁都到圣彼得堡。一直到1918年莫斯科成为苏联首都前，这里都是俄罗斯经济、政治和文化的中心。圣彼得堡市是一座大型综合性工业城市。圣彼得堡经常被称为俄罗斯最西方化的城市，是俄罗斯通往欧洲的窗口，许多外国领事馆、跨国公司、银行和其他业务据点都坐落在圣彼得堡。

圣彼得堡无疑是普京人生成长和政治崛起的福地。1990年以后，在这座城市，普京与索布恰克就像是天生的搭档一样，在圣彼得堡这个政治舞台上演着非常默契的双簧。索布恰克热情冲动，是天生的演说家，尤其热衷于参加各种礼节性的会晤，和那些名流打交道，但不喜欢墨守成规，不愿被市政管理方面的文山会海羁绊。而普京则头脑清晰，为人稳重，大局观强，而且耐性极佳，尤其在处理各种事务性工作上游刃有余。

索布恰克在担任圣彼得堡市市长期间，梅德韦杰夫也是他的得力干将。正是有了这样一段经历，日后，梅德韦杰夫才成为普京最亲密的政治合作伙伴。

梅德韦杰夫在圣彼得堡大学法律系读书时，索布恰克是他的任课老师之一。上学期间，梅德韦杰夫成绩优异，办事认真，是索布恰克非常器重的爱徒之一。梅德韦杰夫还是索布恰克领导的一个大学生劳动小组的成员，师徒俩的关系在下乡助农活动中更加亲密。索布恰克弃教从政后，梅德韦杰夫与普京一样，是他从自己学生中聘请的顾问。在索布恰克竞选圣彼得堡市市长期间，梅德韦杰夫走街串巷，散发传单、游说选民，为恩师的当选立下了汗马功劳。他随后在索布恰克的市政府担任对外联络委员会的专家，是普京的直接下属。可以说，梅德韦杰夫与普京的相识相知，索布恰克起到了牵线搭桥的作用。

索布恰克在当选圣彼得堡市市长之后，把越来越多的事务交给普京去处理。这样，普京的职位从事变之前的一个普通顾问，晋升为圣彼得堡对外联络委员会主席，随后又很快晋升为圣彼得堡市第三副市长，成为这个500万人口大城市的第四把手。1994年，普京又被索布恰克任命为第一副市长，成为俄罗斯第二大城市的二号人物。

2000年2月，索布恰克在为普京的总统竞选奔走之际，不幸突然去世。普京在葬礼上给予索布恰克极高的评价，称他是自己的政治导师，是民主政治家的典范。

除俄罗斯现任总统普京及总理梅德韦杰夫外，纳雷什金、科扎克、谢尔久科夫、格列夫、伊万诺夫、丘拜斯等一批社会名流都来自索布恰克团队。这些人多数于20世纪90年代在圣彼得堡市政府任职，是时任市长索布恰克的部下，有的还是他的学生。从这个意义上说，索布恰克可以被称为现代俄罗斯的政治教父。

有许多人说，普京在担任俄罗斯副总理之前什么都不是，这显然是大错特错的。持这种看法的人，完全不了解普京曾经在圣彼得堡是一个一人之下、万人之上的特殊人物，甚至曾经是各项事务实际意义上的最后决策者。当时，作为市长的索布恰克常常因为出国旅行或参加各种活动，而让普京代替自己行使职责。因为普京讨厌哗众取宠，不爱钻营，更不喜欢在公开场所夸夸其谈惹人注意，所以，人们的视野里很少有普京的身影。在圣彼得堡，无论是担任第三副市长，还是担任第一副市长，普京都有意躲在索布恰克身后低调行事。对普京来说，工作虽然是程序性的、枯燥的、不引人注目的，但对他的成长却有着非常大的帮助。在索布恰克身边，普京得到了真正的历练。

索布恰克的执政风格，给普京施展才华创造了非常大的空间。从1991年6月当选圣彼得堡市市长，到苏联解体后初期，索布恰克都是俄罗斯全境声望仅次于叶利钦的民主派政治家。然而，索布恰克的政治声望是建立在出众的演说才能上，而不是建立在实干之上。当选市长后，索布恰克缺乏实干精神的弱点暴露无遗，无论是工作态度还是工作能力，他都不是一个合格的行政领导人。

他声称要为圣彼得堡广大市民服务，却一天到晚热衷于上流社会派对和出国访问，享受政权的果实，几乎不拒绝任何一份来自国外的出访邀请，一年中有100天左右的时间不在本市。在苏联末期和解体后初期，圣彼得堡进入了经济社会濒临崩溃的危急时期。这座城市，有150万退休人员，市财政预算40%要用于支付退休金，市政设施破败不堪，被视为拍摄“二战”末期战火毁灭城市的理想外景地，大约50%的居民挤住在筒子楼和无电梯楼房中。城市急需摆脱危机，开辟发展空间。而此时，索布恰克热衷于与上流社会的交往，而不是忠诚于本职工作，以至于在他心目中，接待一个流行女歌星比作为圣彼得堡军区军委委员出席相关会议更重要。

索布恰克为圣彼得堡勾勒了国际旅游中心、俄罗斯科学和文化中心等一大堆漂亮的蓝图，却不知道实现这些蓝图需要枯燥、细致的日常工作。与他形成鲜明对比的，则是他须臾不能离开的助手、第一副市长普京。普京的优点不是体现在公开演讲中，而是体现在小范围会议和办公室谈话中。索布恰克表现出来的，都是上流社会招待会上的卓越口才，而普京所干的是一些循规蹈矩但对这样一座大城市而言又是必需的琐碎事情。索布恰克丢掉市长职位后，曾如数家珍地历数他在担任市长期间的主要政绩：创建了俄罗斯第一家合资企业；成立约6000家合资企业，占俄罗斯合资企业总数的一半以上；成立了第一批外资银行；发起成立了合资企业领导人协会，帮助市政府创造更宽松的营商环境……而事实上，这些数得出的政绩几乎都是普京具体完成的。

尽管索布恰克自命为卓越、强有力的领导人，喜欢为自己治下的这座城市勾勒宏伟的蓝图，但他完全不理解圣彼得堡要想取得像他许诺的那样的中心地位，就不可能单纯依靠圣彼得堡市自身的力量，而需要依托整个俄罗斯，为整个俄罗斯市场服务。与卢日科夫担任市长所领导的莫斯科不同，索布恰克在自己的城市圣彼得堡，没有拒绝推行丘拜斯冒险的人民私有化计划，以致城市中的许多知名企业都以低廉的价格卖给了私人，不少西方人因此廉价攫取了圣彼得堡的诸多财富。更糟糕的是，很多有价值的资产落到了犯罪集团手里，以致圣彼得堡落下了一个“犯罪之都”的称号。于是，几十年甚至上百年来一直与莫斯科并驾齐驱的圣彼得堡，在索布恰克的领导下，发展水平已经被莫斯科远远地拉开了距离。

索布恰克讳疾忌医的风格，使得他丧失了改正自己失误、提高执政能力的希望。到1996年第一个市长任期结束时，他在圣彼得堡的支持率已经落到了20%以下，只剩一些企业主和知识分子支持他，大多数市民因生活水平显著下降而反对他，他曾经在全俄享有的声望和支持率已经一去不复返。在连任竞选中，负责市政管理的副市长雅科夫列夫虽然被索布恰克轻蔑地看成是个不太聪明、平庸无奇的官僚，但恰恰是这样一个平淡无奇的官僚，被支持者认为能够满足市民对公共设施的需求，从而在竞选中战胜了索布恰克。

作为圣彼得堡市的第一副市长，普京可谓责任重大。尤其是他在更多的时候都要代替市长行使职权，工作范围非常广泛，需要处理社会领域、住房、治安及对外联系等方方面面的具体事务。因此，普京对许多内部的事情都非常清楚，不论是经验的丰富，还是知识的积累，都是一笔巨大的财富。他一直都在非常努力地工作，从早到晚忙个不停。

由于工作的需要，普京先后与撒切尔夫人、科尔、贝克尔、基辛格等国际重量级人物会面。这不仅给他琐碎的事务性工作增添了色彩，还让他练就了一身与大人物打交道的本事。在经济方面，普京主导了圣彼得堡自由经济区的规划和建设，成立了可口可乐的合资公司及类似合资企业。他主动与经济、法律方面的精英接触往来，以自身的学识和在克格勃中练就的实践经验，赢得了这些人的尊重，从而拥有了一批属于自己的志同道合者，梅德韦杰夫就是其中一位。

虽然人们已经淡忘了普京在圣彼得堡的这段低调却又辉煌的经历，他们总是关注那些能引起大众兴趣的东西。但是，不可否认的是，普京后来能够举重若轻地接过叶利钦的担子并迅速进入角色，与圣彼得堡这段非常时期的磨砺密不可分。

04 百日祸不单行，但总能坦然面对

普京的忠诚，一直感动着索布恰克。他的沉着镇定和处变不惊，使得索布恰克对他非常器重，认定普京就是自己的人，是绝对可以信赖的人。

1996年，又到了圣彼得堡市市长的选举之年。按计划，第二届市长将于6月选举产生。索布恰克踌躇满志，正全力以赴地筹划参加竞选，准备谋求连任。他的竞争对手，就是与普京同为副市长的雅科夫列夫，是索布恰克的部下。由于索布恰克在圣彼得堡执政的6年中政绩不明显，市民的满意度持续走低，加之经常发表演讲，树敌甚多，在市长竞选上没有任何优势。

早在大选前的1995年年初，普京被索布恰克任命为全俄罗斯社会政治运动“我们的家园——俄罗斯”圣彼得堡分支机构筹备委员会主席。后来，普京又被委派领导“我们的家园——俄罗斯”参加国家杜马的选举工作。其实，这项工作本应该由索布恰克来负责。但索布恰克却按照惯例，像对待其他的政务一样，把这项工作同样留给了普京，而自己则专注于大选前那些极富感染力的演讲。普京无奈之下只得领命，认真对待所分配的工作。

就这样，普京一边管理着整座城市，处理繁杂的具体事务；一边做着“我们的家园——俄罗斯”圣彼得堡分支机构筹备委员会的相关工作，代替索布恰克履行职责。同时，更要过问市长的竞选工作，为恩师能够顺利连任助力。普京哪边都不想落下，哪边都想做得细致一些。结果，他只能四处奔波，忙于应付。他本想集中精力为索布恰克助选，因为竞争对手非常强势，稍有疏忽，就会功亏一篑，他必须冲锋陷阵。可事务缠身，普京难以集中精力参与助选。

但最为糟糕的是，索布恰克阵营里有内奸存在，总是阻碍普京的行动，让普京所有的努力都付诸东流。那段日子里，普京深感举步维艰，助选工作进行得非常艰难。但他始终没有放弃，而是像一个真正的勇士，一直在顽强地战斗。他希望能看到奇迹，希望奇迹能够美妙地发生，但奇迹最终没有出现。而所有这些，索布恰克却浑然不知，他自我感觉非常良好，总是认为自己可以轻松地战胜对手。因为对手只是他的一位副市长，而且排在普京之后。

1996年3月初，俄罗斯联邦总统叶利钦突然签署命令，提议圣彼得堡市市长选举从原定的6月16日提前到5月19日。这一命令，对索布恰克而言无疑是非常有利的。这突如其来的命令会让对手的助选活动仓促许多，甚至有些工作可能来不及去做。

显然，这是叶利钦为了报答索布恰克在“八一九”事件和“炮打白宫”事件中对他的大力支持。“炮打白宫”事件发生于1993年。当年9月21日，因政治需要，叶利钦宣布解散苏联人民代表大会和最高苏维埃，并决定在当年年底举行联邦议会选举。而苏联人民代表大会则针锋相对，不仅通过了弹劾总统的决定，而且占据了白宫。眼看事态没有和平解决的希望，叶利钦决定通过武力迫使议会向自己低头。10月3日，叶利钦宣布莫斯科进入紧急状态，并调遣军队进入莫斯科。10月4日，俄罗斯联邦军队开始向议会所在地白宫发起炮轰，以特种兵部队打头阵，强行攻占议会大楼白宫，大批白宫武装守卫者伤亡，俄罗斯联邦最高苏维埃主席哈斯布拉托夫、副总统鲁茨科伊沦为俘虏。在处理这一事件的过程中，索布恰克听从普京的建议，坚定地与叶利钦站在一边，全力支持叶利钦的决定。当叶利钦得知索布恰克在竞选中遇到麻烦后，就利用手中的权力，为帮助过自己的人做点事情。

对此，普京心领神会。他借助各种手段，在圣彼得堡议会中，成功通过了叶利钦所签署的这条命令。

在索布恰克眼里，竞选对手密集地使用了肮脏的竞选手段。当时，圣彼得堡充斥着索布恰克财产不计其数的谣传，说那都是盘剥市民得来的不义之财。有传言，索布恰克在奥地利银行中存有六七百万美元，在法国海边和西班牙分别购买了一栋别墅和一座楼。索布恰克还击的方式，是用法律的手段向指控、中伤者提起了几起诉讼，效果不但不好，还激起了丑闻性的骚动。于是，对索布恰克的负面消息、虚假报道和直接中伤都迅速增加，范围也迅速扩大。

就在选举的前一个晚上，竞选双方举行了一次电视直播辩论会。这是一场诚实的竞赛，不仅可以看出每个人的口才，而且可以显现竞选者的专长。就是在这次辩论会上，出现的情况出乎所有人的预料，以演讲著称的索布恰克，居然在所有的辩论论题上都输了。那天，在电视直播间里，索布恰克表现出从来没有过的不知所措和力不从心。

最终，索布恰克输掉了这次选举，比竞争对手雅科夫列夫少2%的选票。雅科夫列夫当过兵，做过工程师；1992年，出任圣彼得堡市副市长；1996年当选市长后，又在2000年获得了连任。

尽管索布恰克团队做出了种种努力，但都没能挽回败选的局面。败选之后，看着对手阵营的欢呼雀跃，看着索布恰克团队的落寞沮丧，普京深深地叹了口气。也许，他已经预料到会是这样一个结局。

索布恰克对选举的结果感到非常惊讶，除了电视辩论会他感觉发挥有些失常外，其他一直感觉良好，从没想到过败选。在选举刚刚结束的几天里，他毫不掩饰自己的愕然。但是，事已至此，回天乏术，再高明的演讲都无济于事。

选举结束后，在各级法院有5起涉及索布恰克的案件在审理当中，其中一起就是雅科夫列夫起诉的。索布恰克是一位有能力的法律专家，即使是对侮辱了自己的政治对手和不怀好意者，他也希望通过法庭诉讼的方式来解决。但是，他显然低估了对手的力量。

1996年8月，索布恰克被传唤到市检察院，被迫作为证人来提供证词。这年秋天，在莫斯科的克里姆林宫，争夺权力的斗争也异常激烈，内务部部长库利科夫、国家安全会议秘书列别德、总理切尔诺梅尔金、总统办公厅主任丘拜斯等都加入了不同的阵营。在这个关键时期，索布恰克所发表的一些主张严重妨碍了他们的权力争夺，其中也包括刚刚做过手术的叶利钦。叶利钦明确表示，不打算介入圣彼得堡的事务。叶利钦的态度，显然是在暗示不再管索布恰克的事情。在这种情况下，无论是在莫斯科，还是在圣彼得堡，都有不少对索布恰克不满的人参加了旨在从政治上消灭索布恰克的斗争。

从1997年春天开始，索布恰克一直被圣彼得堡检察院传唤，收到的传票多达12张。直到1998年9月，俄罗斯联邦总检察院才宣布撤销有关针对索布恰克收受贿赂和滥用公职的诉讼。1999年7月，索布恰克从法国巴黎回到了圣彼得堡。欢迎索布恰克回归的仪式，在普尔科沃机场举行。那天晚上，索布恰克安排了一场大规模的新闻发布会，做出了一系列政治声明。他宣布自己将代表正义力量竞选联盟，参加国家杜马选举。2000年2月19日深夜，因心脏病再一次发作，索布恰克猝然去世。

得知索布恰克逝世的消息，正忙于竞选总统的普京往加里宁格勒市派出一架专机。他在唁电中写道："因他的离去我们无法平静。阿纳托利·亚历山大洛维奇是我的亲人和老师。他不仅启蒙了我，而且将永远是我做一个品行端正和信念坚定者的榜样！"

雅科夫列夫当选市长后，强力邀请普京留守原职，继续担任第一副市长。但是，普京的心里似乎只有索布恰克，还有一种道不同不相为谋的理念在控制着他。他拒绝了雅科夫列夫的邀请，递交了辞呈，并声明：与其背叛，宁选忠诚。

与普京同时提出辞呈的，还有圣彼得堡市政府对外联络委员会专家梅德韦杰夫，他退出政治，专心在圣彼得堡大学法律系执教，直到1999年11月，普京被任命为俄罗斯总理，梅德韦杰夫才复出政坛，出任俄罗斯政府办公厅副主任。1个月后，随着普京代行总统职务，梅德韦杰夫也升任至总统办公厅副主任。2000年，普京当选总统后，任命梅德韦杰夫为总统办公厅第一副主任。2003年10月，梅德韦杰夫出任总统办公厅主任。

由于一直紧紧地追随着索布恰克，索布恰克谋求连任失败后，普京在圣彼得堡已没有容身之地，他不得不选择尽快离开。除了无法勉强自己和新任市长共事外，还有一个重要因素，就是索布恰克败选后，一些别有用心的人开始散布流言，称普京是索布恰克收留的一个倒霉蛋，是一个只会给别人带来霉运的家伙。

1996年8月，就在普京想到莫斯科谋求新职位的时候，一场大火把他花了几年心血建造起来的别墅烧了个精光。工作没了，房子没了，证件没了，就连攒的钱也没了。在恩师索布恰克败选后不到百日，普京经历了太多太多。但他并没有特别激动，人生中接二连三的波折早已练就了他不动声色的冷静和从容。他重新办理了证件，毅然决然地携妻带女来到莫斯科。

05 贵人相助，就职总统事务管理局

普京带着妻子和女儿来到莫斯科后，随即就为寻找工作忙碌起来。普京找工作，不单单是为了找事干，也不单单是为了挣薪水，他是一个目标高远的

人，是一个有政治抱负的人。他找工作，首先考虑的是工作岗位是否适合自己的特点，是否有利于自己的发展。而这样的岗位在莫斯科都属于热门岗位，竞争非常激烈。

最初，担任克里姆林宫总统事务管理局局长的博罗金给普京打电话，介绍他进入克里姆林宫任职。博罗金对普京的工作能力和工作作风早有耳闻，在得知普京辞去圣彼得堡市副市长职务后，就找到总统办公厅主任叶戈罗夫，介绍了普京的一些情况，并强力推荐普京到总统办公厅任职。

在叶利钦当政时期，博罗金可谓春风得意。他一直担任俄罗斯总统事务管理局局长、克里姆林宫商务主管等要职，一手掌管政府数百亿美元的财产。然而，罪恶也正是从金钱开始。根据瑞士警方的调查，早在1994年，瑞士马贝泰克斯建筑公司就找到博罗金，希望通过他牵线搭桥，与叶利钦家族建立联系。此后，公司将数百万美元打入博罗金在瑞士的账户，说是给叶利钦的两个女儿以及博罗金的一点零花钱。作为交换，博罗金授意将价值3000万美元的克里姆林宫装修合同交给了马贝泰克斯公司打理。除此以外，博罗金还涉嫌与叶利钦家族成员一起，合谋侵吞世界银行给俄罗斯的大笔贷款。瑞士警方于2000年1月向国际刑警组织发出了全球通缉令。

瑞士发出全球通缉令之时，作为俄罗斯代总统的普京已经撤了博罗金俄罗斯总统事务管理局局长的职务，让他担任俄罗斯和白俄罗斯联盟国务秘书。同时，俄罗斯有关方面对博罗金涉嫌收取贿赂问题展开调查。2000年12月，俄罗斯调查人员最终以证据不足为由，撤销对博罗金的调查。虽然瑞士方面指责俄罗斯司法机关办案不力，博罗金仍然当上了克里姆林宫幕僚长。其实，博罗金被撤销调查，是普京暗中做工作的结果。2003年10月，博罗金在克里姆林宫幕僚长的职位上辞职。

在博罗金的强力推荐下，总统办公厅主任叶戈罗夫把普京找到了自己的办公室。经过一番交谈后，叶戈罗夫答应让普京直接进入总统办公厅来做他的副手。随即，叶戈罗夫就起草了一份总统任命草稿，说下周要送到叶利钦办公室去签字，然后普京就可以上班开始工作。普京觉得总统办公厅的工作还比较适合自己，就高兴地接受了。于是，他对叶戈罗夫说：“谢谢您的赏识，但现在我应该做什么？”叶戈罗夫说：“回去等着吧，总统签完字我就找你。”

但仅过了两天，叶戈罗夫就因故遭到免职，丘拜斯接替他成为新的总统办公厅主任。新官上任，似乎一切就要重新开始，普京求职一事自然也被拖延了。好在普京与丘拜斯都曾经是索布恰克的下属，这为普京日后进入克里姆林宫创造了条件。

在叶利钦担任俄罗斯联邦总统的8年间，除了频繁更换总理外，更是频繁地更换总统办公厅主任。他先后任命了7名办公厅主任，分别是彼得罗夫、菲拉托夫、叶戈罗夫、丘拜斯、尤马舍夫、博尔久扎、沃洛申，平均每名办公厅主任的任职时间仅仅是1年多一点。这足以说明叶利钦的用人策略是失败的，更说明叶利钦在执政方面的武断、多疑。

丘拜斯1955年6月出生于白俄罗斯鲍利索夫市一个军人家庭，毕业于列宁格勒巴里米拉·达里亚吉经济工程学院。1996年2月在叶利钦竞选总部筹划班子的基础上，成立了公民协会基金会，1996年6月又创立了私有财产保护中心基金会，不久就接替叶戈罗夫成为俄罗斯联邦总统办公厅主任，同年被授予“一级高级国策顾问”称号。后来，丘拜斯于1997年3月被任命为俄罗斯联邦政府第一副总理兼财政部部长，1997年4月被任命为俄罗斯联邦驻国际重建和发展银行及国际多边投资担保机构代表，同年被《欧洲货币》杂志评为年度“优秀财政部部长”，1997年5月到1998年5月兼任俄罗斯联邦安全委员会成员。

由于在圣彼得堡意外遭遇了一场大火，薪金对普京来说太重要了。他有自己的家庭，有妻子和女儿，这些都逼迫着他必须尽快改变没有工作的状况。有时，他甚至在想，不管通过什么办法，也要谋到职位。

无奈之下，普京找到了自己曾经的同事，正在担任总统监察局局长的库德林，请他帮忙找工作。库德林1960年10月出生于拉脱维亚，毕业于列宁格勒大学经济系，经济学副博士，圣彼得堡大学经济系的荣誉教授。1993年1月至1996年6月间，与普京一起在圣彼得堡市工作，担任过圣彼得堡市政府副市长、第一副市长、市政府成员、财政经济委员会主席。后来，库德林担任俄罗斯联邦总统办公厅副主任及总统监察局局长、俄罗斯联邦财政部第一副部长、俄罗斯联邦政府副总理兼财政部部长。

普京与库德林见面后，直截了当地说明了来意。库德林知道叶戈罗夫曾经答应普京进入克里姆林宫，做他的副手。但是，现在的人事安排要听丘拜斯的。而此时，丘拜斯正在外地休假。但库德林是个办事利落的人，马上就拿起电话给丘拜斯打了过去，直接询问对普京的安置态度。电话的另一头，熟悉普京的丘拜斯态度非常果断，让库德林马上与普京商量一下，说只要普京愿意，任何一个职位都可以，同时马上就可以来上班。放下电话后，库德林非常高兴。于是，两人就把所有空着的岗位逐一研究了一遍。最后，库德林提议普京到总统事务管理局。普京当即就同意了，因为他实在太想工作了。

决定做出之后，库德林又向普京报告了一个好消息，说鲍尔萨科夫已经出任俄罗斯联邦政府的第一副总理。库德林说："我们一起给鲍尔萨科夫打个电话，祝贺他升为第一副总理。他来自圣彼得堡，是我们的家乡人。"普京说："好，那就由你来打吧，你是监察局的局长，有面子。"普京说得对，作为总统监察局的局长，可以找到任何人。电话打通后，库德林首先向鲍尔萨科夫表示了祝贺，然后，他补充道："普京目前在我身边，他也希望向你表示祝贺。"鲍尔萨科夫说："好，让普京接电话。"普京接过电话后，就听鲍尔萨科夫说："普京，你在哪里？"显然，鲍尔萨科夫还是用以前熟悉的方式与普京打招呼。普京回答："我在克里姆林宫，库德林建议我担任总统事务管理局副局长。"鲍尔萨科夫说："好，为了更稳妥一些，我明天就去找博罗金，让他进一步落实一下。"

普京根本没想到鲍尔萨科夫还记得他。鲍尔萨科夫为人出众，有一段时间他是列宁格勒市政会执行委员会副主任。当时，他是真正管理列宁格勒这座城市的人。人们对他的评价非常高，说他是一个非常有能力、精力充沛、工作卖力的领导者。尽管他不是一位刻板的人，但是变革浪潮还是把他扫到一边去了，索布恰克逼迫他离开了列宁格勒。鲍尔萨科夫来到莫斯科后，尝试做过许多工作。但是，谁也没想到他能东山再起，更想不到他居然能在克里姆林宫找到好位置，成为俄罗斯联邦政府的第一副总理。

第二天，鲍尔萨科夫果然来找博罗金了。鲍尔萨科夫对博罗金说："你这是怎么回事？你答应给人家工作，却又放下不管，结果他现在无事可做。”听了鲍尔萨科夫的话，博罗金觉得很是委屈，说：“我没有放弃他，我们都要听丘拜斯的。”鲍尔萨科夫接着说：“那就让普京到你的办公室工作。”博罗金当即答应说会想办法帮助普京进入他所负责的总统事务管理局。

在博罗金、库德林、丘拜斯以及鲍尔萨科夫等人的共同努力下，普京被任命为总统事务管理局副局长，成为博罗金的副手，专门负责法律处和俄罗斯境外财产等事务。普京所负责的主要项目，是掌管前苏联在国外的资产。苏联解体时，俄罗斯继承了前苏联在国外的债务，同时也继承了前苏联在国外的财产。这些财产的数额，共有数十亿美元之多。

06 风云变幻之中，成就“王牌”本色

普京经历了恩师败选、自己无奈辞职、家里突遭火灾、来到莫斯科遇到求职难等一系列的磨难后，在博罗金、库德林和鲍尔萨科夫等人的帮助下，于1996年8月进入了克里姆林宫，担任总统事务管理局副局长，具体负责法律处事务、俄罗斯国外财产管理事务及政府外贸事务。

普京到任后，通过鲍尔萨科夫，认识了比自己小6岁的尤马舍夫。尤马舍夫与波雷耶娃、丘拜斯、沃洛申等人，被叶利钦称为自己的家庭成员，在叶利钦的心目中占据着非常不一般的位置。

尤马舍夫生于1958年，毕业于著名的莫斯科大学。大学毕业后，尤马舍夫进入了苏联知名的《共青团真理报》成为一名记者，并很快以其犀利的文笔和过人的才华而崭露头角。20世纪80年代末，尤马舍夫应邀为一部反映叶利钦工作和生活的电视片担任撰稿人，这使他有幸进入叶利钦的视野。当时，叶利钦正受到苏共保守派的排挤，处于仕途低潮期。尤马舍夫利用电视片的解说词，对叶利钦的工作和生活进行了恰到好处的描绘，让叶利钦感到很舒服。

1990年，在尤马舍夫的积极参与和大力协助下，叶利钦的第一本自传《对指定题目的自白》正式出版问世。这部自传讲的是大改革时代叶利钦的一些鲜为人知的事情，充分展示了叶利钦的英明果敢和人格魅力。叶利钦当选为俄首任总统后，尤马舍夫又帮助他撰写出版了第二部个人自传《总统日记》。这部自传叙述的是1991年至1993年间，叶利钦所领导和参与的重大事件。后来，尤马舍夫还帮助叶利钦完成了第三部自传《总统马拉松》，再一次为叶利钦的人生增添了新的光彩。

1996年春天，在叶利钦竞选连任俄罗斯联邦总统面临严峻挑战的危急关头，尤马舍夫与叶利钦的小女儿塔季扬娜同时成为叶利钦竞选班子的成员，为叶利钦竞选东奔西走。叶利钦蝉联总统之后，为助选活动立下汗马功劳的尤马舍夫被任命为总统顾问。1年后，尤马舍夫接替丘拜斯出任总统办公厅主任，成为叶利钦担任总统以来的第五任总统办公厅主任。1998年12月，出于政治需要，尤马舍夫离开了这一要职，但他始终追随叶利钦左右。叶利钦与尤马舍夫情同父子，在政治上相互帮衬，相得益彰。叶利钦有两个女儿，膝下无子，而尤马舍夫恰恰与叶利钦的小女儿塔季扬娜关系密切。

有情人终成眷属。正如许多人所猜测的那样，2001年12月，1960年出生的、已经离婚两次的塔季扬娜，嫁给1958年出生的、也已经离婚两次的尤马舍夫。第二年，42岁的塔季扬娜让71岁的叶利钦又当了一次外公。

尤马舍夫出身平民，书生气非常浓厚。他担任总统办公厅主任后，对普京身上特有的冷静、沉着的性格非常欣赏。于是，尤马舍夫决定，提拔比他大6岁的普京担任自己的助理。就这样，普京于1997年3月被调入总统办公厅，任副主任兼监察局局长。总统办公厅与总统事务管理局的工作性质完全不同。事务管理局所管的是一些资产，而办公厅是直接为总统服务的。

就这样，普京来到了叶利钦的身边工作，开始进入叶利钦的视野。叶利钦对普京的初期印象非常好，他在评价普京时说：那个新来的办公厅副主任很出色，新闻记者出身的尤马舍夫动不动就洋洋洒洒、热情洋溢地发表自己的长篇宏论，而普京和尤马舍夫不一样，喜欢默默无闻地做事情，而且从来不与自己套近乎，这样的人很有发展前途。

曾几何时，叶利钦因为政治需要，向苏联政权、苏联共产党发动了一次又一次的进攻，以证明自己的存在，但是遭到了一次又一次的失败。造成失败的局面。当时，俄罗斯的全民公决体制已经将层层提升、层层选拔的官僚体制置于可有可无的位置，因此，得到过叶利钦提拔、进而追随他的人很少。“八一九”事件后突然到来的胜利，使得叶利钦陷入一度无亲信可用的局势。于是，多年从政养成的生性多疑的用人观念更加强烈，任人唯亲便成为他心中的主宰。这样，就客观使得对叶利钦唯马首是瞻的年轻人有一步登天的可能。尤马舍夫以新闻记者身份出任了总统办公厅主任，就是因为叶利钦感到身边再没有值得信赖的人。

当一个人时来运转的时候，喜讯和好事会接二连三地到来，想躲都躲不掉。1998年5月，在尤马舍夫的大力推荐下，普京担任了总统办公厅第一副主任职务，开始受到叶利钦的器重。此后，普京逐渐与被叶利钦称为家庭成员的波雷耶娃、丘拜斯、沃洛申等人建立了密切的联系。其中，波雷耶娃是一个非常重要的人物。波雷耶娃当过两年国际文传电讯社社长顾问，与普京几乎同期走进总统办公厅，专门负责为总统叶利钦撰写演讲稿。叶利钦对这位美女笔杆子欣赏有加，任命她为总统办公厅副主任。后来，普京出任总统后，波雷耶娃继续担任总统笔杆子，并成为普京四大政治幕僚之一。

1998年7月，普京再次晋升职位，成为俄罗斯联邦安全局局长。俄罗斯联邦安全总局由联邦安全局和对外情报局组成，毫无疑问，这两个机构都是从克格勃继承下来的，只不过换了一个称呼。当时，由于普京的军衔还只是一名预备役中校，叶利钦本打算破格提升普京为将军，但普京说什么也不肯接受，这也让叶利钦大吃一惊，对普京更加喜欢。普京知道，由一个中校提升为将军很不合适，就连提升为少将都不合适。他知道自己以预备役中校的身份主管联邦安全总局会让很多人不服气，但他并不在乎。上任当天，普京来到俄罗斯联邦安全局总部大楼，也就是过去的克格勃总部大楼时，所说的第一句话是："我回家了。"显然，普京的心情非常激动。他从1975年加入克格勃，到1991年"八一九"事件爆发，一直都是忠诚的克格勃战士。如今，他又回到了克格勃大楼，而且是以领导者的身份回来的，他不能不为此感到激动。

1998年9月，普里马科夫出任总理后，保守派的几员大将进入政府，成为核心人物。普里马科夫本人也对保守派抱有好感，试图在政府工作中寻求左派控制的议会的支持，以采取实际措施提高人民生活水平，遏制经济下滑。一时间，普里马科夫的声望大增，叶利钦的权力受到了严重挑战。

普里马科夫1929年10月出生于基辅，是俄罗斯情报专家、叶利钦时期第五任俄罗斯联邦总理。普里马科夫1996年1月出任俄罗斯联邦外交部部长，并先后担任俄联邦国防会议成员、安全会议常务委员、俄政府主席团成员、俄白联盟执行委员会主席等要职。后来，普里马科夫于1999年5月被免去总理职务。

在普里马科夫担任总理期间，叶利钦还面临国家杜马议员的弹劾，他们对叶利钦提出了5项指控，包括瓦解苏联、炮打白宫、车臣战争、搞垮军队和军工企业、对俄罗斯人民实行种族灭绝，并提交杜马理事会审议。加上俄罗斯社会经济形势继续恶化等诸多原因，国内出现了强烈的反叶利钦浪潮。这时，普京再一次显示了对上司的忠诚，全力支持叶利钦的决策。

1999年3月初，在叶利钦罢免总检察长斯库拉托夫职务的过程中，普京亲自披挂上阵，查找斯库拉托夫的贪腐证据。3月16日，俄罗斯电视台播放了一段疑似斯库拉托夫与妓女鬼混的录像。这段录像成了罢免斯库拉托夫所需的罪证，普京为此立下了一功。从此，普京更是成为叶利钦心目中无人可以替代的人物。3月29日，普京又接替博尔久扎任联邦安全会议秘书，并保留联邦安全局局长的职务。联邦安全会议秘书由总统任命并且直属于总统，在国安会及相关活动中拥有广泛的权力。一人身兼两大要职，既可以大大加强联邦安全总局的工作，又在某种程度上增强了国家安全委员会落实其内部决策的力度。这时，普京无疑成为叶利钦手中的主要盾牌。

普京担任联邦安全会议秘书，成为他政治生涯的一个重大转折点。普京上任伊始，就显露出其强硬的手腕。他极力拥护叶利钦的决策，主张以特殊方式解决科索沃问题，以迅雷不及掩耳之势，比北约部队抢先占领了科索沃首府普里什蒂纳的机场，从而获得了解决科索沃问题的主动权，使得以美国为首的北约企图将俄罗斯赶出巴尔干半岛的计划化为泡影。在协调这一次军事行动中，普京作为联邦安全会议秘书、联邦安全总局局长，发挥了巨大的作用。

Chapter 05 行事果敢：超凡脱俗施铁腕，力克时艰稳政局

如果上苍赐予我为自己的国家和人民工作的机会，那就是对我最大的奖赏。

——弗拉基米尔·普京

01 世界震惊，悄无声息出任总理

叶利钦这辈子几乎把所有的精力都用在了权力的较量上，尤其是他与戈尔巴乔夫的明争暗斗，共同导演了强大苏共的解散和强大苏联的解体。后来，在俄罗斯人的心目中，他最大的贡献就是力排众议把掌管国家的大权交给了普京。

叶利钦从1990年5月当选为俄罗斯联邦最高苏维埃主席后，一直到1999年年末任命普京为俄罗斯联邦代总统，近10年处在俄罗斯联邦权力的巅峰。在任期间，叶利钦主要考虑如何来维护自己的权威，考虑如何让自己的主席和总统宝座更加稳固，而缺少考虑国家政权建设和实施社会改革，以致寡头操纵政局，走马灯似的更换国家政要，甚至给人一种把更换国家政要当成儿戏的感觉。他执政10年，身边的谋士亲信和高官重臣换了一批又一批。尤其在他担任总统期间，总计换了7个总理、7个安全局长、10个财政部长、6个内政部长、7个总统办公厅主任、6个安全会议秘书，只有外交部部长和国防部部长各换了3个。在世界上，这样严重的人事变更实属罕见。俄罗斯人普遍认为，叶利钦掌权的10年，是俄罗斯近百年历史上最差的10年，也是国家变得更加衰弱的10年，他也因此多次被俄罗斯人愤怒地评为20世纪最差的国家领导人。

叶利钦担任总统期间，几任政府总理都被他充当了政治斗争的牺牲品和改革失败的替罪羊。他更换总理的做法，堪称游戏执政的教科书。1991年6月，叶利钦当选总统后又兼任总理；1992年6月，任命盖达尔出任代总理；1992年12 月，任命切尔诺梅尔金为总理，他也成为叶利钦手下任职时间最长的一个总理。1998年3月，提名35岁的基里延科担任总理；1998年8月，又突然宣布起用切尔诺梅尔金为代总理；1998年9月，又提议外交部部长普里马科夫任总理；1999年5月，任命47岁的斯捷帕申为代总理；1999年8月，任命普京为代总理。而普京终于挺到了最后，没有像人们所想象的那样再被换掉，后来，终于迎来了俄罗斯权力巅峰的一次交接。1999年年末，叶利钦突然宣布辞职，由普京接任代总统。

普京无疑有着超强的政治敏锐性和政治鉴别力。自从被尤马舍夫调入总统办公厅后，他反复告诫自己要少说话多干事，少表现多沉默，要做到服从、服从、再服从，听话、听话、再听话。尤其是在比他年龄小、比他资历低的尤马舍夫面前，更是表现出不一般的成熟和老到，把自己完全置于部下的位置，服从命令听指挥。普京的表现，既让尤马舍夫感到非常舒服，又让自己进入了叶利钦的视野。随着职位的晋升，普京不但没有挺起腰杆的姿态，反而看上去对尤马舍夫更加尊崇。即使已经得到了叶利钦的赏识，他也从不怠慢和轻视尤马舍夫。普京这种谦卑的表现，为他在尤马舍夫，尤其是叶利钦心里，赢得了很多加分。普京渐渐成为叶利钦心中一枚重要的棋子，而且这枚棋子总让叶利钦感觉其分量在逐渐增加。1999年3月，叶利钦在接受《消息报》记者的采访时，首次对外披露称已经找到了总统权力的继承人，但暂时不能说出这个人的名字。叶利钦的话一出，各方人士都在绞尽脑汁猜想这个神秘继承人是谁，人们甚至列出了一大串的名字，但谁也没有把普京列进来。此时，普京虽然已集联邦安全会议秘书和联邦安全局局长两个重要职务于一身，成为国家政要，但他韬光养晦，总是保持低调，没有成为公众舆论的焦点。当叶利钦任命普京为总理后，俄罗斯人这才恍然大悟，原来普京才是叶利钦找到的总统权力的继承人。

在俄罗斯动荡的政局中，普京一直不露声色。他虽然有着非常高远的政治抱负，但他知道，在时机尚未成熟之前一定要稳住，否则就会前功尽弃。他淡定地看待政局的风云变幻，给人的感觉是既不表白政治观点，也不暴露政治立场，让人看不到他的野心勃勃，更无人视他为政敌。

1999年5月，叶利钦突然解除普里马科夫的总理职务后，普京仍然没有走向前台。根据宪法，叶利钦提名俄罗斯第一副总理兼内务部部长斯捷帕申为代总理。

斯捷帕申与中国有着非常特殊的渊源。1945年8月，苏联红军出兵东北。根据苏、美、英三国元首签订的《雅尔塔协定》，解放东北后，苏联海军太平洋舰队暂时留在中国旅顺口，没有撤回苏联。1952年3月，斯捷帕申就出生在中国旅顺口苏联海军军官老斯捷帕申的家里。1955年，斯捷帕申随父母返回苏联。也许是受父亲的影响，斯捷帕申中学毕业后考入了苏联内务部列宁格勒高等政治学校。1973年毕业后，被分配到内务部特种部队服役，从事政治工作。后来，斯捷帕申又考取了列宁军政学院。1981年毕业后，到列宁格勒内务部高等政治学校任教。1983年，斯捷帕申考取列宁军政学院研究生，1986年毕业。1991年，斯捷帕申出任俄罗斯联邦安全局副局长兼圣彼得堡市和列宁格勒州联邦安全局局长，1992年任俄罗斯安全部副部长，1993年9月至12月任俄罗斯联邦安全部第一副部长，1993年至1994年任俄罗斯联邦反间谍总局第一副局长，1995年至1997年任俄罗斯联邦政府行政局主任，1997年担任司法部部长，1998年担任内务部部长。

斯捷帕申担任总理后，积极开展工作，展示了一定的能力，也很有作为。但是，到1999年7月中旬，叶利钦和他的幕僚却一致认为，斯捷帕申有些优柔寡断，不足以担当重任，应该马上换人，因为离俄罗斯联邦第三届总统的大选日期越来越近了。尽管斯捷帕申央求叶利钦再给他一些时间，让他重新证明自己，但终究于事无补。1999年8月9日，俄罗斯总统叶利钦再一次突然宣布，解散成立不足3个月的斯捷帕申政府，任命普京为政府第一副总理和政府代总理。8月16日，俄罗斯国家杜马通过了叶利钦对普京的总理提名。就这样，47岁的普京顺利地走进了总理府，成了1999年一年之内俄罗斯的第三任总理，后来也成为叶利钦在任期间唯一一个未被撤职的政府总理。

普京担任俄罗斯联邦政府总理后，并没有给人一种非常激动的感觉，依然显得很淡定。他没有觉得自己像个公众政治家，反而更像一个勤务员。他知道，他是俄罗斯政府历史上第29任总理，是站在风口浪尖上的后来者。他的一生，除了失业的那几个月外，一直都是官员，一直都是当官的。起先是军官，后来成了文职官员。他说："对一名官员来说，当上政府总理算是非常高的级别了。我想，作为一名官员，能够当上总理，已经算是非常成功了。从这一点来看，在我个人命运的现阶段，我可以利用这一职位为自己的国家做许多工作。总理这个职位，可以让一个人最大限度地表现和发挥自己。"

就在许多人盯着总统宝座而盘算着如何更好地接近它时，普京却悄无声息地迅速攀升着。但他总是隐藏在幕后，默默地工作着，从来不求引人注意。正是这种低调的处世风格，使他屡屡得到高层的赏识，从索布恰克到叶利钦，从第一副市长到总理，逐步到达权力的巅峰。

早在1998年，叶利钦解散基里延科政府的时候，就在克里姆林宫召见了普京，建议普京重新回到军队编制。显然，叶利钦对普京的升职已经心中有数了。普京担任联邦安全总局局长后，实施了大刀阔斧的改革，将安全总局机关人员由6000人精简到4000人，减少了整整三分之一。当时，普京采取的改革措施和人事任命，都是总理普里马科夫所反对的，但得到了叶利钦的强力支持，由此可见叶利钦对普京的认可。

普京的职位，完全是在叶利钦的关注下一路攀升的。1997年至1998年，任总统办公厅副主任、监察局局长；1998年7月，取代科瓦廖夫上将出任俄罗斯联邦安全总局局长；1999年3月，兼任俄罗斯联邦安全会议秘书。

普京被叶利钦任命为政府总理后，意味着他正式成为叶利钦认定的接班人。对俄罗斯人来说，这一任命来得太突然，甚至无异于晴天霹雳。人们都在怀疑，一个普通的侦察员有能力掌控一个偌大的俄罗斯吗？当时，几乎所有的国内媒体都对这个任命感到非常意外和匪夷所思，认为叶利钦选定普京竞选下一届俄罗斯总统，无疑是他怪僻的政治幻想。有的媒体甚至讽刺道："叶利钦从自己换来换去的一堆平庸下属里，拖出一个矮小难看的联邦安全总局局长，宣布他为自己的接班人。这个毫无超凡脱俗能力，也无一点个人魅力，在人们记忆中留不下一点痕迹的晦暗人物，他能做成什么？把赌注下到普京身上，表明叶利钦班子已经完全无计可施了。”

对更换总理近乎上瘾的叶利钦，普京能否走到第三届俄罗斯联邦总统大选的战场上？对此，许多俄罗斯人心中都没有底。

02 力量博弈，征服国家杜马

20世纪90年代末期，也就是在第三届俄罗斯联邦总统大选的临近时期，叶利钦频繁更换政府总理，并不是基于促进俄罗斯的发展来考虑的，而是基于谁能更好地接自己的班。俄罗斯宪法规定，总统连任不得超过两届，这就意味着在2000年的总统大选中，已经连任两届总统的叶利钦不再是候选人。按理说，国家政权的交接，领导人的新老交替，是一件很正常的事情。但对临近下台的叶利钦来说，这是一件比生命还重要的事情。他必须在他下台之前，选择一个能与他一条心的人来做俄罗斯联邦政府的总理，然后想办法帮助这个认定的接班人去征服国家杜马，从而顺利当选第三届俄罗斯联邦总统。只有这样，才能确保他晚年的安全，不至于遭受斯大林死后那样的待遇。因此，普京被叶利钦任命为政府总理，未来所担负的责任非常重大。

叶利钦虽然时时刻刻、口口声声都在喊着自由民主，但这只是一个政治口号。他当选俄罗斯联邦总统后，大权独揽，一切以稳固权力为出发点。他从1980年年初当选苏共中央委员会成员开始，就宣扬一些自由化思想。戈尔巴乔夫上台，他被任命为苏共莫斯科市委第一书记后，渐渐与戈尔巴乔夫公开叫板，大肆鼓吹西方式的自由民主。结果，10年时间，他与一些人联手搞垮了苏共，分裂了苏联，同时取得了俄罗斯联邦总统的宝座。他推行的自由民主，完全是为了政治斗争的需要，而不是为了国家发展和民族振兴。1991年，他当选俄罗斯联邦总统仅仅过了3个月，就把自己曾经的政敌抓捕起来了。1993年，为了取得与议会斗争的胜利，他甚至宣布解散苏联人民代表大会和最高苏维埃，并发动了骇人听闻的"炮打白宫"事件。

在苏共被迫放弃对国家事务的决策权和领导地位之后，俄罗斯出现了一股空前的"政党热"。当时，俄罗斯政坛的政党数量杂乱繁多，大有你方唱罢我登场之势。俄罗斯虽然是一个经济衰退、人心涣散的俄罗斯，却也是一个政治舞台非常热闹的俄罗斯。

普京出任政府总理，首要任务就是为赢得2000年的总统大选做准备，而不是考虑如何做好总理应该做的事。他必须过的第一道坎就是征服国家杜马，也就是在1999年年末的国家杜马选举中想办法赢得更多的支持席位，从而掌握总统竞选的主动权。否则，一旦在总统大选中败选，他就不但不能保护叶利钦晚年的安全，就连他自己都会受到株连。

叶利钦担任总统期间，与杜马的关系一度处于激烈对抗状态。由于叶利钦在国家杜马中没有自己的政党，因此，在第一届国家杜马和第二届国家杜马中，叶利钦政府所提出的各种法案经常受到强力抵制。

在1995年年底举行的国家杜马选举中，以俄罗斯共产党为首的左翼反对派政党获得胜利。从此以后，国家杜马一直被反对派政党把持着，叶利钦签署的许多政令和法律议案都无法得到顺利通过。尤其值得一提的是，1998年叶利钦对基里延科的总理提名，先后两次遭到国家杜马的否决。除此之外，国家杜马甚至不止一次地以弹劾总统来要挟叶利钦。

对普京尤其是对叶利钦来说，1999年的杜马选举具有非常重要的意义。根据俄罗斯宪法，国家杜马在选举产生后1年内不能被解散。这就是说，在总统选举前，杜马议员可以随心所欲地投票，即使总统与议会的意见不一致，总统也无权解散杜马。因此，谁在总统选举前这一历史时刻取得杜马最大党地位，谁就可以在争夺总统宝座的前哨战中夺得先机。

当时，在国家杜马选举中最有竞争力的政治力量，是赶在杜马选举之前刚刚结成的“祖国—全俄罗斯”竞选联盟，联盟的协调委员会主席是普里马科夫。“祖国—全俄罗斯”是卢日科夫领衔的“祖国”运动与沙伊米耶夫和雅科夫列夫领衔的“全俄罗斯”运动联合组建的。普里马科夫曾担任过外交部部长和政府总理，卢日科夫担任莫斯科市市长，而沙伊米耶夫为鞑靼斯坦共和国总统，3个人都是俄罗斯著名的政治家。

“祖国—全俄罗斯”联盟强调中派主义和爱国主义思想，主张在市场改革中加强国家调控和社会保障，捍卫俄罗斯在世界舞台上的地位和利益。当时，“祖国—全俄罗斯”掌握了大量的行政资源和雄厚的资金保障，被公众认为一定能够在杜马选举中大获全胜。该组织的核心人物普里马科夫在卸任国家总理之后，一度被当作俄罗斯稳定的象征而大受欢迎，俄罗斯和国际社会都认为他最有希望赢得2000年的总统大选。

杜马选举前，一些州长和政府部门领导在没有看到更加有影响的政治力量的情况下，纷纷向普里马科夫的“祖国—全俄罗斯”联盟靠拢，并宣誓效忠。在俄罗斯权力的执行机构中，有很多明处或暗处的反对者，都投向“祖国—全俄罗斯”。大选的战斗还未开始，胜负就似乎已经有了结果，所有的俄罗斯人都在等待着俄罗斯共产党和“祖国—全俄罗斯”的胜利，等待着叶利钦失去权力。

更为重要的是，在国家杜马选举之前，“祖国—全俄罗斯”与俄罗斯共产党就达成了协议，立誓要联合控制杜马选举。同时，普里马科夫已经下定参加2000年总统大选的决心。控制杜马选举，就是为参加总统大选捞取资本。这一态势，让叶利钦和他的政治幕僚感到非常不安。

无疑，普里马科夫和卢日科夫的组合有着强大的政治影响力，在国家杜马选举中占有绝对的优势。而这种优势必将轻松击败所有的竞争对手，进而左右总统大选的走向。如果普里马科夫和卢日科夫领导的政党联盟取得宪法所规定的绝对多数议席，就可以完全合法地以三分之二的多数票任意修改宪法。这样，任何政治对手都会在各种竞争中处于劣势。如果这样的结果发生，叶利钦选择接班人的努力就会变得毫无意义。面对这样的政治竞争形势，普京被叶利钦推到前台，所承担的风险和压力可想而知。要完成叶利钦设想的让普京顺利接班的目标，普京要做好的第一件事，就是想办法确保拥护自己的政党联盟取得国家杜马选举的胜利。

早在普京上任的前几天，叶利钦就和普京一起谈过这个问题。叶利钦当时就指出卢日科夫和普里马科夫的“祖国—全俄罗斯”的力量不断增强，这让他感到非常忧虑，担心普里马科夫和卢日科夫会联合更多的政党来掌控国家杜马，甚至掌控总统大选。但普京非常含蓄地表达了自己的观点，就是既愿意按照总统的安排出任政府总理，又讨厌竞选斗争中的那些政治小动作。显然，普京还没有忘记恩师索布恰克助选失败的伤痛。

这种情势也同样引起了叶利钦幕僚的高度重视。这些人在叶利钦时代都攫取了大量的政治资本或者经济财富，如果“祖国—全俄罗斯”成为议会第一大党，普里马科夫当选总统，那么他们可能失去一切既得利益甚至面临刑事指控。卢日科夫曾提出要求重新审查私有化过程是否完全公正，要求废除一切非法交易；普里马科夫则曾要求调查寡头们某些可疑的商业行为。还在任总理期间，他就曾意味深长地说：“即将举行的大赦会空出许多牢房，供经济罪犯蹲用。”

对总统办公厅和利益集团来说，建立一个新的选举团队以对抗来势汹汹的“祖国—全俄罗斯”联盟势在必行。在新选举团的定位问题上，尤马舍夫以及总统亲信们认为：新成立的选举团应该避免给选民带来“亲克里姆林宫”的感觉。在与克里姆林宫关系密切的寡头别列佐夫斯基的建议下，这一新生的政治力量取名为“统一”运动。

选择一位什么样的人物来领导选举团，是非常关键的一环。由于新选举团的定位是远离克里姆林宫，这位领导人也应该是和克里姆林宫保持一定距离的人。考虑到俄罗斯人已经厌倦了一成不变的面孔，厌倦了职业政治家的模样，他们需要新的政治面孔。经过审慎研究，时任紧急事务部部长的绍伊古携古典式摔跤奥运会冠军卡列林、警察部队将军古罗夫，共同组成了“统一”运动选举团的领导层。这三驾马车，分别代表着同灾难做斗争的勇士、体育赛场上不屈不挠的勇士和同犯罪分子做斗争的勇士。杜马选举结束后的2000年1月，绍伊古被代总统普京任命为政府副总理，成为普京竞选总统的得力干将。2012年11月，担任莫斯科州州长的绍伊古被普京任命为国防部部长，并接替谢尔久科夫担任国家安全委员会委员职务。

1999年10月，竞选团“统一”运动举行成立大会，“统一”也是统一俄罗斯党的前身之一。最初，参与选举团的有7个政治组织，分别是俄罗斯“自由一代”运动、俄罗斯基督教民主党、伊斯兰“幸福”运动、人民爱国党、“我的家”运动、全俄扶持中小企业协会、支持独立代表运动。

“统一”运动成立后，自然得到了总理普京的强力支持。普京公开表示，在国家杜马选举时，他要投绍伊古所领导的“统一”运动的票。之后，普京还亲自参加了“统一”运动参加杜马选举的动员大会。同时，绍伊古、卡列林、古罗夫这三驾马车分头行动，带领“统一”运动的成员，发挥自身强大的亲民优势，开展了卓有成效的造势活动，使“统一”运动的社会声望得到了迅速攀升。

与此同时，普京扎扎实实地做好总理应该做的事情，个人威望渐渐提升。虽然有人借机离间叶利钦和普京的关系，流言蜚语甚嚣尘上，但叶利钦总是以行动表达对普京的支持，他不仅不限制政府的权力，还不断放权给政府。

受多重因素的影响，俄罗斯国家杜马的选举形势迅速发生了根本性的变化。1999年12月末杜马的选举结果是，在国家杜马总共225个议席中，俄联邦共产党获得67个议席，“统一”运动获得64个议席，“祖国—全俄罗斯”获得37个议席。“统一”运动能够大胜“祖国—全俄罗斯”，并以仅低于俄罗斯共产党不到一个百分点的成绩取得杜马第二大党的席位，这出乎所有人的意料。如果再加上普京的重要盟友基里延科和涅姆佐夫领导的右翼力量联盟取得的24个议席，俄罗斯共产党已经失去了左右议会局面的基础。

这次杜马选举改变了俄罗斯政治力量的派系局势。“统一”运动一鸣惊人，为普京日后当选总统、进行政党改革、控制议会奠定了政治基础。

03 铁腕出击，车臣战争获大捷

普京被叶利钦选定为自己的接班人后，一举登上了俄罗斯政治舞台的中心。这时，许多支持他的人都有一种担心，就是普京会不会像前几个被换掉的总理一样，随时被撤换掉。而普京并不担心自己被撤换掉，而是随即投入工作之中。他说："当上了总理，就拥有了为国家和人民做点事情的机会，我必须把握好。"许多俄罗斯人说，叶利钦做了两届俄罗斯总统，所做的一件好事，就是发现了普京，并把权力移交给了普京。这话虽然说得有点过，但也不无道理。

苏联解体后，俄罗斯作为苏联遗产的最大继承者，将许多民族矛盾问题也一并继承了下来。其中，最突出、最棘手的就是车臣问题。

车臣共和国位于俄罗斯南部北高加索山脉的东部，面积1.7万平方公里，边界线长650公里。南部高山地带与格鲁吉亚为邻，北部地区与俄罗斯斯塔夫罗波尔边疆区接壤，西与北奥塞梯自治共和国毗连，东靠达吉斯坦自治共和国。车臣人自称"纳赫乔人"，即"平民民众"的意思，主要信奉伊斯兰教。苏联解体后，车臣的民族分离主义问题一直让克里姆林宫不得安宁。

1991年9月，苏联空军少将、车臣人杜达耶夫依靠武力推翻了当地的苏维埃政权。10月，车臣举行共和国"总统"和议会选举，杜达耶夫当选"总统"。11月，杜达耶夫宣布车臣共和国为"主权国家"，并很快组织起了车臣国民卫队。从此，车臣既不签署1992年的俄联邦条约，也不参加1993年的俄议会选举，在独立的道路上越走越远。

1993年"炮打白宫"事件平息后，叶利钦越来越感到解决车臣问题对巩固地位的重要性。于是，叶利钦公开宣称：为了平息车臣日益猖獗的分裂主义势力，维护国家领土完整，俄罗斯必须采取强硬的手段解决车臣问题。1994年12

月，俄罗斯出动6万军队，对车臣非法武装实施武装打击，第一次车臣战争爆发。

1995年1月，俄罗斯军队兵分三路攻打格罗兹尼。最初，俄军总共投入兵员3.8万人，动用坦克230辆，步兵战车454辆，火炮和迫击炮388门，动用了除核武器外的几乎所有现代化武器装备。

对这场战争，车臣人似乎早有预料，他们早就做好了还击的准备。车臣非法武装通过山地战、游击战和街道巷战，对俄军的进攻进行了有效的抵抗。当时，俄军官兵都以大国部队自居，都相信会在很短的时期内结束战斗。俄罗斯国防部部长格拉乔夫甚至当众宣布，俄军在几天内就可以占领车臣首府格罗兹尼。然而，俄军的算盘打错了，战局的发展大大出乎他们的意料。格罗兹尼市内坚守的车臣非法武装抵抗顽强、战术凶狠，致使俄军数百人被俘、上千人阵亡，格拉乔夫几天占领格罗兹尼的设想成为泡影。

1995年3月初，俄军改变了策略，集中火力攻打格罗兹尼。经过6天的激烈战斗，俄罗斯内务部队攻占了切尔诺列契耶，这是车臣非法武装在格罗兹尼的最后一个据点。而后，由内务部队控制城内局势，俄军主力又去全力攻打格罗兹尼外围地区。

1995年6月，车臣非法武装战地指挥官巴萨耶夫带领100名匪徒，闯入斯塔夫罗波尔边疆区的布杰诺夫斯克，扣押了1000多名人质，要挟俄军立即停止一切军事行动并撤出车臣，否则将杀死全部人质。经过长时间艰苦的谈判，叶利钦联邦政府做出重大让步，被迫与车臣非法武装分子达成协议，基本满足了巴萨耶夫的要求，停止一切军事行动，以此作为释放人质的条件。随后，巴萨耶夫带领匪徒撤回车臣，人质获释。这场战争造成了重大的人员伤亡和财产损失。在这场战争中，俄军共有4000多人阵亡、1.7万人受伤、3000多人下落不明。车臣方面伤亡10万人，尤其是杜达耶夫在俄军的导弹袭击中丧生。

1996年8月，俄联邦政府和车臣非法武装在俄达吉斯坦共和国境内的哈萨维尤尔特达成协议，规定将车臣地位问题搁置5年。历时20个月的第一次车臣战争，以一纸《哈萨维尤尔特和平协议》而暂告结束。俄罗斯国内一片哗然，军方对此尤为不满，认为签署这份协议是一种巨大的耻辱。

第一次车臣战争，让俄罗斯军队颜面尽失。虽然俄军最终从军事上占领了车臣全境，但损失之大令人咂舌。俄罗斯军队和政治家都在这场战争中成为全世界的笑柄。由此，也让全世界都明白了，从前那个超级大国已经沦落到了非常软弱的地步，俄罗斯的国际地位一落千丈。

1997年1月，在车臣举行的“总统”选举中，马斯哈多夫当选。同年5月，俄联邦与车臣签署和平与相互关系原则条约。但是，马斯哈多夫仍然坚持车臣是“独立国家”，不仅拒不执行和平协议，而且加紧了分裂活动，暗地里不断纵容非法武装骚扰毗邻地区，制造各类恐怖事件，并积极争取国外宗教组织和极端势力的插手介入，变本加厉地从事分裂活动。

在普京就任总理前夕，车臣局势再次出现动荡。巴萨耶夫对车臣事实独立的现状并不满足，进而谋求北高加索地区更大的自由。1999年7月、8月，巴萨耶夫带领非法武装分子，先后两次进攻近邻的达吉斯坦共和国，企图在车臣和达吉斯坦建立一个激进主义国家。

普京虽然新任总理，但他的骨子里有着克格勃的强硬霸气。在与总统叶利钦及有关部门讨论车臣形势时，他态度强硬地说：“车臣问题已经不是简单的俄罗斯内部问题，它正在逐渐演变成一个敏感的国际化问题。我们已经别无选择，如果今天还要姑息纵容，明天就可能失去整个俄罗斯。”

叶利钦答应了普京的要求，赋予他全权处理车臣问题的权力，并要求各部门在车臣问题上必须坚决无条件服从总理命令。此外，叶利钦还赋予了普京先斩后奏的特权。

于是，普京精心策划，紧紧抓住车臣叛军入侵达吉斯坦这根导火索，发动了第二次车臣战争，第一次在国家层面上展现了自身所特有的铁血作风。

在第二次车臣战争中，俄罗斯先后共投入将近16万人的兵力，甚至动用了集束炸弹、制导炸弹和T-90型坦克等先进武器。整个战争分为三个阶段进行：第一阶段，彻底消灭达吉斯坦境内一切分裂分子，并封锁车臣边境；第二阶段，向车臣境内挺进，对车臣首府格罗兹尼发动总攻，并完全占领该城市；第三阶段，清剿逃进山区的非法武装。

普京充分地吸取了第一次车臣战争中俄罗斯在外交上的教训，他亲自接见了西方各国驻俄大使，以他那杰出的口才和一个真正总理外交家的良好风度，获得了多数国家的理解和支持。同时，普京在国家杜马也赢得了强力支持，最大限度地排除了外来干扰。

1999年9月，俄罗斯空军开始对车臣境内的军事目标和基础设施进行精确轰炸。面对俄军的猛烈进攻，车臣“总统”马斯哈多夫表示：“为了避免大规模战争，愿意同俄罗斯领导人谈判。”随后，普京表态：“可以同车臣领导人进行谈判，但前提是无条件谈判，否则一切无从谈起。”随后，马斯哈多夫和巴萨耶夫主持召开作战会议，一项格罗兹尼城区防御计划通过。为此，普京下令，俄军10万人兵分三路向车臣进军。

1999年10月，一支由5000多名俄军组成的部队大举进入车臣境内，另一支部队也到达格罗兹尼西南部的重要门户巴穆特。俄军迅速完成了对车臣大部分领土的占领。车臣“总统”呼吁停战，却被普京严词拒绝。普京说：“这是你们咎由自取！”随后，俄军特种部队奇袭车臣，通缉榜上有名的恐怖分子头目哈奇拉耶夫落网。

1999年11月，俄军占领了车臣第二大城市古杰尔梅斯，随后又占领了车臣第三大城市阿尔贡。至此，在第二次车臣战争中，俄军共歼灭非法武装分子4500人，控制了车臣大部分地区，并建立了一些能够绝对服从莫斯科中央政府的地方基层政权。发动第二次车臣战争并取得决定性胜利，使普京成为俄罗斯民众心目中十月革命以来最优秀、最强力的国家领导人。仅仅1个月，普京的民众支持率就从最初可怜的1.7%，一跃上升到58%。

1999年12月，普京再次宣布，除非车臣交出好战领袖，否则俄罗斯不打算与车臣寻求政治解决之道。

俄军在战场上的节节胜利，还赢得了车臣普通民众的大力支持。许多车臣居民向俄军献出了自己的武器和弹药，并自愿与俄军一道，与车臣恐怖分子作战。在围攻格罗兹尼市区的战斗中，格罗兹尼市前市长甘塔米洛夫领导的车臣民兵发挥了关键作用。这些车臣民兵熟悉地形，总是最先发现非法武装藏匿的地点，并及时报告攻城指挥部，由俄空军出动武装直升机进行打击。就在圣诞节的那天夜里，俄军总攻格罗兹尼，特种快速反应部队、特警和内务部队一起出击，在1500名车臣民兵的配合下，从东、东北、西北三个方向攻入格罗兹尼。

2000年2月，俄军最终占领了格罗兹尼市中心米努特卡广场，将俄罗斯国旗插上了格罗兹尼市中心的车臣政府大楼。俄罗斯军警进入城内逐步清除抵抗者，检查各种证件，拘捕嫌疑犯，并没收各种散落的武器，格罗兹尼的局势逐步稳定下来。至此，第二次车臣战争以胜利而告终。

04 叶利钦主动交权，强势出任代总统

1999年12月31日，对全世界人民来说，是非常有纪念意义的一天。这一天，是20世纪这100年的最后一天，也是一个千年的最后一天。而在俄罗斯，对叶利钦、对普京、对俄罗斯政坛，尤其是对俄罗斯人民来说，这一天更是不寻常的一天。

12月31日上午，俄罗斯总统叶利钦的车队从莫斯科市郊的总统官邸来到了克里姆林宫。叶利钦的神情有些凝重，看上去更显威严。他首先签署了两个命令，分别是《关于俄罗斯联邦2000年预算的命令》《关于俄罗斯联邦总统选举法的命令》。接着，他与总理普京进行谈话。其实，总统与总理谈话是一件很正常的事，但这次谈话却非常不一般。叶利钦在这次谈话中，非常认真地告诉普京，从今天开始，他就辞去俄罗斯联邦总统的职务，由俄罗斯政府总理普京

出任代总统，直到总统大选产生新的总统。

这样的一个决定，决不是叶利钦头脑发热而临时做出的。叶利钦很早就有了这样一个准备，他只是希望能够给普京更多一点准备时间。这是叶利钦第二次与普京谈权力交接的事情了。第一次是两周前，车臣战争已经取得了决定性胜利，叶利钦觉得时机已经成熟。但是，普京没有接受，要求再给他一些时间把车臣战争的事情处理好。20世纪的最后一天，叶利钦在普京面前很坚定地说："我把这个重任交给你！"普京听到这句沉稳有力的话，便接受了总统的托付。在权力交接过程中，叶利钦没有为自己向普京提出任何要求。

一个是即将离任的总统，一个是即将上任的代总统，两个人坐在一起，就国家未来的政策、国内国际的形势等一些重要的方面，谈了很多。此时，叶利钦就像是一位长者，毫无保留地叮嘱普京：遇到突发事件和不可预见的事情，总统有权修改政策。而刹那间，普京似乎又想起了什么，感觉整个国家的重担都落在了自己的肩上。他又一次诚恳地请求叶利钦不要辞职，一直干完这个总统任期，再给他一些锻炼的时间。可是，叶利钦没有答应，他坚定地告诉普京，他已经下定决心了，不可能再反复了。随后，叶利钦把宪法文本和祖国一级勋章交给了普京。祖国一级勋章是总统权力的象征，叶利钦希望普京好好地珍视它、爱护它。

叶利钦把普京带到了总统办公室，风趣地告诉他：这就是你的办公室，是行使总统权力的地方。在总统办公室，叶利钦很庄重地把象征着俄罗斯国家权力的核武器密码箱交给了普京。这个密码箱是由本索尼公司制造的，重10公斤，厚10厘米。这样的密码箱，俄罗斯共有3个，都是便携式的，技术性能也都是一样的。3个密码箱分别由俄罗斯联邦总统、俄罗斯联邦国防部部长和俄罗斯联邦总参谋长保存。当足以毁灭世界的核武器大战爆发时，发射核武器反击命令不需要同时按下3个按钮。核武器密码箱按钮只是一连串指令的第一个环节，最终环节是安装在核弹头上的弹载巡航计算机。核武器密码箱标志着俄罗斯的国家安全，也关乎全世界的安全。叶利钦再一次叮嘱普京：俄罗斯交给你了，一定要照看好俄罗斯。当天晚上，核武器密码箱就跟随普京去了车臣。

即将离任的总统和即将上任的代总统，从各自的角度，先后录制了新年贺词。叶利钦在新年贺词中说："今天，我最后一次作为俄罗斯总统向你们发表讲话。我已经决定，在即将过去的一个世纪的最后一天，辞去总统职务。根据宪法，我在决定辞职时，签署了把俄罗斯总统职权交给政府总理普京的命令。我觉得自己没有理由干完任期内的最后6个月，因为普京总理完全能胜任总统的职位。在未来3个月的时间里，他将是俄罗斯联邦的国家元首，3个月之后将举行总统选举。"

叶利钦说："我确实想创造一个政治家正常地、文明地、平静地离开政治生活的先例。"这确实是叶利钦的心声，正因为如此，叶利钦才提前把国家权力以民主方式，依照宪法程序，顺利、和平地交给了自己选定的接班人普京。

早在4个月前，也就是普京刚刚被任命为代总理时，许多观察家就提出了叶利钦提前辞职的可能性，甚至认为提前辞职是不可避免的。他们还预测过叶利钦辞职的具体日期：1999年9月17日、10月17日、11月17日，一直到12月17日。但谁也没有预测到，叶利钦辞职的这一天，竟然是世纪末年的最后一天。叶利钦在新年贺词中，还宣布辞去俄罗斯国家武装力量总司令等职。

叶利钦录制完新年贺词后，表情非常淡定地离开了克里姆林宫。世纪末年的最后一天，成为俄罗斯长达10年的叶利钦时代的终结日。叶利钦以自愿辞职的方式进行权力交接，是俄罗斯20世纪的100年以来唯一一次没有流血和政变的权力交接。

一个时代结束了。而就在叶利钦宣布辞职、把总统权力交给总理普京的那一刻，电视机前几乎所有的俄罗斯人才突然觉得他是一个慈祥的老人，而不是一个言不由衷、独断专行的人。本来，电视机前的观众都以为叶利钦会发表一个例行公事的新年贺词，可谁也没想到，叶利钦所发表的是告别权力的讲话。由此，人们似乎看到了叶利钦真诚的一面，许许多多的人都被他的真诚打动了。而普京在车臣战争中的表现，让俄罗斯人看到了国家强大、民族复兴的曙光，也觉得叶利钦在辞职的时候，为俄罗斯找到了领航的舵手。后来，叶利钦表示："我很高兴选择了普京，没有选错。我知道，迅速发展的俄罗斯需要一位年轻的总统。我就努力寻找这样一个人：将创造一个自由、文明及市场化的国家作为理想和最重要的价值观，同时具有坚定的意志，行事稳重。普京无疑具备这些素质。"

叶利钦做出辞职的决定，是因为普京在政府总理职位上做得非常有成效。叶利钦的提前辞职，也是一个明智之举，对普京来说也是一个跳板，为确保普京在2000年3月26日的总统大选中胜出做了一个铺垫，很有扶上马送一程的意思。对此，叶利钦也私下里对身边的人说："我决定在大选前半年辞职，是为了能给普京一段时间，让人们有时间了解他。此前人们对他了解很少，他也可以利用这段时间来表现自己。"

在普京出任总理后，很多人都不看好普京，都在猜测着普京什么时候被另一个人取代。但是，普京牢牢地抓住了稍纵即逝的机会，将一次针对车臣叛匪的反恐行动，成功地演化为一场战争。以普京的克格勃出身来看，反恐和组织反恐战争几乎属于普京的专业范畴。而从权力学角度分析，领导人执政之初能够踏上一个熟悉的平台至为重要。毫无疑问，普京得到了这样一次机会。所以，普京初次登台就表演了一出自己的拿手好戏，因此获得了满堂喝彩。在短短5个月的时间里，普京就从一个名气不大的干将，一跃登上了俄罗斯权力的顶峰。可以说，是车臣战争造就了普京，造就了这样一位独一无二的领袖、俄罗斯政坛上的一个神话。

送走了叶利钦以后，普京以代总统的身份签署的第一份命令，就是《关于为叶利钦提供生活不受侵犯及生活保障和警卫权力的命令》。几个小时后，普京取消了原定到圣彼得堡欢度新年的计划，偕同夫人柳德米拉，飞到车臣去慰问参加车臣战争的前线官兵。

当普京和夫人柳德米拉出现在车臣的俄军面前时，官兵们简直不敢相信这是真的。普京穿着带风帽的翻领滑雪运动服，显得神采奕奕。他给在车臣战争中英勇作战、表现突出的官兵颁发了奖章，同时，还将刻有"俄罗斯总理敬赠"字样的猎刀送给了他们。

在车臣第二大城市古杰尔梅斯，普京发表了热情洋溢的演说："我们的军事行动，不仅是为了维护国家的荣誉和尊严，同时，也是为了粉碎企图分裂俄罗斯联邦的行径，这是我们的最终目标。我想让你们知道，俄罗斯对你们的所作所为表示高度赞赏。这不只是一个恢复俄罗斯荣誉和尊严的问题，更重要的是，它事关扼制、结束分裂俄罗斯联邦的企图，这是主要任务。俄罗斯感谢你们！我祝愿你们新年快乐，祝你们幸福安康、家庭美满！”普京一行与俄罗斯官兵们共度了1个多小时，然后返回莫斯科。

普京接过叶利钦的衣钵，也接过了叶利钦那句“照顾好俄罗斯”的政治嘱托。同时，普京接过来的，还有属于叶利钦的是是非非。普京的征途，才刚刚开始。

05 面对媒体抨击，理智应对不激化

俗话说：时势造英雄。普京出任俄罗斯代总理、总理，而后又出任代总统，所面对的不是一个繁荣强大的俄罗斯，而是一个千疮百孔的俄罗斯。他接手的不是成就和荣耀，而是一大堆棘手的难题。正是这些问题把他推向了俄罗斯人民期待、俄罗斯媒体及世界媒体关注的风口浪尖。也正是因为能够及时、果敢、机智地应对和处置这些问题，他成为事不避难的英明领袖人物，成为俄罗斯在世纪之交这个特殊时期最有建树的领导人。

1999年8月7日，车臣非法武装头目巴萨耶夫指挥5000多名分裂分子，聚集

在达吉斯坦自治共和国边境，分两路攻入达吉斯坦，目的就是为了像在车臣赶走俄军一样，在达吉斯坦打败并赶走俄军，实现车臣和达吉斯坦彻底脱离俄罗斯的目标，建立一个独立的激进主义国家。对俄罗斯来说，这一行动无疑是分裂国家的武装叛乱。

达吉斯坦战争爆发3天后，已成为俄罗斯代总理的普京态度明朗而且强硬地表示："车臣是一个被匪徒和极端分子占领的地区，是从外部攻击和内部颠覆俄罗斯联邦的前哨阵地。对于车臣匪帮如果现在不动手打击，那将来我们的损失会更大。不管车臣匪徒藏在何处，俄军都要将把他们消灭。"普京毫不畏惧，恳请叶利钦总统赋予他指挥打击行动和协调各强力部门的权力。普京强力请缨，叶利钦全力支持。于是，第二次车臣战争爆发。

从俄罗斯在车臣发动军事打击的第一天起，一些西方国家的各大媒体就一窝蜂地关注着事态的进展，主要是对俄罗斯政府和军队施加压力。西方各大媒体对车臣非法武装骚扰平民、袭击俄罗斯军警、制造爆炸事件和绑架劫持这些野蛮的、非人性的恐怖和暴力行动似乎不太感兴趣，而对俄罗斯政府和军队所采取的打击行动却极为"热心"，一再指责俄罗斯军队在车臣滥杀无辜、实行"种族清洗"，践踏人权。西方媒体在报道有关车臣非法武装分子行动的时候，很少使用"匪徒""恐怖分子"等俄罗斯常用的字眼，而是经常使用"战斗队员""起义者"等一些中性甚至褒义的词语，以此来混淆视听。西方媒体的做法，显然是在偏袒车臣非法武装，对俄罗斯来说，这完全是在添乱。

普京所领导和指挥的第二次车臣战争刚刚爆发后，俄军在车臣战场上频频告捷。这样一个局面，与第一次车臣战争形成了明显的反差，这恰恰是西方国家所不愿意看到的。于是，这些国家不断对俄罗斯打击车臣非法武装的行动说三道四，大肆进行诋毁和责难。一些西方媒体过分渲染车臣的战争惨状，称俄罗斯的轰炸造成大量平民伤亡，并引发了"难民潮"，车臣境内出现了"人道主义灾难"。在西方媒体的引导下，车臣非法武装分裂分子也大造舆论，企图将高加索问题国际化。此时，那些不甘寂寞的西方国家领导人也频频抛头露面、发表讲话，以各种理由要求俄罗斯停止车臣战争和"种族清洗"，呼吁俄罗斯当局与车臣非法武装分子恢复政治谈判。这些讲话给人一种为车臣非法武装分子撑腰打气的感觉，是在支持他们与俄罗斯政府和军队斗争到底。

面对西方媒体的种种抨击和责难，俄罗斯政府和军队一直避其锋芒，没有针锋相对地进行回击。普京的表现更是镇静，很有绅士风度。当记者盯上他的时候，他才不温不火地阐明了俄罗斯政府和军队的立场："当我们谈到阿富汗时，都承认有一个犯罪组织曾在那里活动，塔利班的犯罪组织支持了他们。而那些塔利班的代表们也曾在车臣境内活动，车臣的犯罪组织同样也支持了他们。这个犯罪组织与塔利班有什么区别？根本没有区别。要说有区别的话，那就是这个组织更加血腥罢了。因此，我们有权和他们进行斗争！"

普京表示，俄政府并不是不和车臣非法武装分子谈判，车臣非法武装分子没有资格与俄罗斯政府对话，俄罗斯政府只能与车臣叛军对话。但是，由于车臣叛军拒绝缴械，双方的对话渠道已被堵死。普京自己也承认，在第二次车臣战争中，双方的实际对话时间只有两个小时。但这并不是问题的实质所在，问题的关键是，车臣非法武装分子是否有诚意与俄罗斯政府对话。普京还通过媒体向外界发表声明，宣称只要车臣非法武装分子承认并遵守俄罗斯宪法，所有的非法武装分子无条件交出武器，并交出所有有血债的主要匪徒，俄政府可以与他们接触和谈判。

美国"9·11"事件后，俄罗斯和普京打击车臣非法武装分子的做法才让一些西方国家的领导人"幡然悔悟"。普京在接受德国记者采访时说："不应当得出这样的结论，即在莫斯科炸毁大楼的人是争取自由的战士，而在其他国家搞这种活动的人是恐怖分子。其实，他们都是犯罪分子。"2002年以后，随着反恐的进一步深入和在伊拉克"倒萨"的需要，美国承认并宣布车臣非法武装分子为恐怖分子。许多西方国家也纷纷跟随美国，对普京政府的车臣战争给予肯定。10月23日，莫斯科人质事件发生后，美、英、法、德等西方大国的首脑纷纷致电表示谴责。丹麦政府在俄罗斯的强大压力下，拘捕了正在哥本哈根出席"世界车臣大会"的扎卡耶夫。

普京能够冷静面对西方媒体的抨击，对国内媒体的抨击也一样能够淡定地对待。在俄罗斯总统权力制度下，俄罗斯总统拥有比欧美总统更为强大的权力。而总统一个人的权力，却要比整个杜马强大得多。因此，俄罗斯总统大选，很自然地成为俄罗斯政治预测、社会调查以及各种投机行为的主要话题。

20世纪90年代末期，俄罗斯政坛出现了无数声名显赫的重要人物，包括切尔诺梅尔金、列别德、涅姆佐夫、卢日科夫、普里马科夫等人；还包括戈尔巴乔夫、费奥多罗夫、布伦察洛夫、戈沃鲁欣和日里诺夫斯基等人；更包括久加诺夫和亚夫林斯基等人。有些政治家甚至在自己头上比量过那顶象征巨大权力的皇冠。在这种群雄逐鹿、硝烟弥漫的局势下，普京耀眼地升起既显突兀又招人嫉恨，他因此成为媒体追逐的对象。

从1999年10月起，普京所推行的政策，得到越来越多俄罗斯民众的支持，普京成为俄罗斯总统最有力竞争者的事实逐渐变得明朗化。于是，他的周围也就随之出现了许多不怀好意的人。由于各大媒体都有自己的政治依托和利益诉求，对普京的抨击也就席卷而来。随着第三届俄罗斯总统大选的日益临近，针对普京的宣传闹剧也在不断升温，而且势头愈演愈烈。

在普京担任俄罗斯政府代总理起直到总统大选前，媒体对普京的报道可谓无奇不有，充斥了各种子虚乌有的传闻、各种恶毒的评论。所有报道都有一个共同的思路，就是一直抨击“普京主义”和“叶利钦主义”，其目的就是想搞臭普京、搞垮普京。

从一些媒体传递出的信息可以看出，有许多人似乎都在期盼着俄罗斯人民能够马上醒悟过来，以便使莫名其妙的普京现象迅速消失。许多政治家、有影响力的金融家以及他们周围那些摇旗呐喊的人都毫不掩饰自己的热切愿望，希望通过一轮又一轮媒体的狂轰滥炸，能够让普京的高得不得了的支持率迅速下降，阻止普京当选总统，甚至及早垮台。而临近总统大选时，许多报纸开始猛烈抨击准备支持普京的俄罗斯民众，认为他们是忘恩负义的、被欺骗的、愚昧的、冷漠的，是与伟大俄罗斯不相称的。

与此同时，俄罗斯国内媒体还大量引用、转载一些西方媒体抨击普京的文章，很有臭味相投的节奏。然而，媒体的抨击显然是徒劳的。在20世纪90年代的10年里，俄罗斯人民历经了无数的政治幻象和历史考验，他们以鲜血和苦难得到的历史经验，决不是任何政客可以轻易愚弄的。

即使在普京赢得总统大选后，一些媒体的抨击依旧没有减弱，称普京的当选是封住了反对派的嘴，认为从普京的特殊民主制度变成法西斯制度只剩一步之遥了。甚至有些媒体还用诅咒式的预言，说在普京的领导下，俄罗斯将出现某种最坏的局面。

尽管媒体的各种抨击声音不绝于耳，但普京和他的竞选团队都不予理睬。普京明白自己的优势是广大民众的支持，至于媒体舆论大多数掌握在竞争对手的手里，口水仗无疑是耗费心智和力气，根本于事无补。当2000年3月26日夜里普京确认自己已经当选后，才提到了一些媒体的无稽之谈，并郑重地对俄罗斯选民给予他的信任表示感谢。

06 水到渠成，平静登上总统宝座

从1999年年末到2000年年初的不到8个月的时间里，普京在俄罗斯的政坛上创造了破茧成蝶的奇迹。他先后出任俄罗斯政府第一副总理和代总理、俄罗斯政府总理、俄罗斯联邦代总统，而后成为俄罗斯联邦总统候选人。2000年3月26日，他又经合法选举程序，成功当选第三届俄罗斯联邦总统，从而登上了俄罗斯国家权力的巅峰。

普京在担任俄罗斯政府总理的4个多月里，脚踏实地地做了许多工作。

尤其是取得第二次车臣战争的决定性胜利，让期盼俄罗斯复兴的广大民众看到了希望，也找到了一种安全感。这期间，他所支持的“统一”运动在国家杜马选举中胜出、国内局势逐渐趋于稳定，都强力地提升了他的个人威望，也给他周围的人带来了更多的信心。他的个人财产及其来源、家庭成员收入情况等也被俄罗斯中央选举委员会确认为诚实可信，有力地增强了自身的公信力。

作为俄罗斯政坛的一位后起之秀，普京职位的飞速飙升给竞选局势带来了巨大冲击。但这对普京本人参与大选来说，却不都是好事。由于普京出现在公众面前的时间太短，人们还来不及对他有所了解。他从政的基础较为薄弱，甚至没有较为强劲的政党支持。因此，普京不可避免地遇到了在政坛上根基不稳、在选民中知名度不高的困扰。

为了让自己所具有的竞选优势转化为竞选胜势，普京组建了自己的智囊团。智囊团的首要人物是第一副总理兼财政部部长卡西亚诺夫，他主要负责处理俄罗斯同国际货币基金组织的紧张关系。在西方金融界人士眼里，卡西亚诺夫是一个如雷贯耳的、值得信赖的人，这也是普京选中他的重要原因。智囊团的二号人物是普京的克格勃同事伊万诺夫，正在担任俄罗斯国家安全会议秘书这一职务。智囊团的三号人物是律师出身的格雷夫，他和普京政治思想基本相同，都认为战后德国经济发展所采取的家长式资本主义模式可以成为俄罗斯发展的一条道路。格雷夫是智囊团的笔杆子，普京所著的《千年之交的俄罗斯》，就是在他的帮助下完成的。智囊团的另一个人物就是副总理丘拜斯，他担负着智囊团政治谋士的角色，普京在政治和经济等方面所采取的大政方针，许多都有赖于他的辅助。

智囊团的精英既分工，又协作。大家实施了一连串的行动，以确保普京的声望在大选时能够达到顶峰，把大选时的阻力减到最小，从而保证普京顺利当选。他们仔细地研究公众的喜好，保证普京能对当时俄罗斯社会的主流意见迅速做出积极的反应。他们顺应时局变化，顺应大多数俄罗斯公民的强国思想，敦促普京在2000年2月颁布新的、更为严厉的俄军军事学说，向人们展示普京的铁腕和决心。他们开动宣传机器，塑造人民期待的英雄形象，尽量使更多的俄罗斯新闻媒体和大多数的俄罗斯公众了解并认同普京总理的政府工作和军事上的铁腕声明和举措。

经过智事囊团的辛勤工作，普京的竞选形势由最初的稍有优势，逐渐转变成选举时的大有胜势。在总统选举的前1年，俄罗斯民众对普京几乎是一无所知。而出任代总理后仅仅几个月的时间，他就能在总统大选中胜出，这完全出乎那些政治观察家和分析家所料。不论是个人魅力、叶利钦的慧眼识人和全力助推，还是他在车臣战争中的表现，以及他的智囊团、他的民众支持率，都成为他赢得大选的重要因素。这些因素相辅相成，缺一不可。

在总统大选中，普京参与组建的政党“统一”运动显然无法提供实质性的帮助，毕竟它才刚刚成立几个月，才开始组建自己的组织、制定纲领性文件和形成思想体系，甚至它的发展本身还需要普京的支持。但是，随着态势的变化，大选前，几十个影响力颇大的社会组织、政治运动团体和各派政党都开始宣布支持普京。俄罗斯联邦的地方势力也不甘寂寞，几乎所有的地方行政长官和俄罗斯联邦各加盟共和国首脑也都表示支持普京。曾经在公众场合表示不支持普京的卢日科夫及其领导的“祖国”运动和“祖国—全俄罗斯”联盟也宣布支持普京。

对于这些人的支持，普京坦然接受。不过，他并没有用任何严肃的许诺来捆绑自己。在总统大选的第一轮选举中，普京就已经获得53%的选票。这不仅使得普京在俄罗斯国内拥有更加雄厚的群众基础和政治资本，同时，也让他以后的执政方针可以更加硬气、更加主动。这种形势让他有权选择同盟者和合作伙伴，有底气对已经沉疴累累的俄罗斯经济政治进行大刀阔斧的改革。

对于普京在总统大选中的胜利，政治观察家们表现出了相同程度的惊讶，并为此找了许许多多匪夷所思的理由。然而，认真分析就能够发现，普京的胜出不单单是幸运，更不是源于阴谋或者权术，而切切实实是历史的必然选择。普京任政府总理和代总统时所取得的成绩是实实在在的，任何阴谋的论调都在实际的政绩面前站不住脚。普京所获得的民众支持率，是他实施的政策和国务活动以及敢于承担全面责任、独立决策的果断和坚毅所得来的。那些政治决策决不是形象包装师们能够包装出来的。而普京表现出来的真诚和坚韧，也是无法靠政治权术人为达到的。

普京短时期在俄罗斯政治舞台上的突出表现、在俄罗斯国内获得的威望和认可，以及作为俄罗斯新任领袖引起的普遍关注，已经成为俄罗斯政治生活中的一个意外事件，也成为俄罗斯媒体的重要议题。同样，一位政治领袖能够如此迅速地产生并得到全国上下的一致拥护，对整个20世纪的俄罗斯甚至所有西欧国家来说，除了十月革命外，都是的政治现象。

在所有国家、所有的政治斗争中，国家领袖通常都是在长期的、复杂的政治斗争中脱颖而出的，甚至在集权制度下还有可能发生流血事件。可在俄罗斯，发生在1999年冬季和2000年春季为总统宝座冲刺的各种竞选活动，却是极为平静的。没有幕后密谋，没有任何实际的丑闻，甚至还没有1999年年底国家杜马竞选活动那样热闹。在第三届俄罗斯联邦总统大选的第一轮中，普京就已经以绝对的优势，非常轻松地战胜了他的所有竞争对手，包括久加诺夫、亚夫林斯基、图列耶夫、日里诺夫斯基等。

对普京来说，能够构成威胁的是普里马科夫。而在2000年1月，普里马科夫就宣布放弃自己的候选人资格，并向普京致以诚挚的敬意，预祝他竞选成功。而普京像对待一位长者和政治家一样，对普里马科夫表示了自己由衷的敬意。普里马科夫的这一举动不难理解，一方面，普京的胜势已成，坚持下去只是徒耗时间和精力；另一方面，两人归根结底都是爱国主义者、国务活动家和中派主义者，是正直而又富有责任感的人，并不存在根本的利益分歧。普里马科夫的退出，实际是为普京的当选铺平了道路。

在第三届俄罗斯联邦总统大选中，普京审时度势，顺应民意，提出了强国战略和极为务实的竞选纲领。他说："我感到自己不是什么救世主，而是俄罗斯的一名普通公民，我的感受与俄罗斯任何一个公民的感受是相同的。很显然，人们感受到这些并由此支持我。"从代总统到当选总统这不足100天的执政过程中，普京完全是自己塑造了自己。取得这样的成绩，除了叶利钦和更早的索布恰克外，他无须感激任何人。他以自己的铁腕、真诚和坚韧感动了俄罗斯民众，赢得了他们的支持，也使得自己迅速成为俄罗斯社会健康力量的凝聚中心。

2000年5月7日，俄罗斯举行了盛大而庄严的总统就职仪式，这意味着普京时代的正式开始。11时40分，普京的车队缓缓驶入克里姆林宫大门。车门打开，容光焕发的普京跳下汽车，踏着红地毯大步穿过两个门厅，进入安德烈耶夫大厅。在俄罗斯中央选举委员会主席韦什尼亚科夫向来宾展示普京当选总统的证明之后，宪法法院院长巴格莱请普京宣誓就职。

“我宣誓，在履行俄罗斯联邦总统职权的过程中，我将始终尊重和保护公民自由和人权，遵守和捍卫联邦宪法，确保国家的主权、独立、安全和完整，诚实地为人民工作。”普京庄严的宣誓声响彻安德烈耶夫大厅。

宣誓完毕后，仪仗队把俄罗斯宪法文本和祖国一级勋章送入大厅。叶利钦把这枚象征总统权力的勋章正式移交给普京，这一仪式标志着俄罗斯联邦国家最高权力的更迭。接着，普京发表了简短的就职演讲。他承诺，将会把俄罗斯建设成自由、繁荣、富强和文明的国家。叶利钦也在就职典礼上发表了讲话。尽管他的身体状况令人担忧，但在整个典礼过程中，他圆满地完成了自己的历史使命。

叶利钦时代，俄罗斯政局不稳，经济混乱，人民生活水平严重下降，强国地位被严重削弱，整个俄罗斯都在期待一位强有力的政治领袖的出现。普京则恰恰满足了俄罗斯人的这个愿望，他应时而起，又经过竞选班子的精心包装，以一个俄罗斯硬汉的形象征服了叶利钦，征服了俄罗斯千千万万的选民，也征服了一个时代。

国家就是我的信仰

Chapter 06 强国富民：稳扎稳打，步步为营

俄罗斯永远拥有未来！对此，我深信不疑。

——弗拉基米尔·普京

01 面对烂摊子，挺起腰杆信心满满

20世纪90年代末期，俄罗斯政坛出现空前的乱象，引起了俄罗斯民众的焦虑，更受到了全世界的关注。直到普京走上政坛，俄罗斯政局的动荡才得以平息。

普京当选总统后，俄罗斯的政治、经济、文化及外交形势都异常严峻，阴霾笼罩在所有俄罗斯人的心头，让人感觉喘不过气来。出现这样的局面，除了一些不可抗拒的客观因素外，主要是由叶利钦在第二个任期内频频更换总理，以求寻找到能让自己更满意的接班人所造成的。叶利钦觉得，在一个动荡而严峻的局势下，他必须把总统权力转交给一个威望和手腕都足够强力的接班人，从而带领俄罗斯渡过险滩、渡过难关，从而不让他自己留下骂名。

普京的出现让叶利钦感到无限欣喜，他甚至不止一次地在内心感谢上帝让他发现普京。普京的出现也让俄罗斯民众感到无比畅快，人们忽然觉得俄罗斯有了希望。

普京出任总统后，叶利钦留下的信任危机无处不在显现。俄罗斯政治体制腐朽老化，不能适应社会变革的需要。俄罗斯社会各阶层对政府工作的不满情绪日渐高涨，已经丧失了对国家政权的信心。俄罗斯的政体问题，已经成为中央政府层面政治矛盾的导火索。更为严重的是，地方权力早就已经习惯了叶利钦时代的各行其是，无政府状态蔓延，自由主义泛滥。这种状况直接导致中央政府权力的弱化和宪法权威的弱化。

俄罗斯地方主义的肆无忌惮，让联邦制度变成了导致国家分裂的元凶。国家杜马与国家总统之间的矛盾日积月累，难以缓解，严重影响了杜马尤其是总统的执政能力和执政效率。叶利钦依靠身边的幕僚和寡头走上政治舞台，但这两者也成为他甩不掉的政治包袱。这些人被他利用，而这些人也利用他。这些人被他利用，使总统的地位得以巩固；这些人利用他，得到了各自想得到的利益，从而动摇了总统执政的根基。这样，不仅民怨极深，腐败问题也难以解决。受叶利钦自由民主思想的影响，俄罗斯的社会思潮千姿百态，完全丧失了民族和国家的凝聚力。叶利钦虽然担任了长达10年的俄罗斯最高苏维埃主席和俄罗斯总统，但他在俄罗斯民众的心目中，一直比较缺少魅力。

政治上的混乱，直接导致了经济的徘徊不前甚至消退。此时，车臣局势的骤然变化，更令俄罗斯的形势雪上加霜。车臣问题久拖未决，严重影响到了俄罗斯的国家安全与统一，成为俄罗斯政府难以摆脱的伤疤和梦魇。第二次车臣战争之后，虽然战争的胜利赢得了俄罗斯民众的一片欢呼，但国际舆论的讨伐以及恐怖活动的不断扩大，都让新任总统普京的执政之路，增添了许多变数。

在外交领域，俄罗斯已经深陷困局之中。除了与中国保持着比较正常的外交关系并时常出现一些亮点之外，俄美关系、俄欧关系都出现了重重困难。就连俄罗斯在外交上一直依托的独联体，也不同程度地出现了不和谐的声音。

叶利钦时代，俄罗斯一直致力于谋求和美国建立平等伙伴关系。但随着科索沃战争的爆发，两国关系降到俄罗斯独立后的冰点。科索沃战争是俄罗斯与美国在国际危机处理原则上深刻矛盾的集中体现。科索沃危机爆发期间，美国标榜“人权高于主权”，强调《联合国宪章》已经过时，需要建立新的国际关系准则。克林顿公开宣称，科索沃模式将成为今后全球人道主义干预的普遍模式。而俄罗斯则坚决反对动用武力，并中断了普里马科夫总理的访美之行。战争开始后，叶利钦当即发表措辞强硬的声明，表示为了确保俄罗斯自身和整个欧洲的安全，将保留采取相应措施的可能。尽管俄罗斯当时没能阻止美国的军事行动，但科索沃战争给俄美双边关系蒙上了一层阴影。科索沃的独立也鼓舞了车臣分裂分子，使得俄罗斯境内的恐怖主义行动出现新一轮高潮。

叶利钦时代，俄罗斯与欧盟的贸易合作关系得到了稳定发展，但北约第一轮东扩、科索沃战争中的分歧、西欧国家在车臣战争问题上对俄罗斯政府政策的批评等，都使双方的政治关系迅速降温。

俄罗斯与独联体之间的关系也出现了巨大的分歧。由于俄罗斯经济长时期处于危机状态，叶利钦在独联体地区推行的一体化政策一直缺乏足够的经济动力，致使独联体框架下的政治、经济、安全领域的一体化进程发展缓慢。实际上，独联体内部一直力图摆脱俄罗斯的领导地位，存在着一种非俄罗斯的一体化倾向。20世纪90年代末，针对北约对南斯拉夫的轰炸，俄罗斯希望独联体首脑会议通过一个联合声明，以谴责北约的侵略。但是，叶利钦的提议遭到一些成员国的反对，最终只通过了一个措辞温和的声明。同时，格鲁吉亚、阿塞拜疆和乌兹别克斯坦拒绝继续作为成员国，各独联体成员国又不同程度地受到北约东扩的影响，俄罗斯在中亚的领导地位受到极大的挑战。

同时，俄罗斯联邦的民族矛盾非常突出。俄罗斯是一个名副其实的多民族国家，境内有大大小小的民族193个。其中，全国人口总数的77%为俄罗斯族人，是俄罗斯的主体民族。其他主要民族有鞑靼族、乌克兰族、楚瓦什族、巴什基尔族、白俄罗斯族、马里族、哈萨克族、阿瓦尔族、犹太族、亚美尼亚族、阿塞拜疆族等。民族关系总体上处于一种不平衡的状态，十分复杂。

俄罗斯联邦的组成也很复杂，共由85个联邦主体构成，包括22个共和国、9个边疆区、46个州、3个联邦直辖市、1个自治州和4个自治专区。其中，22个共和国都是按照当地的主要民族命名的，并有权颁布自己的宪法和法律，有权规定自己的国语。这些都远远大于其他各类联邦主体的独有权力。无疑，俄罗斯联邦各共和国的一举一动都将直接影响整个联邦体制的稳定。

俄罗斯经济改革的失败，使原来被压制的民族矛盾凸显出来，分裂主义分子和恐怖活动时有出现。普京就任代总理后，虽然俄罗斯联邦军队在消灭车臣非法武装方面取得了重大胜利，控制了车臣全境，暂时抑制住了车臣脱离俄罗斯联邦而独立的趋势，但是，这并不意味着车臣问题的彻底解决。车臣问题就像一个毒瘤，寄生在俄罗斯联邦体内，而且具有一定的传染性。这个问题不解决，不仅危害车臣本身，还有可能转移和扩散到俄罗斯联邦的其他民族地区，进而给国家统一与领土完整带来威胁。所以，普京就任俄罗斯政府代总理后，就把车臣问题当作最重要的问题来抓，甚至冒着生命危险，3次到车臣前线视察，鼓舞前线将士的士气。

普京第一次视察车臣是在1999年10月20日，在人们普遍猜测俄军正在策划对格罗兹尼发动地面战之际，他出人意料地抵达车臣北部慰问前线官兵。第二次视察是在1999年12月31日午夜，普京和夫人柳德米拉飞到战火纷飞的车臣，慰问俄军官兵。第三次视察车臣是在极其秘密的状态下，普京乘专机从索契直飞克拉斯诺达尔市慰问官兵。

俄罗斯各民族之间不仅存在着各种利益冲突，还存在着一些政治上的图谋。看着各共和国权力那么大，一些州的州长沉不住气了。许多州长不断提出各联邦主体权利、义务、责任平等的问题，有的州甚至出现了试图改称共和国的违法行为。在俄罗斯联邦主体中，以俄罗斯族人为主要居民的州有48个，它们与联邦中央的关系更多表现为地方与中央的关系，其中也潜伏着民族问题。这些州的州长认为，一个州对联邦的贡献比一个共和国对联邦的贡献大许多，联邦中央理应给他们更多的权力，给他们更多的优惠。

民族问题直接关系俄罗斯联邦的统一和社会的安定，因此，普京把它看成是一个重大的政治问题。1990年前后，苏联就没有处理好民族关系，从而导致国家动荡，最终酿成了苏联解体的大祸。而到了叶利钦执政时期，由于在处理民族问题上出现失误，因而爆发了车臣战乱，不仅造成了巨大的人员伤亡和财产损失，也在整个民族关系以及中央与地方关系的处理上埋下了巨大的隐患。

20世纪90年代初，俄罗斯联邦经济领域矛盾重重，财政赤字触目惊心。叶利钦政府为了缓解危机，引入了西方的“休克疗法”。然而，最终结果是只有“休克”而无“疗法”。“休克疗法”开始实施后，长期的指令性价格的骤然开放，加上商品的极度匮乏，促使商品价格开始飞涨，通货膨胀汹涌而至。仅

1992年，俄罗斯年通胀率就高达2508.8%，卢布大幅贬值，俄罗斯人民的生活水平一下子倒退了20年。

接下来，政府又无视居民购买力，强力推行私有化。政府企业官员抓住天赐良机，以极低的价格，将俄罗斯总价值超过2000亿美元（当时币值）的500家国有大型企业收归囊中。国有资产的大量流失，急速的贫富分化，迅速破坏了原有的社会秩序，导致普通民众对改革丧失了信心。由于紧缩政策带来沉重的企业税赋，也沉重打击了社会生产的积极性。

由于缺少资金的支持，加之生活的日益贫困，曾经估价为1万亿美元（当时币值）的俄罗斯科技潜力渐渐消失，有17万科技人员暂时或永远地出国了，其中有许多是世界级人物。当时，俄罗斯的人才流失相当于造成了500亿美元（当时币值）的损失，这无异于一场民族大劫难。

在俄罗斯经济转轨中，叶利钦照搬西方的“休克疗法”，不但付出了高昂的社会成本，更使俄罗斯经济处于休克状态，经济状况不断恶化。最终，俄罗斯副总理盖达尔不得不引咎辞职，叶利钦也不得不在1994年年初宣布放弃“休克疗法”的改革，两年后又公开承认过去在改革中试图抄袭西方经济制度的做法是彻底错误的。

作为俄罗斯独立后的第三届总统，普京从叶利钦手里接过来的，是一个正处于数百年来最困难时期的俄罗斯。普京不愧是一个随时准备应对突变而又不走极端的人，他毅然决然地接过了治理国家的重担，不畏路途险恶，不畏困难重重。后来，他用自己的实际行动拯救了整个俄罗斯，并以强硬的手腕和出色的政绩证明了自己，也证明了叶利钦和整个俄罗斯的选择是正确的。

02 埋头务实，寻找强国富民之路

比起自己曾经的上司索布恰克和叶利钦，普京无疑是一个实干家。他就任俄罗斯总理尤其是俄罗斯总统后，仍然像以前当副职一样，默默地履行自己应该担负的责任。经过认真的分析研究，普京提出了以俄罗斯传统价值观为基础的俄罗斯新思想，在此基础上，提出了强国富民战略，从而逐步形成了普京特色的发展模式。

普京认为，对一个强大的国家来说，公民不能没有尊严感，整个国家不能没有民族自豪感。普通公民最关心的，就是希望自己能够过上好日子。政府工作的重点，就是要让人民过上好日子。为实现这一目标，国家的每一个权力机关都应承担起道德责任和政治责任，为普通公民谋利益。

普京反复强调，俄罗斯目前所面临的形势非常严峻。首先，俄罗斯不属于代表着当代世界最高经济和社会发展水平的国家。20世纪90年代，俄罗斯国内生产总值几乎下降了50%，仅相当于美国的十分之一，相当于中国的五分之一。1998年亚洲金融危机爆发后，俄罗斯人均国内生产总值降至1999年的3500美元，排名世界第99位，还不到在世界各国人均国内生产总值前100名中位于第三名的挪威的十分之一。居民的实际货币收入不断减少，尤其是1998年8月亚洲金融危机的爆发，更使俄罗斯民众的收入进一步降低。1999年，俄罗斯民众的人均收入不到美国人均收入的十分之一。同时，俄罗斯民众的健康状况和平均寿命等指标都在明显下降。其次，俄罗斯面临着十分复杂的经济和社会问题。经济结构发生了明显的变化，燃料工业、电力工业、黑色和有色冶金工业在国民经济中占据着主导地位，它们在国内生产总值中所占的比重约为15%，在工业产值中所占的比重约为50%，而在出口中所占的比重超过了70%。产业部门中的劳动生产率低下，投资减少。由于投资不足，又不重视新产品开发，导致在国际市场上有竞争力的产品大大减少，俄罗斯产品大部分被排挤出了科技含量高的国际民用产品市场。

普京说，当跨入新世纪的时候，俄罗斯不得不付出代价。俄罗斯要为苏联经济体制过分依赖原料工业和国防工业而损害日用消费品生产发展付出代价；为不够重视现代经济的关键部门，如信息、电子和通信付出代价；为不允许产品生产者的竞争付出代价，这妨碍了科学技术的进步，使俄罗斯经济在国际市场上没有竞争力；为限制甚至压制企业和个人的创造性和进取精神付出代价。今天，俄罗斯是在收割那几十年的苦果，既有物质层面的，也有精神层面的。

普京指出，俄罗斯正在完成经济改革和政治改革的第一个过渡阶段。尽管有种种困难和失误，但俄罗斯已经走上了全人类都在走的主干道。只有这条道路，才可以使俄罗斯的经济迅速发展，才可以使俄罗斯人民的生活水平不断提高。目前，摆在俄罗斯面前的主要问题是：今后怎么办？怎样使新的市场机制全速运转起来？怎样才能消除社会上日益严重的思想和政治分裂？21世纪俄罗斯应在国际社会中占有什么样的地位？再过10年、15年，俄罗斯希望经济、社会和文化发展达到什么样的水平？俄罗斯的强项和弱项是什么？俄罗斯今天拥有什么样的物质和精神资源？这些问题，如果没有一个让全体人民都明白的准确的答案，俄罗斯就无法以应有的速度前进，就无法使俄罗斯达到应有的发展水平。

普京认为，有成效的建设性的工作，不可能在一个四分五裂的社会里进行，不可能在一个主要社会阶层和政治力量信奉不同价值观和不同意识形态方针的社会里进行。在目标、价值观、发展水平这样一些重要问题上，意见一致是十分重要的。俄罗斯改革进行得艰难而缓慢的原因之一，就是公民意见不一，社会不团结，精力都耗费在政治内讧上，没有用在解决俄罗斯改革的具体问题上。人们希望社会稳定，希望今后几年或几十年的生活有保障，希望在和平、安全和法制条件下工作。政府的工作就是要最大限度地满足人们的希望。

普京说，俄罗斯新思想实际上蕴含了两个方面的基本含义。首先，俄罗斯新思想体现市场经济和民主的普遍原则，其中包括言论自由和出国自由、个人拥有基本政治权利观念，以及珍惜能够拥有财产、从事经营活动和创造财富这样的机会等。其次，俄罗斯的思想是支撑俄罗斯社会团结的思想基础，是俄罗斯人民自古以来就有的价值观。普京把俄罗斯的思想归纳为爱国主义、强国意识、国家作用和社会团结4个方面的内容。

普京指出，爱国主义对大多数俄罗斯人来说，具有完全积极的基本含义。这是一种为自己的祖国、自己的历史和成就而自豪的情感，这是一种努力使自己的国家更美丽、更富足、更强大和更幸福的心愿。这种情感摆脱了民族傲慢和帝国野心，是人民英勇顽强的力量源泉。丧失爱国主义精神，就丧失了民族自豪感和尊严，俄罗斯也就将失去能够创造伟大成就的人民。

普京强调，强国意识必须得到强化。在当今世界上，大国的实力不仅表现在军事方面，更表现在能够成为研究和运用先进技术的引领者，能够保障人民高水平的生活，能够可靠地保障自己的安全和在国际舞台上捍卫国家的利益。

普京认为，国家作用非常重要。在俄罗斯，国家及其体制和机构在人民生活中一向起着极为重要的作用。有着强大权力的国家，对俄罗斯人来说不是什么不正常的事，不是一件要去反对的事。恰恰相反，它是秩序的源头和保障，是所有改革的倡导者和主要推动力。

普京还认为，社会团结是俄罗斯强国富民的基础。在俄罗斯，集体活动向来重于个人活动。大多数俄罗斯人不习惯通过自己的个人努力和奋斗来改善自己的状况，而是习惯借助国家和社会的帮助和支持来做到这一点。因此，社会团结非常重要。

俄罗斯新思想，是把全人类普遍的价值观与俄罗斯久经考验的传统价值观相结合，把历史与现实、传统与现代熔于一炉。俄罗斯新思想是对20世纪90年代以来在俄罗斯占主导地位的政治思潮的挑战和反正，因此具有很强的针对性。其中，爱国主义实质上就是俄罗斯民族主义，针对的是戈尔巴乔夫以来盛行的错误的世界主义和民族虚无主义；强国意识则强调俄罗斯过去和将来都是伟大国家，主要针对西方民主派奉行的力图使俄罗斯尽快融入西方文明世界大家庭的错误的欧化和西化主义；对国家作用的重视，则是针对20世纪90年代以来占统治地位的认为市场万能的错误的自由主义；社会团结则是为包括苏联20世纪70年代在内的俄罗斯传统文化核心中的集体主义正名，主要针对一度泛滥的以个人主义为核心的错误的西方文化思潮。

俄罗斯新思想体现了普京对俄罗斯发展道路与模式的初步探索与总结。普京提倡在俄罗斯进行市场经济和民主改革，但不是生搬硬套，必须从俄罗斯的具体国情出发，走俄罗斯自己的道路。而对活跃在俄罗斯政坛上的民族爱国主义和激进自由主义，普京都不赞成。因此，俄罗斯国内学者普遍认为普京走的是第三条道路，或称为中间道路。

虽然普京的俄罗斯新思想为俄罗斯发展指明了方向，但前提是要夯实基础。因此，在俄罗斯新思想的基础上，普京并不拘泥于第三条道路的无谓争论，而是采取了一系列切实可行的政治举措，并旗帜鲜明地进一步提出了面向未来、面向世界的强国富民战略。

普京认为，要建设一个强有力的国家政权，应该遵循下列方针：要使国家政权机关和管理机关结构合理化；提高国家公务员的专业素质、纪律性和责任心，加大反腐败的力度；要以选拔优秀专家原则为依据改革国家干部政策；要为在俄罗斯建立一个生机勃勃、能使政权保持平衡并得到监督的公民社会创造有利条件；要提高司法权力机关的作用和威望；要完善联邦制关系，其中包括预算财政领域；要同犯罪分子做积极主动的斗争。

普京强调，俄罗斯必须树立强国富民意识。俄罗斯政府要以统一的战略和战术为基础开展自己的工作，必须在经济和社会领域建立完整的国家调控体系，转向实施相对合理的改革战略。这个战略，主要由下列行动方针所构成：刺激经济快速增长，这方面处于首要位置的应是提高投资积极性；推行积极的工业政策，国家的未来和21世纪俄罗斯经济的发展水平都将首先取决于那些立足高科技、生产科技密集型产品的部门的进步；实施合理的结构政策；建立有效的金融体系；取缔影子经济，打击经营及金融信贷领域的有组织犯罪现象；循序渐进地实现俄罗斯经济同世界经济结构的一体化；推行现代化的农业政策。

普京承诺，政府正在制定新的收入政策，新政策的目的就是在增加居民实际收入的基础上确保居民的富裕程度稳步提高。尽管存在着种种困难，但政府决心加强国家对科学、教育、文化和卫生领域的扶持措施。因为一个国民生理和心理都不健康、受教育程度低、缺乏专业知识的国家，任何时候都不可能攀登到世界文明的顶峰。

普京表示，俄罗斯正处于数百年来最困难的历史时期。这是俄罗斯200多年来，第一次真正面临沦为世界二流国家乃至三流国家的危险。为了避免这一点，俄罗斯必须付出巨大的脑力、体力及道德力量，协调一致地开展建设性工作，任何人都无法代替俄罗斯人来完成这项任务。现在，一切都取决于俄罗斯人能否认清危险，能否团结起来，能否承担起长期而又艰巨的国家复兴战略任务。

03 遏制地方权力，树立中央权威

有着克格勃经历的普京，自身固有的硬汉形象在他出任总统后完全显现了。他本着只有先存在权威，而后才谈得上限制权威的强硬思想，开始大刀阔斧地整顿政纲，树立中央权威。

普京知道，俄罗斯正处于社会转型期，只有对各种资源进行合理调配并相对地集中运用，才能真正实现复兴俄罗斯、重返强国前列、实现帝国梦的梦想。而这一任务，只能由国家政权来承担。俄罗斯宪法赋予总统的巨大权力，无疑成为普京最大的资源。但这还不够，普京要做的是使总统权力超越国家政权体系，包括行政、立法和司法，即在保持现有国体的情况下，实现总统相对集权统治。只有这样，才能利用一切合法手段团结所有主流政治力量，使之串联形成政治合流，使整个俄罗斯拧成一股绳，发出一个声音，尽最大的可能为实现强国富民而努力。

苏联解体后，俄罗斯国内中央与地方的关系发生了重大变化。这一变化的过程，使俄罗斯人事制度从过度集权走向过度分权，从而导致垂直权力体系崩溃，联邦中央政权与地方政权形成双轨运行。叶利钦采取建立总统代表与设立州长职位等办法，实施对行政区的控制，但没有取得实质性成效。普京接替叶利钦后，强力理顺中央与地方关系，加强对地方政治的控制。普京的改革措施虽然涉嫌侵犯宪法赋予的地方自治权力，招致地方的强烈反对，但普京依靠总统地位强力推行。普京的做法，对于防止地方过分分权、打击地方分裂势力颇具成效。

俄罗斯在中央与地方关系上曾出现两个极端：一个是苏联式的高度中央集权，另一个是20世纪90年代地方权力过大，中央与地方关系处于无序状态。在苏联解体的过程中，俄罗斯的地方分离和主权运动也加速蔓延，地方诸侯林立，中央对地方的控制十分微弱，甚至出现了苏联解体过程有在俄罗斯复制的危险迹象。叶利钦执政的10年，虽然维护了俄罗斯的统一，但没有改变地方过度分权的状况，中央与地方的关系处于十分严重的无序状态。地方在许多问题上各行其是，国家没有实现真正的政令统一。

1993年制定的俄罗斯宪法引入了联邦主体概念。宪法的联邦条约把俄罗斯描绘成一个联邦，承认共和国的特殊地位，也竭力增加自治专区的权力。联邦条约确定所有的联邦主体都享有平等的权利和义务，但是又给予民族自治共和国额外的特权。联邦条约承认各共和国是联邦内的主权国家，可以有自己的宪法和法律，可以选举自己的议会和总统，并可以有它们自己的最高法院。

显然，联邦条约给予地方尤其是共和国过多的权力。地方过度分权导致市场经济的无序，地方保护主义盛行；过度分权导致中央政权疲软、地方权力过度膨胀。叶利钦无法凭借总统权力让车臣放弃独立要求，无法利用总统权力制止鞑靼斯坦等地区的出格要求，使它们享有比其他地区更大更多的特权。因此，重建垂直权力体系并努力使其优化，就成为普京新世纪面临的现实和迫切问题。

普京上任之初，就把理顺中央与地方关系作为自己履行职责的三大任务之一。他采取措施，切实加强对地方的政治控制，严厉打击地方分裂势力。普京对俄罗斯联邦体制的调整主要实施了三大措施。

第一，将俄罗斯现有的85个地方行政主体按地域原则，建立由共和国、边疆区、州、市、自治州和自治专区组成的7个联邦区，即中部联邦区、西北联邦区、北高加索联邦区、伏尔加河沿岸联邦区、乌拉尔联邦区、西伯利亚联邦区和远东联邦区。

第二，把国家元首在地区的全权代表制改为国家元首在联邦区的全权代表制，扩大和加强全权代表的权力。全权代表所担负的职能是：在国家权力机关执行总统确定的国家内外政策基本方针方面，安排联邦区的工作；对联邦国家权力机关的决定在联邦区的执行情况，组织实施监督；保障总统干部人事政策的实施；定期向总统报告联邦区的国家安全、政治、社会和经济情况。

第三，在立法方面加强联邦中央的权力。普京向国家杜马提请审议一系列法律草案来强化联邦中央的权力，主要内容包括：如果联邦主体的最高领导人违反俄罗斯宪法和法律，俄联邦总统有权免去其职务，任命临时最高领导人；如果地方立法机关通过与联邦宪法和法律相抵触的法令，俄联邦总统有权向国家杜马提交解散该立法机关的议案；将俄联邦委员会改为专职和常设性的立法机关，成员由地方立法机关和执行机关选出的代表组成，而不是目前的由各地区议会领导人和行政长官、共和国总统组成；联邦委员会成员在任期中不得成为杜马的代表和联邦主体立法机关的代表，不得担任国家高级职务，不得被选举为地方领导人。

普京的中央集权更多的是从政治技术上整合叶利钦留下的烂摊子，让这个在屡次剧变中渐渐失控并趋于崩溃的国家恢复秩序。可以说，这种集权具有进化和净化性质，也就是以强化总统制为特征，强调可控民主、主权民主，以垂直权力体系来加强中央权威。

由于叶利钦时期俄罗斯地方享有广泛的自治权，并且形成一个有权势的地方统治阶层，普京所采取的遏制地方权力的措施尽管在国家杜马得到了有力支持，但在执行中遇到了很大的阻力。国家杜马通过的两项相关法案，均遭到一些地方势力的批评和抵制。一些地方的官员认为，有些法案带有苏联时期的特征，在民族矛盾尖锐的地区可能导致在高度自治下得到控制的紧张局势再次失控，甚至出现公开的对抗，带来一定的政治动荡。但普京态度坚决，立誓要一抓到底，决不动摇。

普京实施遏制地方权力的改革举措决不是心血来潮，而是酝酿已久的产物。早在他担任总统办公厅副主任时，就对改革联邦管理体制有自己的想法，认为必须采取强硬措施，遏制地方权力，树立中央的权威，维护国家的统一和社会的安定，为走好强国富民道路提供保障。对遏制地方权力，普京有3个方面的思考。

第一，遏制地方权力，可以打击地方分立、分离势力，从而加强联邦中央权威，建立中央适度集权的新的联邦体制。在苏联解体、俄罗斯联邦独立的过程中，为了同联盟中央进行政治斗争，叶利钦无原则地允许地方政府最大限度地扩大自己的权力，他甚至对地方领导人说："你们能拿走多少主权就拿走多少。"这导致俄联邦境内地方分立主义、民族分离主义势力迅速膨胀。尽管不久俄联邦领导人采取了一系列措施维护了联邦统一，但地方分立、分离势力已经强大，难以一下子剪除。对这些现象，普京无法再容忍下去。他明确要求各联邦主体要以国家基本法和联邦法律为依据制定共和国宪法。普京所实施的改革，不但赋予总统驻地方全权代表以很大的权力，而且对违反联邦宪法和法律的地方权力机关和权力执行机关，从宪法上赋予联邦总统提议解散地方权力机关的权力和解除地方领导人、地方自治机关领导人职务的权力，取消地方行政领导人既当立法者又当执行者的制度，实行权力分开，大大削弱了地方权力，加强了联邦中央的权力。地方选举的权力机关和行政领导人既要对选民负责，也要对联邦中央高度负责。这既完善了联邦体制，巩固了国家统一，也表明俄罗斯的国家体制开始向中央适度集权的方向发展。

第二，遏制地方权力，可以建立精干、高效的行政管理体制。在普京看来，现行的俄联邦权力机关驻各地区代表机构庞大，主管部门众多，每个地区都有多达80个代表机构，有些地区仅联邦所属的自然保护机构就有十几个，职能重复设置，人员结构臃肿，效率低下，管理混乱，冲突不断，中央财政不堪重负，浪费严重。普京试图通过改革，一方面与地方领导人建立起新的关系；另一方面精简机构，重新划分各部门和各级权力机关之间的权限，中央主要管辖强力部门和与外交部职能有关联的部门，对部分中央所属机关，将同地方行政长官共同进行管理，将约三分之一的机构交由地方行政长官管理，以减轻中央负担，提高工作效率。

第三，遏制地方权力，可以进一步走向权威主义的政治发展道路。1993年，俄罗斯新宪法颁布，叶利钦掌握了极大的权力，议会难以制约，从而初步确立了俄罗斯政治发展中的权威主义导向。无疑，普京继承了叶利钦无与伦比的权力。从行政与立法的横向关系看，由于他在国家杜马中拥有自己的议会党团和一大批拥护者，他比叶利钦更少受议会的制约，更容易施展自己的政治权力。从中央与地方的纵向关系看，他开始收回叶利钦时代下放给地方的部分权力，加强克里姆林宫权力，实行法律专政，强化中央权威。特别是普京委任5名军人担任总统驻地方全权代表，建立了与内卫部队管辖区和新联邦区一致的军事和地域体系。

出于安抚考虑，2000年9月1日，普京宣布成立由一些联邦主体的首脑和议长提出的联邦国务委员会，普京任委员会主席，每3个月举行一次会议。这只是一个协商性机构，通过这个机构，地方领导人可以经常同普京见面，参加全国性重大事务的讨论和解决。至此，普京加强中央集权的改革获得初步胜利，地方权力各行其是的倾向得到控制，民族分离主义势力受到了遏制。

04 惩治腐败，提高政府效率

接叶利钦的班，可真不是一件容易的事情。经济上的极端困窘已经够让普京苦恼的了，而官场愈演愈烈的腐败更是到了让他忍无可忍的程度。他不得不痛下决心，下大力气来整治腐败。

前苏联时期，官僚特权阶层因高度集权的政治经济体制而形成。他们滥用公共权力，大肆盗取国有资产和挪用公款。这些贪腐行为的泛滥，造成极其恶劣的社会影响。为了整治腐败，戈尔巴乔夫亲自上阵监督，查处发生在乌兹别克和俄罗斯联邦两个加盟共和国的“棉花案”。棉花是乌兹别克共和国的主要经济作物，它的播种面积占全国农田面积的一半以上，产量占苏联棉花总产量的三分之二。从20世纪60年代末到20世纪80年代初，乌兹别克每年均硬性规定上交国家的籽棉不得少于600万吨。于是，全共和国各级干部层层虚报，每年虚报棉花产量达100万吨之多，累计骗取国家资金达14亿卢布，这些资金全部落入一些官员的腰包。但是，戈尔巴乔夫寻求公正的意图，撕裂了苏共的政治统治，从而引发了整个国家政治体系的全面崩盘，最终导致苏联解体。

苏联解体后，叶利钦时代的俄罗斯开始实行大规模的体制转型。其中，一个核心内容就是推行国有企业私有化。在这个过程中，一些官僚和经济寡头相互利用，运用价值低估、暗箱拍卖等种种非法手段，大肆鲸吞国有资产。俄罗斯国家杜马1997年公布的资料显示，俄罗斯推行国有资产私有化，损失总计高达9500亿卢布，相当于1996年俄罗斯国内生产总值的4.2倍。也就是说，俄罗斯国有资产的私有化，让整个俄罗斯白白地干了4年多。而在大量国有资产流失的同时，那些贪腐群体一夜暴富。

叶利钦时代，市场经济对刚刚从计划经济体制中脱身而出的俄罗斯来说，只是一个美丽而时尚的名词而已。市场经济不但没有让俄罗斯人看到希望，反而受到了极大的伤害。同时，经济危机和官场腐败更让俄罗斯民众的心理痛苦雪上加霜。终于，叶利钦在广大民众的怨声载道中宣布提前辞职，把一个烂摊子留给了普京。

普京对俄罗斯的腐败问题早就深恶痛绝，对腐败问题也是了如指掌。普京知道，腐败之风与当时一刀切的市场经济同步发展。腐败在各个权力部门滋生，并渗透到经济、政治、文化的各个领域，尤其是私有化过程更是成为官员侵吞国家资产的盛宴。

普京的内心很清楚，俄罗斯是一步就迈进市场经济的，没经过任何过渡。在突然进行的私有化过程中，许多政府官员和寡头都在钻国家的空子，私有化随之成为权势阶层掠夺国有资产的天赐良机。在证券私有化时，就规定厂长可以在本企业额外获得5%的持股，而部长将会获得更大比例的持股。同时，厂长、经理以各种理由从职工手中低价收购股票，这种现象在石油天然气部门尤为突出。甚至政府的一些最高领导人，凭借企业赠送的股票，一下子聚敛了几亿、几十亿美元的巨额财产。在金融领域，更是官商勾结，压低拍卖和招标价格，从中疯狂掠夺国有资产。

就这样，那些具有垄断性质或者有发展前途的经济部门和事业单位，一夜之间变成了私人公司。而那些昔日的部长、局长乃至处长却摇身一变，成为董事长、总经理及经理。他们利用手中掌握的国有资产，来赚取垄断利润或有保障的高额利润，给自己发放高额工资、高额奖金，甚至慷国家之慨，为自己购置豪华别墅和汽车等。在私有化过程中，整个俄罗斯都陷入了一种疯狂之中。在权力执行机关，诸如海关、税务、银行、工商管理、公交、基建、市政、警察、司法等部门，有权就有钱成为一种规律。无论有什么权，无论多大的权，都可以和财富相关。对于相关的申请报告，一些权力机关和一些官员基本是给钱就通过，无钱就刁难，整个社会无时无地不在散发着腐败的恶臭。

高层官员的腐败行为更加严重，“洗钱”现象令人触目惊心。从1997年10月到2000年3月，仅仅两年半的时间，俄罗斯就有少则42亿美元、多则100亿美元的黑钱被洗了出来。如果没有高层人士在幕后指挥运作，如此巨额的资金决不会如此轻松地就洗出来了。1999年，俄罗斯发生了一桩震惊世界的洗钱大案。此案不但数额惊人，更涉及一系列国家要员及大公司和大银行。美国司法部门和财政部门调查确认：数十亿甚至数百亿美元在纽约银行的账户被清洗。如果追根溯源，可以从那些错综复杂的经手公司直追到俄罗斯最上层。

被称为俄罗斯私有化之父的丘拜斯还爆出了巨额稿酬丑闻。这一丑闻一经披露，俄罗斯全国哗然。这桩丑闻除了涉及俄罗斯政府第一副总理兼财政部长丘拜斯外，还牵扯到了其他4名高官，他们都是推行私有化的官员，其中3人更是在国有资产管理委员会先后担任主席。他们合著的《俄罗斯私有化史》一书，向出版方索取了高达45万美元的稿费。经过计算，该书每行字的稿费价值达72美元，比诺贝尔奖奖金还高，真可谓是“一字千金”。付出如此高昂的稿酬，出版方根本无利可图。那么，出版方的利益又在哪里呢？原来，在天价稿酬的背后，隐藏的却是一笔国有企业股份拍卖的交易，丘拜斯等人和奥涅克西姆银行总裁波塔宁以高额的稿酬，来换取俄罗斯国有电信公司、诺利里斯克镍业公司拍卖部分股份的交易。

刚刚上任的普京，必须采取措施，整肃官场，以求刹住这股已经愈演愈烈的腐败之风。

俄罗斯经济转轨过程中，官商勾结、腐败盛行。政权机关和国家公务员的腐败，是俄罗斯政权效率低下、外资裹足不前的根源之一；而俄罗斯政府本身，也是影子经济和灰色体系盛行、腐败猖獗以及资本大规模外逃的根源所在。在普京接替叶利钦时，民众对行政机关的专横早就怨声载道，庞大的、笨拙的、无效的国家机关，正在成为国家发挥巨大潜力的障碍。因此，反腐倡廉、提高政府工作效率、建设高效政府，是整个普京时代都突出强调的施政重点。

为了强力惩治腐败，普京一方面切实加大打击力度，推动反腐工作的系统化、专业化；另一方面大力推进行政改革，建设高效政府，从制度、机构等根源上根除腐败。

俄罗斯10年动荡时期有两大祸根，那就是恐怖主义和腐败。普京的铁腕打击已经成功遏制了恐怖主义，但腐败却几乎已经成为俄罗斯人的另一种生活方式，家长给老师塞钱，老师给医生塞钱，医生给交警塞钱，交警给上级塞钱……腐败早已以令人惊讶的深度和广度渗透到了俄罗斯社会的各个角落。在国际组织“透明国际”每年评选出的“全球腐败指数排名”中，俄罗斯的排位一直居高不下。普京也曾向西方国家的媒体坦承：腐败是俄罗斯社会主要的问题之一。

普京深知腐败的危害，在其执政时期反腐力度不断加大。在2000年总统《国情咨文》中，普京指出：“无论是中央还是地方，肆意亵渎国家法制、压迫经营者、为腐败创造条件的官员大有人在。而要想铲除滋生腐败的土壤，就必须减少部门章程，简化企业注册、考核、投资审批等程序。”从此，历年的《国情咨文》都对反腐工作有所涉及。2003年，普京在全国范围开展了反腐肃贪运动，清理了一大批贪赃枉法的官员和警察。此外，普京要求“既要抓受贿者，也要抓行贿者”。俄罗斯政府以此为依据，相继出台近100项根除行贿的长短期措施，并且拟定了相关反腐防腐制度。2004年3月，俄罗斯成立“国家反腐败委员会”。普京明确做出指示：“要做系统性的、专业性的工作，而不仅仅是侦破个别大案。”

普京多次强调行政改革的必要性。他认为，政府效率低下是导致1998年那场持久而深刻的金融危机的重要原因之一，同时，也是俄罗斯腐败盛行的根源之一。在俄罗斯，官僚集团在很大程度上还是一个封闭和傲慢的集团，把国家公务看作一种生意。对官僚集团来说，任何行政障碍都可以用贿赂来攻克，障碍越大，贿赂就越大，受贿官员级别也越高。而和这些权力大、职能多、数量也多的俄罗斯官僚相比，高效的、具备现代化技能的管理人才却少之又少。由此可见，行政改革已经迫在眉睫。

因此，普京执政之初就出台了《行政改革构想》，从俄罗斯整体发展战略的角度，为俄罗斯经济发展松绑解套，同时注重与国际接轨，实行行政改革。改革从调整各级政府机关的职能开始，本着“用不着说服官僚机构缩小其胃口，而应当用命令的方式限制它，应当从根本上减少国家机关职能”的思想，大力精简机构，裁减冗员，推进行政改革，以求提高国家管理的有效性，使严格守法的官员能向居民提供高质量的公共服务，并使国家机关变得高效而精干，既能适应时代要求，又能符合国家的发展目标。

通过出台各种政策，普京把原来顽疾缠身的俄罗斯官场变成了办事高效的管理和领导团队，为他更多国家政策的制定和实施夯实了基础。

05 调整政策，倡导混合市场经济模式

普京接替叶利钦出任第三届俄罗斯联邦总统后，切实从俄罗斯的具体国情出发，以建设强大的经济为根本出发点，对经济战略、经济政策做出了全局性和根本性的调整，从叶利钦时代建立自由主义市场经济的政策取向，逐渐向混合市场经济模式转变。

普京时代的开启与叶利钦时代的结束，标志着俄罗斯的经济社会发展拉开了一个新的序幕。叶利钦时代，经济转轨和改革的主题是休克疗法、私有化、自由化，从而使得俄罗斯经济几乎陷入瘫痪境地。进入普京时代，经济战略和政策调整中最根本的就是目标取向发生了明显变化。普京时代经济政策的主题，变成了建设强大的经济、提高经济竞争力、实现经济多样化、发展创新型经济等。

普京时代与叶利钦时代的根本区别在于，经济政策取向和目标发生了明显的变化。叶利钦力图通过激进的制度变革，建立起以全面私有化为基础的自由主义市场经济制度。但在系统性的经济危机条件下，经济持续滑坡，国家财政入不敷出，陷入左支右绌的状态，社会经济一片混乱，国家政治、经济和社

会危机交替加深，自由主义只是经济改革的标签和目标取向。但到叶利钦离任前，俄罗斯经济自由度的世界排名还在100名以外。进入普京时代，俄罗斯经济战略和政策出现了重大调整，建设强大的经济是核心和根本目标，普京的经济战略是目标导向性的发展战略。

普京担任总统后指出，俄罗斯千疮百孔，经济凋敝，社会混乱，国家财政捉襟见肘。普京经济政策的重点在于完善市场经济制度，力图通过修补漏洞、整顿秩序，使局面趋于稳定。普京采取的突出措施，是制定了民法典、税法典、劳动法典、土地法典等基础性法律。同时，继续推进经济改革，强调减少国家对经济的干预、规范企业行为，着手实施自然垄断行业改革，进一步完善养老金改革等。

普京的第一任总统期即将结束时，以“尤科斯事件”为标志，俄罗斯的经济政策开始发生逆转，强化了国家的作用，突出表现为国家对经济的宏观调控、对企业的微观控制都在不断加强，从而最终形成了混合型的所有制结构、经济运行机制和调控管理体制。

俄罗斯混合市场经济模式具有6个方面的突出特征：

一是国有制、集体所有制与私人所有制并存。经过20世纪90年代初的私有化进程，俄罗斯的大部分国有企业实现了私有化。据世界银行提供的数据显示，俄罗斯国有公司2004年的销售额占比仅为25%，非公有制就业人口占就业总人口的63%。普京上台后，俄罗斯经济中的国有成分不断扩大，一些企业被国有或国家控股企业兼并，国家对关系国家经济命脉的行业或企业加强了控制，有学者将这一进程称为“国有化”或者“再国有化”。一些学者认为，俄罗斯可能就此走国家资本主义道路。对此，普京在接见俄罗斯工商会代表时明确表示：俄罗斯不会走国家资本主义道路，也不允许政府公司进行行业垄断。组建政府公司的目的在于，国家对那些私营企业没有投资意愿的领域进行扶持，国家资本主义不是我们的选择，也不是我们的道路。在可预见的将来，俄罗斯仍将保持国家、集体和个人所有制并存的混合所有制结构。

二是市场调节与国家控制相结合。俄罗斯市场经济体制已基本确立，其中包括企业自主经营、自负盈亏、自我约束和自我发展的经营机制，价格形成的市场机制，以法律和市场为手段的宏观调控机制等。但在价格调控方面，虽然对大部分产品放开了价格，但国家仍对自然垄断行业的产品与服务、住房公用事业、电力等行业实行价格管理。普京执政以来，国家对经济的干预范围进一步扩大，干预程度进一步加深，实际上形成了国家控制下的市场经济运营模式。

三是非法治化与市场经济原则尖锐对立。俄罗斯社会非法治化问题极为突出，政府行政的随意性大，官员腐败现象严重，滥用权力问题普遍存在，企业对产权保护状况及契约执行缺乏信心。国家对个别企业进行选择性国有化，也损害了企业对政府的信任。同时，俄罗斯社会信任半径小也是固有问题。这不仅表现为企业对国家能否对其提供法律保护缺乏信心，也表现为企业之间对合作伙伴能否履行契约也存有疑虑，甚至人与人之间也普遍存在信任度不足的问题。俄罗斯的市场经济，仍存在野蛮落后的一面。

四是各种形式的垄断与自由竞争同时存在。俄罗斯经济中的垄断分为自然垄断、行业垄断和行政垄断3个部分。其中，自然垄断是由产业特殊性决定的，这是因为油气管道、电网等基础设施存在不可分割性。行业垄断则是由前苏联时期大而全的经济发展模式沿袭而来的，如天然气工业公司借助手中握有管道运输的管理权，在天然气开采领域形成了实际垄断。行政垄断包括地方保护主义、行政机关利用权力限制某些行业的市场准入，导致某些领域市场准入门槛过高。普京就任总统后，搁置了天然气工业公司的改革方案，维持了该公司的行业垄断地位，自然垄断行业的改革同样处于冷冻状态。当时，虽然针对行业垄断问题修改了《反垄断法》，提出了保护竞争环境，对违反《反垄断法》的行为加重处罚力度，但是，国有大企业对立法、行政和司法机关都有超强的影响力，其垄断行为未必会受到惩罚。

五是经济集中程度高，自由化程度则较低。尽管俄罗斯经济政策经常被冠以自由主义的标签，但无论是在叶利钦执政时期，还是在普京执政时期，其经济自由化程度始终在世界排名中处于末端。国际经济自由度研究组织依据国家在经济生活中所占比重、经济结构、市场机制覆盖范围、货币政策和物价状况、外汇管理制度、私有产权保护状况、对外贸易自由度、资本市场自由度等

8大项23小项，对世界各国经济自由度定期进行评估，俄罗斯2000年的经济自由度指数排名世界第110位。而到了2006年，俄罗斯经济自由度的世界排名反而下降到第122位。由此可见，俄罗斯经济仍是管制程度很高的市场经济。另外，俄罗斯经济资源集中在大企业。根据俄罗斯专业评级机构的评估，俄罗斯2005年资产超过100亿美元的大公司有13家，其资产总额总计为5260亿美元，占当年国内生产总值的65%。

六是强化兼顾公平与效率原则，强调社会与经济平衡发展，部分恢复带有社会主义和计划经济色彩的社会经济政策。普京执政后，俄罗斯经济政策重新向社会领域倾斜。普京在2003年《国情咨文》中，对经济增长、经济改革与社会政策三者之间的关系进行了论述，其核心思想是，在经济改革与经济增长目标相冲突时，应以经济增长为优先考虑，不能为了改革而改革。但在经济增长与社会政策相冲突时，社会政策则高于经济增长目标。2005年，普京又提出了“四大民心工程”，即加大对教育、医疗、住房和农业的投入，以解决四大领域中存在的老大难问题。其中，对各级预算的拨款额度、使用方向及预期效果均有详细具体明确的规定。这些举措既是社会政策的组成部分，也是促进经济发展的有力手段，对一些落后行业的发展以及拉动内需均有直接的促进作用，是带有社会主义和计划经济色彩的经济政策。

综上所述，不难得出一个结论：俄罗斯经济发展模式是以“建设强大的经济”为目标导向的混合市场经济模式。如果说叶利钦的经济改革实现了经济体制的转换，那么，普京就是在继续坚持市场化改革的前提下，通过整顿经济秩序、调整经济政策，在执政的第一个任期中，从转型到稳定，摆脱经济危机，使俄罗斯走上了经济增长和发展的强国轨道。

俄罗斯作为一个经历了长期经济危机的转型国家，同时面临着克服经济危机、改革经济体制与加快经济发展等多重任务，其经济发展中存在的问题与挑战也是多层次和多方面的。其中，既有经济发展道路、经济增长方式与经济改革进程等宏观层面的问题，也有财政税收体制、金融体制和外贸管理体制等中观层面的问题，还有企业产权结构、公司治理、生产要素等微观层面的问题。

普京就任总统后，虽然经济连年增长，人民生活水平明显提高，但俄罗斯经济中仍然存在着许多难以解决的问题，主要包括：第一，国家在经济生活中的地位与作用问题未得到解决；第二，制约经济发展的深层次体制问题依然存在；第三，俄罗斯的经济增长对国际油价的依赖性没有降低，经济结构的原材料化趋势进一步加剧；第四，经济结构调整没有取得进展；第五，固定资产老化严重，依靠现有工业基础难以实现产业结构高级化；第六，制约创新型经济发展的体制机制因素大量存在；第七，基础设施发展滞后，不仅限制了经济增长潜力的充分发挥，也制约了各地区经济的平衡发展；第八，俄罗斯经济发展仍面临着许多不可预见的风险。

这些问题，为普京后来的更大作为提供了广阔的空间。

06 瞄准国际经济，一招接着一招出

相比叶利钦来说，普京的治国方略更符合俄罗斯的国情，更受俄罗斯民众的支持。普京的经济发展战略并不仅仅局限在国内，在国际经济关系和对外经贸领域也是连连出招。无论是在区域经济一体化方面，还是在和国际金融经济组织的合作方面，都取得了重大进展，使得俄罗斯融入国际经济的深度在原有的基础上得到了进一步的加强。

普京采取的第一个策略，是在独联体内部积极主导独联体次区域经济一体化进程。

一是抓住俄罗斯和白俄罗斯《建立联盟国家条约》生效之机，强化与白俄罗斯的邦联关系。苏联解体后，在独联体国家中，俄罗斯和白俄罗斯之间一直存在着某种特殊的关系。1997年，两国签署了建立俄白联盟的条约和联盟宪章。1999年年底，双方又签署了关于建立联盟国家的条约，将联盟关系提升为建立一个一体化的联盟国家的关系。对俄罗斯来说，20世纪90年代，随着北约和欧盟不断东扩，俄罗斯在东欧的活动空间越来越小。为了应对这两大地区集团的东扩进程，俄罗斯开始谋求与白俄罗斯共同建立欧盟式的联盟国家。《建立联盟国家条约》规定了俄白两国在保持各自国家主权、独立和国家体制的同时，建立邦联型国家机构。随后，两国又签订了一系列条约，在统一货币、统一关税等方面加强了合作。在俄白联盟国家建设中，俄白两国不断增加投入，经济联系不断加强。此外，联盟国家的建设也产生了良好的经济效益，并解决了500万人的就业问题。

二是全力促成俄罗斯、白俄罗斯、哈萨克斯坦、乌克兰4国“统一经济空间”协议的签订和正式生效。苏联解体后，独联体国家一直在寻求新的经济空间，如建立独联体国家区域经济集团、欧亚经济联盟、白俄罗斯和俄罗斯国家联盟和“中业合作”组织等。成立这些区域性组织，是独联体国家维护自身经济利益的需要，也是顺应日渐强势的一体化发展趋势。这些组织的成员结构、目标和任务均反映了后苏联国家的社会经济、政治现状，反映了这些国家的地缘政治方向及其利益所在。人们感受到了发展自由经济的现实，看到了加入欧盟或其他区域经济联合体的前景。正是在这样的背景下，俄罗斯与白俄罗斯、哈萨克斯坦、乌克兰联合组建了“统一经济空间”。2003年9月，白俄罗斯、哈萨克斯坦、俄罗斯和乌克兰4国领导人在雅尔塔签署了《关于建立统一经济空间的协议》。这个新联合体的目标，是协调各成员国的经济政策，统一各成员国的相关法律法规，最终建立一个具有高于国家权力的统一委员会，协调成员国的贸易和税率。“统一经济空间”是联合白俄罗斯、哈萨克斯坦、俄罗斯、乌克兰4国边境的经济空间。在“统一经济空间”框架下，经济调节机制应当建立在统一的原则基础之上，建立在促进商品、服务、资本和劳动力自由流动的基础之上，严格执行统一的对外贸易政策、统一的税务、统一的货币信贷和统一的财政金融政策，平等竞争，稳定宏观经济。2004年5月，“统一经济空间”协议国元首举行了首次高层会晤，初步构建了“统一经济空间”的法律框架。

三是大力推动欧亚经济共同体的一体化进程。欧亚经济共同体的前身是1996年形成的俄罗斯、白俄罗斯、哈萨克斯坦、吉尔吉斯斯坦关税联盟。1999年2月，塔吉克斯坦加入这一联盟。2000年10月，俄、白、哈、吉、塔5国签署条约，决定将关税联盟改组为欧亚经济共同体，亚美尼亚、乌克兰和摩尔多瓦3国成为观察员国。2001年5月，欧亚经济共同体跨国委员会第一次会议在白俄罗斯首都明斯克举行，会议宣布欧亚经济共同体正式成立。会议发表的联合声明指出，关于成立欧亚经济共同体的条约从即日起正式生效，5国将继续遵守以前签署的有关建立关税同盟和“统一经济空间”的各项协议，在兼顾国家利益和共同利益的基础上，共同体的优先任务是为深化共同体成员国在经贸、社会、人文以及法律领域的合作创造必要条件。后来，乌兹别克斯坦于2006年加入欧亚经济共同体。在独联体一体化组织中，欧亚经济共同体是发展相对较快的次区域一体化组织，该组织在统一关税、确定成员国加入世界贸易组织立场协调机制，以及统一或协调海关政策、进出口环节税收、服务贸易等领域的合作上，都取得了较大的进展。

普京采取的第二个策略，就是在合作与伙伴关系框架协议内积极推进俄欧创建4个统一空间。2003年5月，俄罗斯纪念卫国战争胜利60周年庆典刚刚落下帷幕，即在莫斯科举行了第15届俄欧首脑峰会。会议批准了俄欧建立4个统一空间的“路线图”计划，详细规划了未来俄欧关系发展的共同目标和中长期合作的时间表。“路线图”的通过，不仅标志着自20世纪90年代初开始的《欧盟—俄罗斯伙伴和合作协定》进程的胜利结束，同时也将是欧盟—俄罗斯巩固合作和对话的历史性进程中一个新阶段的开始。4个统一空间就是统一经济空间、统一内部安全空间、统一外部安全空间和统一科教文化空间。

（1）统一经济空间。这是四大统一空间的核心，主要涉及电信、交通、能源、宇航和环保等领域。其总体目标是要建立开放和一体化的俄欧大市场，促进统一空间内部的经济流通以及贸易和投资的发展，简化各自在对方领土上创建新公司的手续，加强经济合作、深化经济改革和提高各民族工业的竞争力。欧盟委员会主席巴罗佐表示，欧盟希望为俄罗斯介绍经济改革、市场竞争和经济管理方面的先进经验，提高俄罗斯吸引外资的能力。

（2）统一内部安全空间。包括司法和内务部门的中短期合作，主要涉及加强民主法制、新闻自由、打击跨境犯罪、情报交换、非法移民管理、签证政策等领域。未来，双方在该领域的合作将集中在3方面：第一，边境管理、移民准入和互免签证问题。在俄罗斯与欧盟各个成员国签署和批准边界条约之后，双方将发表一个边界宣言，从而建立一个没有国界线的大欧洲，彻底解决非法出入境和外来移民问题。第二，双方将合作建立一个全方位的欧洲打击洗钱体系，并完善反洗钱方面的司法合作，包括进行统一的护法机关和金融机构人员的培训。第三，打击贩毒和贩卖人口。

（3）统一外部安全空间。包括双方承诺共同努力加强联合国、欧洲安全与合作组织、欧洲理事会等国际组织的作用，巩固双方在安全和全球及地区性问题上的合作，加强在国际反恐、武器不扩散和人道主义救援等领域的合作等。在如何处理与新入盟的中东欧和波罗的海国家的关系问题上，双方都不将这些国家看作自己的既有“势力范围”，并愿意与它们发展公开、互利的合作。

（4）统一科教文化空间。这是存在分歧和问题最少的领域，包括在教育和文化领域开展交流与合作，特别是在青年当中加强科学文化联系和联合科研活动、成立联合教学和科研中心等。所设定的科技优先合作方向包括宇航、新材料、生命科学、信息技术、清洁和可再生能源等。

普京采取的第三个策略，就是积极参与上海合作组织。2001年，中国、俄罗斯、哈萨克斯坦、吉尔吉斯斯坦、塔吉克斯坦和乌兹别克斯坦6国启动上海合作组织总理会晤机制，并签署了《上海合作组织成员国政府间关于开展区域经济合作的基本目标和方向及启动贸易和投资便利化进程的备忘录》；2002年，6国启动经贸部长和交通部长会晤机制；2003年总理会晤期间成立经贸高官委员会和5个专业工作组，并签署《上海合作组织成员国多边经贸合作纲要》。俄罗斯积极参与上海合作组织区域经济合作，以求在上海合作组织中发挥更大的作用，同时利用上海合作组织机制加强与中国和中亚国家的经济合作，特别是恢复与中亚国家的传统经济联系。

普京采取的第四个策略，就是努力加强与亚太经合组织的合作。这既是为了加强俄罗斯亚洲部分与亚太经合组织其他成员国之间的经济联系，也是为了利用亚太经合组织的潜力，使俄罗斯最有效地融入亚太地区一体化机制，提升俄罗斯在亚太经合组织中的地位。

普京采取的第五个策略，就是不断调整与国际货币基金组织和世界银行的关系。20世纪90年代，国际货币基金组织和世界银行向俄罗斯提供了大量贷款，而且附加了苛刻的政治经济条件，试图以此来影响乃至控制俄罗斯经济和经济政策。普京执政后，俄罗斯切实加强了与国际货币基金组织和世界银行的联系，随着国内经济状况的好转，俄罗斯与国际货币基金组织和世界银行的关系逐渐从被动走向主动。

普京采取的第六个策略，就是积极推动俄罗斯“入世”，谈判全面展开。“入世”问题一直是俄罗斯对外经济关系中的热点问题，关系其参与世界经济一体化的程度，是俄罗斯对外经济政策调整的指向标。俄罗斯“入世”谈判主要分为俄罗斯外贸制度审议阶段、关税减让谈判阶段和包括服务市场准入的全面谈判阶段。2000年，在普京的积极推动下，包括俄罗斯“入世”所有问题的全面谈判正式展开。经过多年的努力，俄罗斯终于在2011年12月16日成功“入世”。

Chapter 07 整肃寡头：重拳出击，各个击破不手软

我有一个梦想，希望能有这么一天，俄罗斯人能够说："我为生在俄罗斯而感到自豪。"

——弗拉基米尔·普京

01 寡头干政，内心的深恶痛绝

普京最深恶痛绝的，就是寡头干政。他就任俄罗斯总统后，马上出台一条规则，就是不剥夺寡头已有的财产，但寡头要合法经营，不得干政，谁破坏了游戏规则，谁就要付出代价。已经富可敌国的寡头都想在政治上有所作为，但谁动了这个念头，谁就没有好下场。

俄罗斯所谓的“寡头”，指的是在20世纪90年代私有化过程中一夜暴富的大资本家。这是一个强势控制着国家经济命脉且具有政治野心、试图控制国家政权的特殊利益群体。

这些寡头中，人们最为熟知的是别列佐夫斯基、维诺格拉多夫、古辛斯基、霍多尔科夫斯基、马尔金、弗里德曼、斯摩棱斯基，号称“七寡头”金融工业财团。这7个人都是头脑灵活、敢于冒险的精英。他们几乎都是大学毕业，年龄在四五十岁，有的得过国家奖金，有的还是科学院通信院士。这些人再加上统一电力公司总裁丘拜斯，基本上控制了国家的油气、动力、冶金业和金融业，并在一定程度上操纵了舆论。他们不仅在经济领域翻云覆雨，还挖空心思进行政治投机。

叶利钦时期的改革战略，为寡头的存在与发展提供了有利的政治、经济环境，使总统与寡头之间始终保持着相互依存、相互利用和相互牵制的关系。叶利钦政权与寡头的关系大致可分为3个阶段。

第一阶段从叶利钦执政开始到1996年。叶利钦选择了激进的经济改革方案，发起了私有化运动。在整个私有化运动中，国家先是通过“证券私有化”将大量国有资产进行无偿分配，为私有者阶层的发育提供了可能，使他们很快开始了资本的积聚与集中进程。随后，又通过“现金私有化”使资本的积聚与集中迅猛发展，出现了民族大资本家，即金融工业集团。俄罗斯出现的金融寡头，实际上是叶利钦政权一手造就的。寡头在发家伊始就对国家政权有着很强的依赖性，他们热衷于与政界建立密切的关系。以金融寡头为代表的私有者阶层，也始终是叶利钦政权的坚定支持者。

第二阶段是1996年总统选举前后。这段时期，金融寡头联手支持叶利钦在竞选中连任，然后换取高额的政治回报。在叶利钦的大力纵容下，金融寡头对国家政治、经济生活的影响力迅速增大。连叶利钦本人后来也不得不承认：在大选期间，金融资本变成了政治资本。银行家们开始试图公开地、直接地对政权机构施加影响，在政治家背后操纵国家。金融寡头试图操纵国事的方式各不相同。一些银行家将莫斯科的官员、市政府玩弄于股掌之中；其他银行家做地方官员的工作；还有一些银行家投入所有资金创建强大的电视集团公司、印刷控股公司，试图垄断大众传播媒介。其实，叶利钦早就意识到寡头干政对国家政治的危害，但为了坚持自己的改革方向不发生逆转，他必须依靠这些大资本家，依靠他们的经济实力和政治支持。而这些金融寡头为了保住在私有化运动中所攫取的国有资产并继续将其扩大，也给了叶利钦政权不遗余力的支持。

1996年，是俄罗斯寡头集团势力成长的关键年份。在总统大选中，叶利钦面临实力强大的俄罗斯共产党的挑战，而寡头为了自己的既得利益和未来的生机，也想掌控影响政治的渠道。于是，1996年3月的一天，叶利钦秘密召见了“七寡头”，双方一拍即合。随后，“七寡头”暗中成立的“重新塑造自己国家前途的联盟”为叶利钦提供了大约300万美元的竞选经费。同时，还利用他们掌握的舆论媒体，在为叶利钦摇旗呐喊的同时，不断造谣攻击反对派候选人。后来，别列佐夫斯基公开说：“俄罗斯的商人对叶利钦总统取得胜利起了决定性的作用。”

叶利钦当选后，对大选中做出贡献的寡头投桃报李：别列佐夫斯基、波塔宁都曾在政坛显赫一时，各金融寡头及其代表纷纷进入总统办公厅、政府和各部委。叶利钦在执政末期接连替换4届总理，每一届政府构建的台前幕后，都有寡头干预的痕迹。莫斯科甚至流传着这样的笑话："别列佐夫斯基在俄罗斯政府和总统办公厅开了职业介绍所，谁要想进入俄罗斯政府当副总理、部长或到总统府当官，必须经别列佐夫斯基的职业介绍所同意才行。"

第三阶段是叶利钦执政后期。这一时期，寡头对俄罗斯的政治影响几乎到了为所欲为的地步。普里马科夫就任总理期间，曾试图与寡头势力做斗争。当时，在总检察长斯库拉托夫的支持下，普里马科夫向别列佐夫斯基等12名寡头发出了逮捕令。但由于叶利钦的反对，逮捕令被收回。政权高层及俄罗斯社会各界对寡头的不满最终只停留在口头，并没有落实到实际行动中。

叶利钦时代，俄罗斯寡头不仅在经济领域具有强大的控制力，而且在政权内也拥有非常强大的影响力，但这并没有给国家带来任何好处。在对政权的所有要求中，呼声最强烈、最持久的，就是消除贪污受贿和犯罪，消灭乱施淫威的寡头。

关于普京如何处理与寡头的关系问题，俄罗斯有两种截然不同的看法。与寡头有紧密合作关系的人认为，缺少大资本家的支持，普京会难以管理国家；而与寡头没有合作关系的人认为，应当清晰明了地谴责寡头的活动，甚至恢复对个别寡头的司法调查。持后一种看法的人显然占多数。不只是俄共的思想家们要求普京坚决彻底地与寡头划清界限，就连俄罗斯著名政论家齐普科也认为，作为一位国家领导人，普京的全部未来将取决于他是否有能力解决寡头问题。齐普科认为："如果普京善于疏远寡头并与他们所有人保持等距离，并能切断寡头暴富所依仗的行政潜力和经济资源的话，那我们就算得救了；但如果普京不能找到有效解决问题的办法，那我们就未必还会有文明发展的机遇。"

普京在担任总统前，也曾与许多寡头保持着良好的关系。普京出任政府总理时曾说："我从未与任何一位寡头发生过争执。"普京在2000年3月出版的《头号人物：普京访谈录》一书中承认，他同别列佐夫斯基大概一个月见一次面，他甚至称赞别列佐夫斯基有一个非常灵活的头脑，里面装有许多建议。但在普京执掌俄罗斯政权后，他与寡头的关系发生了很大的变化。

普京在不同场合不止一次地明确表示，国家政权要与财团、寡头保持一定的距离。政府应该为企业家从事经济活动提供保障，但不能允许他们干预国家政治。普京在2000年的《国情咨文》中指出：权力真空导致私人公司和机构攫取国家职能。寡头控制着自己的影子集团、势力集团以及通过非法手段获取信息的非法安全机构，这种情况必须改变。国家职能和国家机关之所以有别于商业机构，是因为国家职能和国家权力机关不能被收买或出卖，不能私有化或转让。

普京政权对寡头的治理措施落实到行动上，推出了与叶利钦时代完全不同的新的游戏规则，开始了一场疏远寡头的没有硝烟的战斗。这场战斗的核心内容主要有两个方面，即：严厉打击企图干政的、最具政治野心的大寡头；安抚利用与政权合作的寡头，使之成为促进社会经济发展的力量。普京明确表示，政府所采取的策略是政治与经济相对分离，不允许大资本家干预政治生活，而政权也不干涉企业的合法经营。2000年7月，普京在克里姆林宫召见了诸位寡头，向他们表示，对他们2000年以前在经济领域的行为既往不咎，但也“约法三章”，核心是：只可闷头挣钱，不可干预政治。对寡头实施打击，普京有一条明晰的底线，即谁干政就打击谁，谁与当局对着干就惩罚谁。此后，成为普京打击目标的古辛斯基、别列佐夫斯基和霍多尔科夫斯基3大寡头，都是因为企图越过这条底线而遭到灭顶之灾。

普京依法消除寡头、财团利用手中的财富干预国家政治进程，利用手中控制的媒体对政府施加影响的现象。凡试图挑战政权的寡头都将受到严惩，最终将受到政权的压制，走向消亡。而支持普京国家发展战略并与政权积极合作的寡头则受到政权的扶持，成为有利于国家经济发展的力量，他们因此也不再是原来意义上的寡头。

02 初战即有斩获，传媒大亨身陷囹圄

叶利钦时代，俄罗斯近70%的财富被寡头把持，寡头干政也随之成为俄罗斯政治的一大怪胎。在俄罗斯社会转型的过程中，庞大的寡头集团，几乎渗透到国家经济、政治和文化传媒等各个领域。仅俄罗斯“七寡头”在内的金融工业集团，就已经控制了俄罗斯国家经济的近50%。

在贫富悬殊的俄罗斯社会，绝大部分普通民众对寡头集团十分反感。而对普京来说，不摆脱寡头的控制，他在政治上就只能是一个傀儡。因此，普京从当政的第一天起，就在努力摆脱叶利钦留下的寡头干政这份特殊的遗产。

普京接任总统后，曾和诸寡头达成一个不成文的协议，就是亿万富翁们可以保留在叶利钦时代所获得的一切，但此后不能再干涉政治，并且必须合法纳税。对普京的警告，俄罗斯的一些寡头显然没有当真，他们有恃无恐，反而变本加厉地干预国家政治。

普京为了将未来的政治危险扼杀在萌芽状态，迅速出击，拉开了整肃寡头的大幕。寡头绝非无懈可击，他们在资本积累的过程中，几乎都伴随着无数的违法行为，这也是寡头的致命弱点。

出乎人们所料的是，普京整肃寡头的第一手，是对“七寡头”之一、俄罗斯传媒大亨古辛斯基的拘捕。

古辛斯基1952年生于莫斯科，曾先后就读古布金石油天然气工业学院工程技术专业、国立卢那察尔斯基戏剧艺术学院导演专业。1989年，古辛斯基的咨询公司与美国阿尔诺尔德·波特尔法律公司联合成立了桥公司，古辛斯基持有该公司50%的资本。当年10月，桥公司涉足金融领域，开办银行，古辛斯基出任总裁。1992年，古辛斯基将桥公司改组成股份集团，开始把经营目标转向媒体，创建了桥媒体集团。

1996年春季，叶利钦在谋求连任总统面临严峻挑战时，起用了古辛斯基的媒体舰队，为自己的连任大造声势。古辛斯基不辱使命，帮助叶利钦在第二轮全民投票中赢得胜利。叶利钦在答谢宴上，意味深长地对助选团寡头说：“钱多不要紧，但不要从政。”叶利钦的话，古辛斯基似乎完全没在意。

1997年，古辛斯基利用国营天然气工业公司对电视公司的资金支持，迅速扩充了桥媒体集团的实力，并进一步组建和兼并了多家媒体企业。他的目的就是要全面掌控俄罗斯的舆论工具，直接对政权机构施加影响，实现在政治家背后操纵国家的梦想。为此，从1997年下半年到1998年年初，古辛斯基掀起一场传媒大战。在这场大战中，古辛斯基借助西方的投资，在俄罗斯建立了一个实力强大的现代化通信和电视联络技术公司。在此期间，他拒绝俄罗斯政府的出面调停，与其他寡头展开了不择手段的竞争。

古辛斯基涉嫌干政的另一个典型事件，就是干扰叶利钦选择接班人。当叶利钦将继任者的目标定在普京身上时，古辛斯基为了扶植自己的代表普里马科夫竞选总统，由他资助的中派主义“祖国”运动在1999年夏季迅速崛起，大有与普京争雄、问鼎总统职位的劲头。而普京作为总统候选人，是别列佐夫斯基极力推荐的。由此，寡头之间的明争暗斗再一次拉开。正是因为寡头间没有规则的残酷斗争，导致了俄罗斯1998年的经济危机和3次最严重的政府危机。这些危机，不仅使俄罗斯经济进一步衰败，还破坏了整个社会制度的稳定性。

普京于1999年出任俄罗斯政府总理后，为了打击车臣分裂主义者的嚣张气焰，消灭非法武装力量，接受并顺应民意，果断地发动并指挥了第二次车臣战争。

随着普京在民众中的声望越来越高，古辛斯基重操手中的舆论工具，对普京在车臣发动的围剿非法武装的行动进行丑化，在俄罗斯掀起一场声势浩大的反战浪潮。俄罗斯独立电视台对第二次车臣战争进行全程跟踪报道，不断地直播战场上那血淋淋的场面，极力挑起民众对政府的不满情绪。2000年春季，普京当选俄罗斯总统之前，古辛斯基所掌控的传媒工具覆盖率已经完全可以与政府手中的传媒工具的覆盖率相抗衡。西方媒体见缝插针，将古辛斯基手中掌控的民营传媒机构称作新闻自由的典范。

古辛斯基通过旗下的桥媒体集团，掌控着俄罗斯颇有影响的独立电视台、莫斯科回声电台、《今日报》和《总结》周刊等公众媒体。在1999年的国家杜马选举和2000年的总统选举时，古辛斯基利用手中的媒体资源，大力支持与叶利钦积怨颇深且野心勃勃的普里马科夫—卢日科夫的竞选联盟。当时，桥媒体集团旗下的媒体几乎无时无刻不在抨击着叶利钦及其家族，甚至试图寻找普京的黑材料。在普京当选总统前的那场媒体攻势中，桥媒体集团完全充当了一个非常不光彩的角色。

而在普京任代总统期间，古辛斯基更是利用自己控制的媒体，向当局发动了猛烈攻击。桥媒体集团所掌控的各大媒体指责俄罗斯最高当局在车臣等问题上的政策，对1999年莫斯科等地发生的数起恐怖主义爆炸案件进行大肆渲染，甚至造谣诽谤，使得这种说法被西方利用，用以攻击俄罗斯当局，使俄罗斯在处理车臣问题上陷入被动局面。

即使在普京当选总统之后，古辛斯基仍然执迷不悟，继续与克里姆林宫唱反调。他利用手中的媒体，频频对普京的改革措施进行大肆攻击，强烈指责普京是在复辟专制制度，压制言论自由。古辛斯基甚至跑到西方国家，游说西方媒体对俄罗斯的各项内政外交政策施加压力，给人一种卖国求荣的感觉。

普京对古辛斯基的极端做法非常恼火，古辛斯基就成了这场整肃寡头斗争的首选打击对象。普京明白，要想强势打击寡头干政的嚣张气焰，控制舆论导向是极其关键的一环，必须果断出手。2000年6月12日，俄罗斯总检察院以诈骗和盗窃罪，将不可一世的古辛斯基拘捕。拘捕的证据是，1996年年底，古辛斯基的桥集团以仅仅25万旧卢布的超低价格，购买了国家电视公司“圣彼得堡第十一频道”70%的股份。而合同签署12天后，有100万美元打入该频道负责人在芬兰的个人账户。普京凭借已经掌握的大量证据，让检察机关追究古辛斯基以及桥媒体集团侵吞国家财产和金融诈骗等犯罪行为。古辛斯基被捕后，立即被押送到了莫斯科条件最恶劣的布德尔卡监狱。

抓捕古辛斯基的行动，在俄罗斯政坛掀起了轩然大波。紧随其后，又有数名金融寡头连遭传讯，一场普京整肃金融寡头的大战拉开帷幕。整肃寡头行动先拿古辛斯基开刀，普京这是以儆效尤，目的是让那些习惯于对政权指手画脚的大小政客好自为之。

事实上，普京对古辛斯基的打击并不是一蹴而就的，早在1年多以前，就已经初见端倪。在第三届俄罗斯联邦总统大选前，也就是普京还是代总统时，总统办公厅就开始向古辛斯基施加压力。时任总统办公厅主任的沃洛申在总理斯捷帕申的办公室里，半开玩笑半认真地对在场的古辛斯基说："我们可以替你偿还欠款，再给你1亿美元也没关系，但条件是，你必须在总统大选前移居国外。"

在总统大选期间，俄罗斯上层不但不替古辛斯基偿还欠款，还要求古辛斯基立即偿还4600万美元的贷款。很明显，这是在向桥媒体集团施压。2000年3月，在俄罗斯上层权力机关的走廊里，开始出现要把独立电视台从桥媒体集团分离出去的说法。5月11日，俄罗斯执法部门对桥媒体集团的几间办公室进行了强行搜查。5月17日，俄罗斯中央银行在桥银行任命了临时负责人。此后不足1个月，古辛斯基就身陷囹圄。6月16日，古辛斯基在经历3天牢狱生活后，被取保候审，假释出狱。但事情显然没有结束，古辛斯基必须不时地去总检察院接受审查。

在古辛斯基被捕受审的同时，普京也开始了对其他寡头的打击。

2000年6月20日，莫斯科检察院上诉仲裁法庭，要求对波塔宁收购诺里尔斯克镍公司38%股份的合法性进行重新审核。波塔宁于1997年斥资1.7亿美元，收购了实际价值为3.1亿美元的诺里尔斯克镍公司。这家公司是世界第二大产镍企业。有人揭发，波塔宁是利用自己曾经任职政府副总理的权力，完成了这笔差价高达1.4亿美元的交易。

1996年，波塔宁在总统大选中为叶利钦的连任做出了重要贡献，后被任命为叶利钦政府的第一副总理，专司经济改革，这使他成为担任政府职位最高的寡头。在任的1年中，他就被指控以权谋私，主要事实是他颁布了一项有针对性的减税政策，为诺里尔斯克镍公司减免了巨额税款。

普京在实施整肃寡头行动的同时，寡头也没有束手待毙，而是在惊恐中等待和寻找着反扑的机会。终于，2000年8月12日，"库尔斯克"号沉没事件之后，寡头感到机会来了，他们开始利用自己所掌控的媒体，大肆兴风作浪，使局势雪上加霜。

面对寡头的嚣张气焰，普京没有退缩。他知道，对寡头来说，如果打不掉他们的锐气，他们就会变本加厉，这于民于国都是不可容忍的。2000年10月20日，在俄罗斯和法国媒体的记者面前，普京公开表态："寡头希望保持现状，而在我看来，这种寡头干政的现状对国家是危险的，对人民是有害的。国家手里握着一根橡皮警棍，我们只是牢牢地把它抓在手里，让人们不可小看它。等到我们真被惹恼的那一天，我们会毫不犹豫地使用它，决不允许寡头要挟国家。"

在普京的坚持下，俄联邦总检察院终于采取了进一步措施。2000年11月13日，俄罗斯联邦总检察院正式指控古辛斯基非法获取3亿美元贷款和50亿卢布借款。那一天，被告古辛斯基却并未出庭，其律师也拒绝透露他的去向。于是，俄罗斯总检察院于次日宣布全球通缉古辛斯基。同年12月12日，古辛斯基在被他称为第二故乡的西班牙落网。

2001年1月5日，俄罗斯联邦副总检察长科尔莫格洛夫宣布，俄罗斯总检察院继续对古辛斯基进行刑事调查。与此同时，俄罗斯有关部门也开始清算古辛斯基的桥媒体集团的国内外财产。至此，古辛斯基一案告一段落，而普京和寡头的战争却才刚刚开始。

03 敲山震虎，头号寡头被轰出国门

普京整肃寡头行动的第二号目标，就是俄媒介、金融、政治寡头别列佐夫斯基。

别列佐夫斯基于1946年出生在莫斯科的一个犹太家庭。1962年，他进入莫斯科一所大学学习电子技术。在大学期间，他是一位杰出的组织者。大学毕业后，他进入莫斯科大学数学系，在离开莫斯科大学数学研究所前，曾参与过100多项数学、电子控制等领域的研究。他的能力不是表现在学术和经商上，而是表现在组织及与他人建立合作关系上。正是凭借这一点，别列佐夫斯基于1979年被克格勃招募为特工。

1989年，别列佐夫斯基下海经商，和朋友一起开办了洛戈瓦兹公司。这一公司是苏联第一家汽车经纪人公司。别列佐夫斯基的第一笔生意，是他带着3个朋友凑起来的钱，跑到当时的联邦德国，弄回了一辆二手奔驰车，在莫斯科以3倍于进价的价钱卖了出去，大赚了一笔。第二次，他又带回了4辆车。此后，他在苏联开设了第一家奔驰专卖店，并迅速建立起了第一条汽车经销链。他曾不止一次不无自豪地说："是我创造了这个国家的汽车市场。"

1993年，别列佐夫斯基与朋友一起创建了全俄汽车联盟，并从有意购买汽车的人那里集资，这种集资很快为他谋取了巨额暴利。苏联解体后，总理盖达尔在总统叶利钦的支持下，在全国推行"休克疗法"，实施大规模私有化战略。在剧变的时代，敏锐嗅觉的别列佐夫斯基意识到，金融和政治这两股力量势必交织在一起。他坚信，在后苏联时代，收益最大的投资是在政治领域投资。

1993年，别列佐夫斯基获得了第一次让叶利钦留下深刻印象的机会。他与克里姆林宫的年轻作家尤马舍夫交上了朋友，尤马舍夫是叶利钦的干儿子，后来成为叶利钦的女婿。当时，尤马舍夫正在筹划尽快出版叶利钦的第二本书，于是，就请别列佐夫斯基帮忙，别列佐夫斯基很快安排在芬兰出版此书。此后，尤马舍夫尽自己的努力创造机会，介绍别列佐夫斯基与克里姆林宫的精英接触。

1994年6月的一个晚上，别列佐夫斯基在莫斯科市中心的一家豪华私人俱乐部里举办了一个盛大的派对。对别列佐夫斯基来说，他心中最重要的客人是叶利钦的家眷。此前，别列佐夫斯基多方打听，了解到叶利钦的大女儿迪亚琴科想为莫斯科一家新的儿童医院筹款。于是，他在晚会上号召大家为迪亚琴科筹资，并慷慨购置了儿童医院所需的一切设备。当这所儿童医院正式剪彩时，别列佐夫斯基就站在迪亚琴科的身边。这位寡头乐善好施的名声，迅速在克里姆林宫内传开。就此，叶利钦记住了别列佐夫斯基这个名字，别列佐夫斯基因此进入了叶利钦家族最亲近的私人朋友圈。此后，别列佐夫斯基中午常到克里姆林宫里来，一待就是几个小时。叶利钦的小女儿塔季扬娜在1个月内，曾连续3次把别列佐夫斯基写进总统要接见的人的名单里。不久，别列佐夫斯基帮助叶利钦家人购买了法国昂蒂布角风景区的一幢别墅，并成为叶利钦家族的金融顾问。

1995年，别列佐夫斯基以抵押拍卖的方式，收购了西伯利亚石油公司，控股该公司51%的股票。他朝政治权力迈出的另一至关重要的一步，就是建立了一个庞大的媒体帝国。他曾一再表示，在俄罗斯，任何人都可以当选总统，只要他有适当的资金支持，并能控制电视台。在试图建立自由经济市场的短短三四年间，俄罗斯形成了垄断国家经济命脉的金融寡头集团。而这些金融寡头，在苏联时代大部分都是社会普通阶层成员。

1996年，别列佐夫斯基等来了一个绝佳的政治投资时机。这一年，由于叶利钦糟糕的政绩，在议会选举中，俄罗斯共产党成为第一大党，俄罗斯共产党主席久加诺夫成为可能战胜叶利钦的热门人物。在达沃斯世界经济论坛期间，金融家索罗斯提醒别列佐夫斯基："如果俄罗斯共产党赢得选举胜利，你们这些企业家将被挂在街灯柱上示众。所以，你应该逃离这个国家以自救，久加诺夫必定是赢家。"听完索罗斯的话，别列佐夫斯基冒了一身冷汗。他马上拨通了另一位寡头古辛斯基的电话，两人立即决定会面。如果没有这次会面，叶利钦就不可能获得连任，历史也会就此改变。为了确保叶利钦连任，别列佐夫斯基和他的亿万富翁朋友们为叶利钦竞选总统投入了1.4亿美元。别列佐夫斯基甚至还买下了正在亏本的公共电视台，把电视台变成了叶利钦政治理念的阐释者和传声筒。竞选期间，别列佐夫斯基所掌控的传媒帝国为叶利钦谋求连任发挥了关键作用。由此，别列佐夫斯基被叶利钦任命为国家安全会议副秘书，并出任独联体执行委员会主席。

1997年，处在巅峰时期的别列佐夫斯基在接受媒体记者采访时说，他在任何时候都要确保自己的财富不受侵犯，并抓住一切机会来扩大自己的政治影响力。别列佐夫斯基认为，投资俄罗斯政治家就等于扩大商业帝国。他与克里姆林宫的官员形成了紧密的利益共同体。这个圈子里，就包括叶利钦的小女儿塔季扬娜、时任国家安全局局长的科尔扎科夫、俄罗斯第一副总理的丘拜斯等。

在切尔诺梅尔金的总理职务被解除之前，别列佐夫斯基就事先向公众预言政府将有重大的职务变动。同时，他还对将参加2000年总统选举的每一个候选人进行圈点评论，称没有一个人适合。言辞之间，干预政治、操纵政治的霸气尽显无遗。叶利钦在选定普京为继承人之前，接连换了5任总理，每一任都含有别列佐夫斯基干政的因素。

虽然别列佐夫斯基为辅佐普京上台立了大功，但是，他干政的行为让普京大为不满。早在普京担任联邦安全总局领导人时，别列佐夫斯基就公开指责联邦安全局某些官员有意对他图谋不轨，普京对此非常反感。1998年11月，普京在《生意人报》上发表声明，严厉斥责了别列佐夫斯基对联邦安全局的指责。

普京与别列佐夫斯基相识在20世纪90年代初，普京在担任圣彼得堡市副市长时，别列佐夫斯基曾邀请普京一同去瑞士滑雪。1999年，总理普里马科夫在准备接替叶利钦的时候，就将矛头指向了金融寡头。1999年4月，俄罗斯总检察长公开了一个针对别列佐夫斯基的调查，俄罗斯总检察院甚至已经颁布了对别列佐夫斯基的逮捕令。但1周以后，调查就被取消了。之后，别列佐夫斯基所掌控的媒体立即开始攻击普里马科夫和他的盟友卢日科夫。本来，别列佐夫斯基是非常讨厌有着克格勃背景的普京的，然而在普里马科夫要求普京将商界人士置于监督之下却遭到普京拒绝后，别列佐夫斯基改变了态度。于是，别列佐夫斯基开始支持普京，并出资赞助新成立的“统一”运动。

作为寡头干政的代表人物，别列佐夫斯基在普京竞选第三届俄罗斯联邦总统时，做了许多富有成效的工作，发挥了非常重要的作用。但普京当选总统之后，由于根本立场上的尖锐对立，两人很快诀裂，成为冤家对头。

2000年3月，别列佐夫斯基在一次记者会上强调，他与普京有着良好的关系，每天进行一次电话交谈。随后又警告，没有寡头的支持，普京将不复存在。别列佐夫斯基甚至在发表的声明中说：“就我个人而言，将不会有什么改变，寡头的作用将会上升。”显然，这是公开向普京叫板。但普京对他的这种威胁并不买账。相反，由于别列佐夫斯基的咄咄逼人，迫使普京将整肃寡头的矛头早早地指向了这位曾经的盟友。

就在别列佐夫斯基发表声明后不久，俄罗斯税务总局开始调查他旗下的伏尔加汽车公司逃税案。该公司1999年虚报“拉达”牌轿车产量，从而大量逃税。

紧接着，别列佐夫斯基也开始对普京进行回击。2000年5月，别列佐夫斯基在公开场合指责普京的行政改革将会把俄罗斯的民主制度彻底摧毁。2000年7月，在国家杜马大会上，别列佐夫斯基当场辞去杜马议员职务，扬言创办反对党，并声称：“我不想参与这样的闹剧，我也不想在我的手中亲自将俄罗斯变成一个集权国家。”这样，别列佐夫斯基与普京的矛盾进一步激化。

2000年11月2日，俄总检察院开始传讯别列佐夫斯基，具体的指控罪名是：别列佐夫斯基控制的两家在瑞士注册的公司内外勾结，把俄罗斯航空公司在境外的几亿美元款项清洗并据为己有。而该航空公司的总裁是叶利钦的女婿奥古廖夫，如果深挖到底，必然会牵扯出一些意想不到的人。普京的内心很清楚，当年普里马科夫就是因为这个问题翻了船，丧失了成为叶利钦接班人的机会。

当时，别列佐夫斯基去了英国。他依仗与叶利钦家族的渊源，有恃无恐，公然拒绝回国接受传讯，并向媒体披露他曾经利用俄罗斯航空公司瑞士公司洗的黑钱，赞助普京竞选总统和组建“统一”运动。显然，别列佐夫斯基已经到了气急败坏的程度，不惜公开自己的无耻行为来向普京身上泼脏水，他甚至断言：“普京的总统任期最多1年，长不了。”但这个时候，普京的威望已经很高，俄罗斯民意已经完全站在了普京这一边。

由于别列佐夫斯基的特殊身份，普京并没有像对待古辛斯基一样要将他引渡回国。在取得叶利钦的支持后，普京决定对别列佐夫斯基在英国寻求政治避难予以默认。于是，这个曾经号称“教父”的头号寡头从此被轰出国门，远离了俄罗斯人的视线，在俄罗斯政坛上呼风唤雨的日子一去不复返。

流亡海外，别列佐夫斯基一度很不服气，仍然公开与普京为敌。但是，他的日子一年比一年难过。到2012年年末，他已开口向朋友借钱买机票。2013年年初，他致信普京认错，希望得到原谅并返回俄罗斯。而两个月后的3月23日，刚满67岁的他猝死于伦敦寓所内。

04 收回尤科斯，石油寡头遭到监禁

普京整肃寡头所采取的第三号行动，就是对大名鼎鼎、不可一世的石油寡头霍多尔科夫斯基实施拘捕，又称“尤科斯事件”。这一行动影响力巨大，收到了一箭双雕的效果。

普京上台时，霍多尔科夫斯基的名字是与财富、地位和权势紧紧联系在一起的。这个年轻的石油巨头，因自己的显赫背景而目空一切。他对俄罗斯政府的强硬态度，总是令人刮目相看。

2002年，霍多尔科夫斯基被福布斯评为全球十大最有影响力的富翁之一。他的发家史也和那些俄罗斯的新贵一样，具有明显的“俄罗斯特色”。

1995年，霍多尔科夫斯基以3.5亿美元的低价，买下了尤科斯石油公司78%的股份。而仅仅两年后，尤科斯石油公司的市值便达到惊人的90亿美元。2003年8月，俄罗斯反垄断政策部批准尤科斯石油公司与俄罗斯西伯利亚石油公司合并，使之一跃成为俄罗斯第一、世界第四的私营石油公司。该公司拥有近20万名员工，日产原油170万桶，日出口原油110万桶，其原油产量和出口量分别

占俄罗斯原油总产量和出口总量的10%和18%。2004年，尤科斯的石油开采量为8567万吨。

霍多尔科夫斯基于1963年6月出生在莫斯科的一个普通公寓里，是家里的独生子，他的父亲和母亲都是工厂里的工程师。儿童时期，霍多尔科夫斯基的梦想就是成为一名苏联企业中的首席执行官。在霍多尔科夫斯基的心目中，首席执行官就意味着能够获得一份特殊权力，意味着面包和牛奶，也意味着轿车和大房子。

为了实现自己的梦想，霍多尔科夫斯基努力成为现存社会状况和游戏规则下的精英。他从小到大一直是个乖孩子。在莫斯科门捷列夫学院获得工程学位之后，霍多尔科夫斯基希望自己能够获得一份在一家重点军工企业中的工作，以便离自己的梦想更近一步。由于自己的成绩名列前茅，霍多尔科夫斯基认为自己取得这份工作是十拿九稳的事，但他的请求却遭到了无情的拒绝。

正规的求职门路被堵死之后，霍多尔科夫斯基只好选择其他道路谋求工作。很快，霍多尔科夫斯基得到了开办一家青年咖啡馆的机会。但这次从商的经历，却以失败而告终。

后来，霍多尔科夫斯基又创办了一家青年科学技术创新中心，在共青团和关系网的保护下进行商业活动。从此，霍多尔科夫斯基找到了一条将非现金信用兑换成现金的途径。苏维埃体制下有两种资金，一种是现金，另外一种是非现金信用。现金是稀缺的，现金形式的卢布，其价值是非现金形式卢布的10倍。霍多尔科夫斯基将现金分发给自己的同事、庇护自己的领导、工厂和研究所的高层，还按照一定的百分比分发给一直庇护自己的团组织。由此，他赢得了各方的感激。

霍多尔科夫斯基的另一个过人之处，就是他将这些非现金信用积累起来，并且找到了掌握着大量外汇的具有出口权的公司，将非现金信用兑换成外汇。而他做这些事情的时候，仅有二十四五岁。

1989年年底，霍多尔科夫斯基正式注册了梅纳特帕银行。成立银行时，霍多尔科夫斯基的关系网发挥了巨大的作用。他找到帮助过他的高温研究所的所长舍伊德林院士，说自己赚了很多钱，想要创办一家银行，但是担心当前的社会形势，需要找高层庇护者。听了霍多尔科夫斯基的话，舍伊德林高兴地说：“你干得不错，告诉我，怎么才能帮你的忙，我很愿意做。”

于是，霍多尔科夫斯基开办银行的事没有遭遇任何来自国家机关方面的障碍。很快，梅纳特帕银行的广告开始出现在马路上、电视上。打开电视，人们就可以看到一个朴素英俊的年轻人挥舞着手说：“我是霍多尔科夫斯基，为你们的未来担保，买梅纳特帕银行的股票吧！”

不久，梅纳特帕银行还成为将政府资金贷给企业的中介商业银行。大量的国家资金流入梅纳特帕银行，资金的时效性让霍多尔科夫斯基获得了数额巨大的利润。苏联解体之前，曾尝试推翻戈尔巴乔夫政权但失败了的两位高层官员克鲁齐纳和巴甫洛夫相继跳楼自杀。他们的自杀，使国家上亿美元资金的流向成为谜团。而最有嫌疑的是，霍多尔科夫斯基的梅纳特帕银行通过国外银行，诡秘地转移了这笔资金，从而吞为己有。

而让霍多尔科夫斯基真正成为寡头的，是后来的拍卖计划和贷换股计划。霍多尔科夫斯基得到尤科斯则是在贷换股计划中。1995年12月，在对尤科斯的拍卖中，尤科斯45%的股票以贷换股方式成交，33%通过拍卖成交。霍多尔科夫斯基付出的代价分别是1.59亿美元和1.5亿美元。尤科斯拍卖价的低廉，引起许多人的争议。当时，尤科斯的估值为7亿美元，而在不到两年的时间里，尤科斯在莫斯科证券交易所上市，市值为70亿美元。

在俄罗斯金融危机中，梅纳特帕银行虽然面临倒闭，但霍多尔科夫斯基成功地将梅纳特帕银行的资产转移到了自己控制的其他金融机构。让人不可思议的是，装有梅纳特帕银行所有财务文件的卡车，莫名其妙地坠落伏尔加河，使法院无法获知梅纳特帕银行的完整财务状况。同时，霍多尔科夫斯基通过秘密转移尤科斯资产和稀释股份等手段，最终把包括美国大亨达特和几家债务银行从对尤科斯的部分股权控制中排挤了出去。

之后，霍多尔科夫斯基在美国大搞个人公关，试图把尤科斯公司40%的股份卖给美国埃克森—美孚石油公司。这个举动，将危及俄罗斯国家的能源战略利益。为了避免美国控制俄罗斯战略资源，普京意识到必须采取相应措施。而最让普京感到气愤的，是霍多尔科夫斯基提出的3大目标：在丑闻充斥的俄罗斯私有化过程中幸存下来后，逐步改变自己的声望；重整尤科斯，使其与一家西方石油公司合并；促进俄罗斯经济和政治的变化，其最终目的就是要问鼎政治。为了达到自己的目的，霍多尔科夫斯基采取双向下注的手法：既在议会里拥有自己的代表，又斥巨资资助反对派政党。

2002年12月，在俄罗斯国家杜马，霍多尔科夫斯基用电话遥控自己的代表发言，和他的盟友一起成功阻止了一项对尤科斯不利的税收法律的通过。当普京从杜马主席谢列兹尼奥夫那里得知霍多尔科夫斯基直接干预此法案的消息时，当时几乎是愤怒至极。对信奉可控民主的普京来说，可以允许有不同政见的人存在，但决不允许威胁国家政权的人存在。普京意识到，在2003年12月的杜马选举和2004年3月的总统选举中，霍多尔科夫斯基有能力也有野心向普京发动独立的政治攻击。

霍多尔科夫斯基一直秘密计划着自己将来如何出任总统。在现有体制下，作为犹太人的他永远不会被选为总统。为此，他需要改变政治体系，包括修宪，以完成自己最终问鼎权力巅峰的梦想。

在拘捕霍多尔科夫斯基之前，普京曾多次向他发出警告，但他却视若无睹，一再越过普京不许寡头干政的底线。于是，俄当局于2003年7月传讯霍多尔科夫斯基，目的就是想警诫他一下。但霍多尔科夫斯基不但不加收敛，反而变本加厉。针对当局的传讯，他甚至大造舆论，公开与普京政府对抗。

2003年10月25日，在新西伯利亚机场，霍多尔科夫斯基被俄罗斯联邦政府逮捕。当天傍晚，俄罗斯总检察院对霍多尔科夫斯基提起刑事诉讼，指控他犯有巨额诈骗罪、多次大额逃税、伪造公文等7项罪行。消息传来，俄罗斯举国哗然。各大财阀明确表示反对，俄罗斯国家杜马中各派政治力量也对此议论纷纷，支持者有之，声讨者也有之。西方媒体和一些政界要人也对此事表示关注。

2003年10月27日，普京对霍多尔科夫斯基被捕一事公开表态："任何人在法律面前都应该是平等的。"此外，普京还宣布，霍多尔科夫斯基被捕是一个独立的个案，俄罗斯政府不会因此修改私有化法案。

2003年11月，俄罗斯国家杜马竞选顺利结束，支持普京反财阀政策的党派大获全胜。

2005年5月31日，霍多尔科夫斯基被判9年监禁，尤科斯案在持续11个月之久的波折之后，终于尘埃落定。“尤科斯事件”是普京整肃寡头行动的一个里程碑，它体现了俄罗斯政权和财阀之间威力巨大的政治裂变，演绎了一出政治角力的精彩篇章。普京和霍多尔科夫斯基，一个是俄罗斯最有权力的人，一个是俄罗斯最富有的人。最终，权力战胜了金钱，霍多尔科夫斯基锒铛入狱。

逮捕霍多尔科夫斯基、彻底打击寡头干政、解散卡西亚诺夫政府，是普京与叶利钦时代割裂和诀别的标志。在此过程中，普京从来不害怕任何人的无畏秉性得到了充分的展示，也完全树立了自己的铁腕形象，从而赢得了民众的普遍支持。

05 严惩极少数，稳定争取大多数

在整个整肃寡头的斗争中，普京对寡头并不都是一棒子打死，而是灵活地采取分而化之的策略，打击、控制、利用相结合，效法100年前美国总统罗斯福的做法，打击1%的少数，让其余99%的大多数继续为俄罗斯的发展效力。斗争中，普京有的放矢，果断出手，先发制人，强力打击了“七寡头”的嚣张气焰，使他们风光不再，有的逃亡了，有的坐牢了，给寡头们上了一堂奉公守法的示范课。

经过整肃寡头斗争的洗礼，普京充分认识到掌握经济命脉的重要性。掌握经济命脉，是国家避免被寡头要挟的基础，也是和多数被“驯服”寡头共存的前提。为此，普京先后采取一系列强硬的手段，来重新控制国家经济命脉。

其实，普京本不想铲除大资本家。他曾明确表示：“我们今后仍将致力于提高国家机关的威望，仍将支持俄罗斯实业界。不过，家财亿万的商人和各级官员都应该知道，如果他们利用特殊的相互关系获取非法利益，国家不会对他们的行为视而不见。”为此，普京曾与富豪们“约法三章”，明确表示以2000年为界，国家不再追究寡头在私有化过程中的违法现象，但是，寡头必须杜绝干政现象。承认俄罗斯寡头的财产合法，是普京非常高明的一步棋，此举让很多寡头专心于商业，不再过多地涉足政治，为国家和不干政的寡头共存共荣奠定了基础。

普京早就意识到，为了实现俄罗斯的强国之梦，寡头的力量同样不可忽视。由此，普京对那些不干政的寡头采取利用和安抚的政策，对他们旗下的产业经营依然给予大力支持，并视之为政权的支撑力量之一。

整肃寡头之后，俄罗斯仍然存在许多规模巨大的大资本家。他们也并不是真的就此远离政治，毕竟政治和经济从来都是相互依存的。这些大资本家依然有着对政府施加影响的实力，但这种影响的运作方式更加委婉，也更加巧妙。因此，这些被“驯服”的寡头被定义为新兴寡头与隐形寡头。新兴寡头仍然继续控制着俄罗斯经济的重要行业，没有被俄罗斯政府摒弃。例如，弗里德曼与俄联邦政府达成了经营俄罗斯谢里米特沃机场的协议，德里帕斯卡成功地游说俄联邦政府做出暂时保持进口车税率不变的决定。

弗里德曼是一个典型的被普京“驯服”的寡头。他从小就饱受种族歧视，因为他是个犹太人。1988年，刚大学毕业的弗里德曼就和几个同学一起创建了阿尔法公司。这是一家买卖食油、白糖和钢铁的百货贸易公司。弗里德曼用石油从古巴换来了大量的食糖，从而在物资短缺的前苏联时代赚得了第一桶金。

1991年，弗里德曼创建了阿尔法银行。不久，他把俄罗斯前经贸部部长阿文请来，同时又请来原前苏联国家计委副主任维德给阿文当副手，共同领导阿尔法集团。试想，领导阿尔法集团的是前经贸部部长和前计委副主任，可见集团的实力之强。

到了普京时代，阿尔法集团已是俄罗斯最大的金融和工业集团，拥有从生产水泥、出口石油到艺术品买卖，从银行、超市到房地产和电信等一系列分公司。阿尔法水泥控股公司是俄罗斯最大的水泥生产商，占全俄总产量的26%，它的工厂分布于俄罗斯从远东到高加索黑海沿岸的全部领土。控股公司曾引起国家反垄断委员会的注意，但弗里德曼和阿文利用其与政府的关系，成功阻止了反垄断委员会的干预。

同时，阿尔法集团的商业战略也同大多数俄罗斯集团不同。当大多数公司都专注于石油或者金属等产业时，弗里德曼却努力实现多元化经营。他进入各种新成长的领域，并且在其中扮演了风险投资家的角色。弗里德曼的突出才干，就在于能够预测经济趋势的发展方向。他抓住机会，在俄罗斯的非国有化改革中同其他寡头一道崛起，成为具有雄厚财富与权力背景的商业精英。但在公开宣称厌恶寡头干政的普京治下，他又摇身一变，成为最具全球化精神的环球企业家。

同霍多尔科夫斯基不同，弗里德曼这位阿尔法集团的控制者一直在避免同克里姆林宫发生冲突。同时，与西方商业巨头往来时也是决不牵扯政治。他严守普京对寡头阶层的要求：只可发财、必须缴税、不准涉足政治。他的确属于闷声发大财的寡头，从未尝试过涉足政治，更没有染指任何一家媒体。

弗里德曼是一个老练的寡头，当时拥有大约52亿美元的财产。1996年，他和另外6位寡头资助俄罗斯时任总统叶利钦参加竞选。作为回报，他们都参与了贷换股的私有化进程，以极低的价格获得了许多国有资产，其中便包括秋明石油公司。难能可贵的是，弗里德曼平稳地过渡到了普京政权。

被普京“驯服”的第二个重要人物就是德里帕斯卡，他是一个从俄罗斯铝业战争中生存下来的铝业大亨。他旗下的俄罗斯铝业公司是俄罗斯第一大铝业公司，也是世界第三大钢铁生产公司。

20世纪90年代初，德里帕斯卡被任命为萨彦斯克铝厂主管，那时他只有26岁。随后，他用在商品贸易中赚取的钱，购买了工厂的大量股份。2000年，32岁的德里帕斯卡已经掌控了俄罗斯的铝工业，让他在神秘富有的俄罗斯寡头中占有一席之地。

2001年，德里帕斯卡娶了尤马舍夫的女儿，而尤马舍夫是前总统叶利钦的女婿。2002年，德里帕斯卡在福布斯全球富豪排行榜中，以11亿美元的净财产名列第413位。2006年，38岁的德里帕斯卡以140亿美元的身家，成为俄罗斯新的首富。

被普京“驯服”的第三位重要人物是波塔宁。波塔宁出生于莫斯科一名前苏联外贸部高级官员的家庭，俄罗斯矿业巨头，传媒大王。年轻时代，波塔宁依靠深厚的家庭背景，进入莫斯科国际关系学院深造，毕业后进入外贸部，从事原材料进出口贸易工作。1991年，波塔宁辞去政府工作，成立了自己的贸易公司。在他背后撑腰的，是当时俄罗斯最大的原材料出口商。

波塔宁的第一桶金，是在1993年开办联合进出口银行时赚到的。波塔宁以1万美元成立联合进出口银行。波塔宁成立私人银行的目的，就是为了进入有利可图的国有资产收购交易，从而利用债券来控制国有企业。

1995年，俄罗斯的非国有化改革进入新阶段。大型国企先进行股份制改造，然后再拍卖或招标出售股份。此时，波塔宁被聘为政府顾问，协助设计制定企业的出售方案。在其他寡头的支持下，波塔宁设计出了著名的贷款换股份计划，即政府通过出让国有企业的股份给私人银行和金融机构，以换取急需的贷款。

利用自己所设计的方案，波塔宁如愿以偿地将诺里尔斯克镍公司收入囊中。在诺里尔斯克镍矿的拍卖中，波塔宁的联合进出口银行被政府指定为主持者，波塔宁以1.701亿美元胜出，获得诺里尔斯克镍矿38%的优惠股和51%有表决权的股份，而另一竞价者的3.5亿美元出价却被判为无效。事后，就连波塔宁本人也坦言拍出的价格太便宜了。

随着2000年普京立誓要将寡头作为一个阶层消灭，同样是在叶利钦政权下发迹的波塔宁，行事开始处处小心谨慎。就在媒体大亨古辛斯基被逮捕后不久，俄罗斯检察机关就对诺里尔斯克镍矿的私有化过程提出了质疑，质疑的要害正是价值被低估、拍卖被操纵。作为回应，波塔宁一面辩称交易并无违法之处，一面迅速追加了1.4亿美元，作为补偿对该公司价值的低估，并借此表明自己的合作态度。

在政治上，波塔宁从来不与普京作对，而是以颇为合作的态度，来应对检察机关对他财产来源问题的质疑，并委婉地承认普京对寡头进行打击的合理性。2003年，波塔宁公开表态说，普京在政治和生意之间划分了一条边界，而我决对不会越界。

为了响应普京提出的对社会多做贡献的号召，波塔宁成立了慈善基金会，每年至少拿出100万美元救助孤儿和设立奖学金。在诺尔里斯克镍矿矿区，波塔宁毫不吝惜地兴建社会福利和环保工程。2000年，他投入166亿卢布，用于修建各类公共服务机构和设施。在他的手中，诺尔里斯克矿区的生活水平达到了空前水平。

随着俄罗斯经济在普京治理下的复苏，波塔宁的Inteross也开始重振。2001年，在按销售额排名的俄罗斯五大私营企业中，Inteross以年销售40亿美元的规模排名第四。2003年，诺尔里斯克镍矿公司则完成了52亿美元营业收入和8.6亿美元利润。在2003年福布斯俄罗斯富豪排行榜中，波塔宁以54亿美元的身家名列第四。在2004年福布斯全球富豪排行榜中，波塔宁以49亿美元的个人净资产排名第85位。

波塔宁还试图以打进艺术品收藏界来为国家做点事情。2002年，波塔宁以100万美元从一家已经倒闭的银行手中买下了俄罗斯至上主义艺术家马列维奇的著名作品《黑方》，并将其捐赠给俄罗斯文化部，创下了俄罗斯艺术品国内拍卖的最高价格。

波塔宁在接受英国《金融时报》专访时说，他已做出决定，将在死后捐出数十亿美元家产，只给子女留下100万美元。他说，财富应当为社会服务，自打经商以来，他一直都在为这一决定做准备。他认为，自己积累和管理的资产不应由后代继承。他担心子女生活在自己的阴影中，而且会丧失努力追求自己事业的动力。

波塔宁有两个儿子和一个女儿。波塔宁在宣布这个决定前，曾跟家人商量过，也得到了他们的支持。在子女眼里，父亲的决定对他们来说并不意外，单是女儿阿纳斯塔西娅，就曾多次与父亲一同出席慈善活动。其实，波塔宁从事慈善事业已经有年头了。早在1999年，他就成立慈善基金会，推动了许多慈善项目。

普京整肃寡头，开创了一种全新的局面，寡头正在努力创造一种与俄罗斯联邦政府双赢的局面。许多寡头在减税、投资贷款和补贴等方面越来越多地求助于地方政府，这使他们的生意更有竞争力。

06 提振士气，重归世界经济强国行列

作为俄罗斯的总统，普京最大的梦想就是重建一个强大的俄罗斯。普京是一个有着远大抱负的人，他继承了俄罗斯崇尚强者、争强好胜的民族血统。正如他自己所渴望的那样："给我20年，还你一个奇迹般的俄罗斯！"他真的希望俄罗斯在他的带领下，能够变得像彼得大帝时期那样强大。他觉得，俄罗斯独特的地理位置和厚重的历史积淀已经给俄罗斯重振大国雄风打下了坚实的基础。

苏联解体后，俄罗斯昔日的大国雄风几乎不见踪影，国际地位也一落千丈。对此，俄罗斯的许多仁人志士都痛心不已。虽然叶利钦担任总统期间所采取的激进的自由主义改革宣告失败，但重走前苏联的老路也不是好办法。眼看着俄罗斯在危机的深渊中挣扎，许多俄罗斯的上层政治家都在苦苦地寻求着强国之路。叶利钦退出历史舞台后，俄罗斯人在普京这位精力充沛、敢作敢为的

领航人身上看到了新的希望。重振俄罗斯大国雄风，是普京，也是俄罗斯所有政治家的梦想。当年在圣彼得堡工作的时候，普京的办公室里悬挂的是彼得大帝的画像。而在他就任俄罗斯总统后，办公室里悬挂的依然是彼得大帝的画像。

1999年12月，普京在担任俄罗斯政府总理时就公开宣称，他要用彼得大帝的光荣军事传统、俄罗斯历史上不断传承的爱国主义来鼓舞民众。普京表示：俄罗斯有着强国的传统、强国的历史，俄罗斯将坚持从彼得大帝开始的这种强国传统，以只争朝夕的精神，重归世界强国行列。

普京经过多年的思考，认为要想实现俄罗斯的振兴，应该努力做好3件事。第一，必须改变经济上的衰弱和落后。在当政伊始，普京就大力推进俄罗斯的经济改革。他强调，改革本身并不能确保一个国家的富强和繁荣。每个国家及其所有民众都应在市场和民主改革的范围内独立地寻找属于自己的道路，从而使国家向更高水平的经济和社会发展。对俄罗斯来说，21世纪的头10年是一个很好的机遇期，俄罗斯应该充分利用这一机遇期实现大国振兴。第二，要重建强大的俄罗斯军队。在他心目中，只有强大的军事力量，才是国家安全稳定的基础和保证。第三，必须铁腕改革政治体制，实行他心目中的民主政治。普京表示，只有强有力的、有效的和民主的国家，才能保护公民的政治和经济自由，才能为人们的幸福生活、为国家的繁荣昌盛创造条件。

从2000年首次当选总统，到2004年连任总统，普京在8年的总统任期内，时刻践行着他要重建一个强大俄罗斯的誓言。2008年，在普京总统任期已满的时候，俄罗斯人都已经信服了他的卓越和伟大，都已经切身感受到了是普京把一个一度沉沦的大国带上了崛起的道路。自2000年以来，俄罗斯经济连续8年实现高速增长，GDP的年平均增长率接近7%，股市市值上涨了1万亿美元。强有力的经济增长，使得普京成为俄罗斯最受欢迎的政治人物，他的公众支持率一度超过了80%。

2000年，普京在做了3个多月的代总统之后，如愿以偿地当选为第三届俄罗斯联邦总统。而当宣誓就职后，他更加看清了总统权力背后的非常沉重的责任。面对叶利钦时代留下的烂摊子，普京意识到，强大而理智的政权是社会稳定和经济发展的主要保障，加强国家权威是解决迫切问题的最好方法。因此，他毅然高举建立秩序、维护稳定的大旗，开始了一系列大刀阔斧的改革。

也许，普京在竞选总统时早就胸有成竹了，因为他已经认清了俄罗斯的前进方向。而在正式就任总统后，为了切实加快俄罗斯的振兴进程，普京采取了一系列强有力的措施。

第一，调整中央与联邦主体之间的关系。2000年，普京将原来的85个联邦主体重新划分为7大联邦区，并由他亲自任命全权代表管理，以加强中央对地方的掌控；2004年，他又通过修改地方领导选举产生办法和确立中央裁决地方领导违法行为的权力，不仅将地方诸侯的任免权收归中央，而且形成了中央约束地方的法律干预机制；从2005年起，他开始合并联邦主体，到2008年年初，原来的85个联邦主体已被压缩为84个。通过实行“削藩”政策，彻底改变了过去那种地方变相割据、中央讨好地方、四肢管理大脑的局面，新的中央垂直管理体系得以形成。

第二，整肃寡头。普京首先清理寡头控制的媒体王国，夺取舆论阵地。接着，对不听话的寡头进行司法调查，迫使古辛斯基、别列佐夫斯基等一度叱咤政坛的寡头流亡国外。2003年，普京又以经济犯罪为名，将企图活跃于政治舞台的霍多尔科夫斯基投入大狱。在普京一套凌厉组合拳的痛击下，试图挑战政权的寡头的嚣张气焰被彻底打压下去了。国家不仅终结了寡头政治，而且通过法律、经济渠道进一步控制了更多的资产。

第三，完善政党政治制度。针对叶利钦时期政党活动混乱、政权与主要政党相互对立并导致政府与议会矛盾频发的情况，以2001年通过的《政党法》为依据、以议会为平台，普京开始落实完善政党制度的计划。2001年和2002年，在克里姆林宫的全力推动下，“统一”运动、“祖国”运动和“全俄罗斯”运动三大亲政府的党派联合在一起，组建了统一俄罗斯党，成为杜马中第一大党。而政权的支持和鼓励促使各级政府官员、大企业家和政治活动人物更加积极地参加到统一俄罗斯党中，使之成为名副其实的政权党。2007年产生的第五届杜马是政权党的又一次完胜，形成了以统一俄罗斯党和公正俄罗斯两个亲政权党为核心的政权依靠政党、政党配合政权的新局面。

第四，解决车臣问题。车臣问题一直是普京和俄罗斯的心头之患。1999年夏秋时节，车臣非法武装频繁发动恐怖袭击。为此，刚刚出任总理的普京发动了第二次车臣战争。他乘坐战机亲临前线指挥，他的那句“把恐怖分子赶到马桶里溺死”让在危机中挣扎的俄罗斯人为之精神一振，强烈的安全感油然而生。成功处理车臣危机，奠定了普京威望的社会基础，也促使那些一直在寻找领袖的政治力量能够迅速集结在他的周围。此后，普京使用军事围剿和政治重建，使长期动荡不安的车臣开始步入正途，反恐斗争取得了阶段性胜利。

这些措施充分体现了普京的经济战略眼光。可以断定，普京给俄罗斯开出的是一剂剂因地制宜、因事制宜的良药。俗话说得好，自助者天助之。普京担任总统后，国际能源价格逐年飙升，这仿佛成为普京为俄罗斯借来的东风。此后，俄罗斯的经济一下子就张开了翅膀，快速腾飞。2007年年底，普京非常振奋地宣布，俄罗斯已经重归世界十大经济强国行列，国内生产总值8年来增长了70%，公司资本估值超过30倍。分析家认为，俄罗斯经济好转主要表现在以下5个方面：

第一，国民经济持续高速增长。2000年至2006年，俄罗斯GDP平均增长率接近7%，2007年达到了7.3%，是当时世界上经济发展速度最快的国家之一。2000年，俄罗斯GDP只有2597亿美元，而到2006年，GDP已经达到了1.12万亿美元，跨入世界十大经济大国的行列。

第二，金融、财政形势显著改善。2006年8月，俄罗斯政府向巴黎俱乐部成员国提前偿还了230多亿美元的外债。而这笔外债是前苏联时代欠下的。到2007年6月末，俄罗斯外债余额减少到488亿美元。俄罗斯的黄金外汇储备持续大幅增长，彻底扭转了外汇短缺的窘境，成为仅次于中国和日本的世界第三大外汇储备国。进入21世纪，俄罗斯卢布汇率一改往昔的颓势，连续多年保持稳定。源源不断的石油出口，带来了大量的财政税收，因此改变了往日俄罗斯政府捉襟见肘的财政状况，并且出现大量盈余。金融、财政形势的改善，一方面消除了潜在经济隐患，增强了俄罗斯政府抵御金融、财政危机的能力；另一方面也优化了投资环境，改善了企业的经营环境，同时还大大降低了外商的投资风险。

第三，人民生活水平快速提高。宏观经济形势的根本好转，最终惠及俄罗斯广大民众。由于普京实行居民收入超前增长的政策，俄罗斯民众生活水平提高的速度连年高于经济增长速度。

第四，贸易总额、贸易顺差双增长。对外贸易持续多年保持增长，贸易总额不断扩大，贸易顺差也不断扩大，实现了贸易总额和贸易顺差的长期双增长。对外贸易总额由2000年的1499亿美元增长到2006年的4684亿美元，外贸在国内生产总值中的比重达到50%。在俄罗斯的经济增长中，对外贸易功不可没，起到了不可替代的推动作用。

第五，吸引外资和对外投资均实现大幅增长。随着投资环境的改善，俄罗斯对外资的吸引力逐年提高。截至2007年9月底，俄罗斯吸纳的外国投资累计已达1980亿美元。同时，俄罗斯外汇储备的大量增加，也为扩大对外投资奠定了坚实的物质基础。

从这些数字可以看出，普京就任之初提出的GDP翻番、消除贫困两大任务取得了初步成果，俄罗斯已经成为世界上具有活力和前途的新兴市场之一，成为和巴西、中国、印度及南非并驾齐驱的金砖国家。正是有了这个增长的基础，普京才在2008年卸任总统时信心满怀地宣称，俄罗斯有能力在10年内步入世界五大经济强国行列。

Chapter 08 强硬反恐：放狠话，使狠招，下狠手

决不向恐怖分子妥协，任何人都不能要挟国家。

——弗拉基米尔·普京

01 迎难而上，坚决捍卫主权统一和领土完整

普京在担任总理期间，就在总统叶利钦的鼎力支持下，取得了第二次车臣战争初期的重大胜利，赢得了俄罗斯民众的一片欢呼。但是，这场战争远没有结束。于是，他出任代总统之后，再次打响了车臣战争，以图彻底解决车臣问题，坚决捍卫俄罗斯的主权统一和领土完整。

车臣问题是苏联解体后，一直困扰俄罗斯的一大难题。1991年以来，车臣问题主要经历了4个阶段的发展变化。

第一阶段，从苏联解体到1994年8月。这一时期，以杜达耶夫为首的车臣分裂势力，趁俄罗斯上层权力争斗不断、力量削弱之机，公然宣布车臣脱离俄罗斯联邦，成为独立的共和国。从此，拒不签署联邦条约，拒不上交联邦预算，拒不参加联邦选举。俄罗斯总统叶利钦试图以给车臣更大的自治权来换取车臣放弃独立，但遭到杜达耶夫的拒绝。由此，俄罗斯与车臣关系处于极度紧张状态。

第二阶段，从1994年8月到1996年年底，第一次车臣战争爆发，车臣陷于战争状态。俄罗斯试图以武力迫使车臣当局放弃独立主张，但车臣方面毫不退让，双方因此形成军事对峙局面。最终，第一次车臣战争以双方签署和平协议、俄军撤出车臣而宣告结束。

第三阶段，从第一次车臣战争结束到第二次车臣战争爆发前。这一时期，

车臣虽未确定最终地位，但事实上已成为俄联邦境内的“国中之国”。它拥有自己的军队，发行自己的护照和货币，使用车臣语作为国语，并宣布要与俄罗斯建立外交关系，声称将加入独联体、欧安会和联合国。这一时期，车臣实际享有着独立的权力。

第四阶段，从第二次车臣战争爆发到普京出任代总统。车臣极端势力频频制造事端，企图逼迫俄罗斯吞下车臣独立的苦果，但遭到俄罗斯的重拳回击，车臣问题进入了一个新的关键时期。

车臣问题的演变，其焦点就是车臣的地位问题。车臣问题实质上是坚决维护领土完整的俄罗斯与坚持分裂国家、破坏统一的车臣分裂势力之间的一场殊死的政治较量。车臣极端势力图谋将车臣变成独立主权国家，俄罗斯是坚决不能答应的。

随着俄军在车臣战场上取得节节胜利，车臣非法武装不断采取措施，大肆向周边地区驱赶难民，甚至装扮成俄军枪杀无辜平民，制造所谓的“人道主义灾难”，以此来极力谋求将车臣问题国际化，促使西方国家干预。第二次车臣战争爆发4个多月来，被马斯哈多夫政权驱赶的车臣难民达到22万人之多。马斯哈多夫还致信美国总统和欧安组织国家首脑，指责俄罗斯在车臣实行“种族灭绝”策略，要求西方调解车臣问题，制止俄罗斯在车臣的军事行动。

苏联解体后，车臣极端势力经过多年的经营，自身的实力日渐强大。1999年，车臣极端分子入侵达吉斯坦。20世纪90年代末期，一些国际宗教恐怖主义组织极力扶持车臣的极端势力，力图以车臣为据点，把整个北高加索地区乃至更大的地区，变成其势力范围。

面对复杂的车臣局势，美欧等西方国家打着所谓维护“人权”“人道”的旗号，竭力插手俄罗斯的内部事务，极力促使车臣问题国际化，为日后进行不同形式的“人道主义”干预埋下伏笔。美欧等西方国家的做法使得车臣问题变得更为复杂和微妙。

普京断然发动第二次车臣战争，实属形势所迫。科索沃战争后，俄罗斯的安全环境日趋险恶，以俄罗斯为核心的独联体安全体系出现了严重缺口，阿塞拜疆、格鲁吉亚、乌兹别克斯坦3个退出独联体集体安全条约的国家，与从未加入该条约的乌克兰、摩尔多瓦结成了亲美国、亲北约的“古阿姆”联盟，格鲁吉亚甚至要求从速加入北约，这使俄罗斯北高加索地区面临前所未有的安全压力。与此同时，外部极端势力正不断向俄北高加索地区进行渗透和扩张，“瓦哈比”派势力已在车臣和达吉斯坦存在多年，建立了稳固的活动基地，正在进一步向俄罗斯腹地扩散。面对北约和极端势力的双重威胁，俄罗斯必须稳定整个北高加索地区，确保俄罗斯南部边疆的安宁，有效抵御外部的进攻。

苏联解体后，俄罗斯境内的地方主义也盛行起来，民族分离主义势力活动日益猖獗。尤其是北高加索地区，民族成分错综复杂，历史积怨和现实摩擦交织作用，民族分裂倾向十分严重，威胁着俄联邦的领土完整和社会安定。

车臣巨大的经济“黑洞”，也给俄罗斯国家安全和经济生活构成越来越大的威胁。1996年第一次车臣战争结束以来，俄罗斯联邦中央向车臣提供的用于“恢复工作”的160亿卢布，几乎都装入了犯罪分子的腰包。车臣匪帮贩卖毒品的利润每年高达10亿美元，而从绑票中每年也得到近1000万美元。车臣还制造和偷运巨额假美元。车臣已成为各种非法经济和犯罪活动的温床，使俄罗斯付出了高昂的代价。

俄罗斯不能容忍这一毒瘤继续蔓延下去危害国家。普京在车臣问题上的强硬态度，使自己的支持率一路攀升。彻底解决车臣问题，不仅是维护国家主权的需要，也是普京巩固权力基础的需要。

第二次车臣战争爆发时，车臣非法武装总兵力大约2.5万人，还有数量不等的外国雇佣军和军阀武装。第二次车臣战争中，俄罗斯政府先后投入了16万人的兵力，甚至动用了制导炸弹、集束炸弹和T90坦克等重武器和先进武器。

1999年12月31日，俄罗斯总统叶利钦对全国发表电视讲话，宣布辞去俄罗斯总统兼俄罗斯国家武装力量总司令的职务，由总理普京代行上述职务直至举行全国大选。

普京接任代总统后，就把尽快结束车臣战争作为第一件大事来抓。他在听取了前线的战况汇报后，迅速做出批示：毫不留情地消灭一切危害国家的分裂势力，让车臣和俄罗斯人民早日过上和平的日子。他通过广播发表讲话，激情鼓励前线部队的官兵："英勇的俄罗斯军人，我代表全体俄罗斯人民向你们表示崇高敬意！5个月以来的战事让你们付出了许多，让你们失去了最亲爱的战友，我感到非常痛心。但这更加锻炼了你们的顽强意志，这充分证明你们是伟大俄罗斯民族的主要力量，国家的兴盛就全寄希望于你们了。现在，我们这个国家面临着被少数敌人分裂的危险，如果不立即阻止他们的危险行为，我们失去的不仅仅是我们的亲人，而是整个俄罗斯。现在，俄罗斯民族又一场伟大的卫国战争开始了，而只有你们才能拯救伟大的俄罗斯民族，现在就用你们的实际行动来拯救这个国家、拯救伟大的俄罗斯，胜利将永远属于光荣伟大的俄罗斯战士！"

普京的讲话极大地鼓舞了前线作战的俄军将士，他们纷纷表示要用伟大的胜利作为给普京就任代总统的献礼。2000年1月9日至2月6日，俄军主力在车臣民兵和车臣警察部队的配合下，经过近1个月的激战，以牺牲马罗费耶夫少将为代价，收复了车臣首府格罗兹尼，把俄罗斯国旗插到了市中心车臣"总统府"大楼的楼顶。

这次战役，俄军和车臣民兵及地方警察部队共歼灭车臣非法武装分子3000多人，包括杜达耶夫侄子在内的4名战地司令，以及车臣"副总统"阿尔萨诺夫。但是，由于俄军内部有人被车臣非法武装用重金买通，使得包括非法武装重要头目马斯哈多夫和巴萨耶夫在内的一部分人员竟顺利地通过了俄军重重设置的封锁线，逃进了邻国格鲁吉亚的潘吉西尔山谷，使第二次车臣战争未画上句号，给以后发生的一系列恐怖袭击带来了重大隐患。

从2000年2月11日起，俄军开始对潜藏在南部山区的非法武装进行清剿。由于山高林密、交通不便，加之车臣非法武装既熟悉地形，又有当地群众掩护，使得俄军的清剿行动陷于被动。同时，一些地区的恐怖组织和极端势力也往车臣山区派遣雇佣军来与俄军作战，有的国家还暗中向车臣非法武装提供资金援助，使得车臣非法武装得以继续生存。

2001年1月22日，俄罗斯总统普京宣布俄军全面从车臣撤军，俄军的作战将转为反恐怖主义行动，由俄军的第42师和内务部的一个地面加强旅长期驻守车臣。

普京担任代总统后，对于车臣问题采取了两步走的政策。第一步是实施大规模的、旨在消灭非法武装有生力量的军事打击。经过第二次车臣战争以来的大清剿，车臣非法武装受到较大程度的削弱。第二步是俄联邦政府在车臣扶持了包括时任车臣总统的卡德罗夫在内的数个家族，向其提供政治、政策和财政上的支持。2000年6月，普京任命卡德罗夫为车臣临时政府领导人。2003年10月，卡德罗夫当选为车臣总统。卡德罗夫在车臣问题上，主张实现车臣高度自治，但反对脱离俄罗斯联邦。他还主张彻底消灭巴萨耶夫、哈塔卜等恐怖分子。2004年5月9日，卡德罗夫在格罗兹尼市狄纳莫体育场遇刺身亡。

2004年5月11日，在卡德罗夫遇刺之后，身为俄罗斯总统的普京访问了车臣。普京对从飞机舷窗看到的格罗兹尼景象，大为吃惊。格罗兹尼的整个城市几乎是一片废墟，找不到一幢完好的房屋。普京当即下令，把联邦政府向车臣的转移支付增加到35亿卢布，车臣石油公司的采掘收入约2亿美元不再上缴国库，直接留给车臣政府。普京认为，从根本上恢复车臣正常的生活秩序，以使民众能够安居乐业，才是解决车臣问题的最终出路。

02 恪守正义主张，痛斥西方的粗暴干预

第二次车臣战争中，普京的坚毅与果决、俄罗斯政府的忍耐与智慧、俄罗斯人民的善良与信心，都得到了充分的展现。但是，所有这些都似乎是美欧等

西方国家所不愿意看到的。

对普京来说，他所面对的不仅是车臣极端分子的野蛮行径，还有西方国家的指责和刁难。从俄罗斯对车臣采取军事行动的第一天起，西方国家就对普京横加指责，粗暴干涉俄罗斯的内政事务。

美欧等西方国家虽然公开表示尊重俄罗斯主权和领土完整，不支持车臣的恐怖分裂活动，但是，从战略利益上考虑，地处欧亚大陆心脏地带的车臣闹独立、搞分裂，客观上符合美欧等西方国家遏制俄罗斯、削弱俄罗斯，进而控制欧亚大陆乃至全球的战略图谋。

在车臣问题上，美国等西方国家一改对俄罗斯反恐行动初期比较克制的态度，开始挥起“人权”大棒，频频向俄罗斯施压，向普京施压。一时间，西方舆论如同山洪暴发一般，极力渲染俄罗斯在车臣造成“平民大量死亡”和“一望无际的难民队伍”，大肆宣扬俄罗斯在车臣制造了巨大的“人道主义灾难”。

美欧等国家政府更是纷纷走上前台，公开谴责俄罗斯在车臣的反恐行动，要求俄罗斯立即停止在车臣的“暴力行动”和“军事侵略”。美国总统克林顿和国务卿奥尔布赖特至少不下10次，直接敦促俄罗斯当局停止对车臣用兵。欧盟首脑会议则专门发表关于车臣问题的声明，严厉谴责俄罗斯对车臣采取军事行动，要求俄罗斯立即停止在车臣的军事行动，否则将对俄罗斯实行制裁。国际货币基金组织宣布，推迟支付俄罗斯6.4亿美元的例行贷款。

第二次车臣战争成了美国等西方国家诘难俄罗斯的一个话题，西方许多国家纷纷行动起来，向俄罗斯展开舆论战，力图在舆论上把俄罗斯搞垮。美国等西方国家所采取的舆论行动实际上是在帮车臣极端分子的忙，无形中助长了车臣极端分裂分子的嚣张气焰。

1999年10月26日，俄罗斯国际文传电讯社播发该社观察家杰尼索夫的一篇文章，题为《普京在俄罗斯越受欢迎，西方就越怀疑他》，文章中列举了许多西方国家对俄罗斯无端攻击的事实。

文章说：从民意调查结果看，这场反恐怖主义斗争使越来越多的俄罗斯人支持普京，但也使西方人对俄罗斯的批评越来越多。德国《世界报》刊文称，俄罗斯人没有任何根据把“伊斯兰斗士”称作叛乱分子或恐怖分子，这分明是在向西方表明，一只受伤的熊还有力量无视西方的意见。美国第一副国务卿塔尔博特呼吁莫斯科立即停止在北高加索的行动，寻找政治解决问题的方法。

文章指出：俄罗斯的政治家，包括左翼和右翼的政治家，都对这种呼吁感到气愤。他们认为，西方使用的是双重标准，以北约为首的西方在南斯拉夫就没有寻求政治解决，而是用空中打击来将自己的意志强加于人。在议会和总统选举前夕，谁如果表示赞同西方的观点，反对对车臣非法武装分子使用武力，并与他们坐到谈判桌前，那无异于政治自杀。现在选民的意见比西方人的话更重要。

文章强调：普京对车臣问题的口气没有变软，他肯定地说，恐怖分子无论在哪里都会被消灭。他虽表示准备妥协，但不是现在，大概会在以后。普京认为，谈判是可能的，但只能是在最后阶段，即决定车臣在俄罗斯版图中的地位这个阶段，问题还在于俄罗斯将与谁进行谈判。这一切都说明，俄罗斯不可能与车臣总统马斯哈多夫进行谈判。西方呼吁必须与不久前还被俄罗斯认为是合法选举的领袖谈判，这种呼吁马上遭到了普京的驳斥，被说成是干涉俄罗斯内政。

文章最后说：美国副总统戈尔说了句前所未闻的话，他说叶利钦的主要问题是健康，他怀疑俄罗斯总统能否完全控制国家。显然，戈尔是不会在1996年说这种话的，尽管当时俄罗斯也在进行车臣战争，尽管那场战争从一开始就流了更多的血，因为当时华盛顿对叶利钦有好感。

2000年3月，美国《华盛顿邮报》专门刊发了国务卿奥尔布赖特的一篇署名文章，题为《澄清车臣问题上的立场》，将美国政府对俄罗斯和普京的指责表现得淋漓尽致。

奥尔布赖特在文章中指出：似乎有人认为，克林顿政府实际上认可了代总统普京，可实际情况恰恰相反。克林顿及其他美国官员都认为，普京能干，充满活力，了解情况，直言不讳，为人正直，而且就经济改革、法治和军备控制发表了一些积极的讲话。这些都是就事论事的评论，算不上认可。我本人也一再指出，将普京一生中两种不同的主要经历和谐统一起来不是一件容易的事。一方面，他与圣彼得堡的一些经济改革派保持着联系。另一方面，他成人以后的大部分时间是在为克格勃效力，而且监督实施了造成极大破坏的车臣战争。

奥尔布赖特强调：我们尊重俄罗斯的领土完整，我们对它在其领土上打击恐怖主义的义务没有异议。但是，俄罗斯的行动需要受到批评。我们说话用不着转弯抹角。去年（1999年）9月，甚至在这场战争爆发之前，当炸弹把莫斯科两幢公寓楼夷为平地时，我们就警告道，不应该把这一事件作为剥夺公民权利的借口。当俄罗斯军队10月轰炸格罗兹尼一个市场时，我称其为“不祥且不幸”。随着战争越来越残酷地造成平民伤亡，我们说，俄罗斯军队不分青红皂白地使用武力的行为，是无法狡辩的，我们表示谴责。

奥尔布赖特指出：当克林顿总统去年11月出席伊斯坦布尔首脑会议时，我当着欧洲领导人的面，对坐在一张大桌子对面的叶利钦说，俄罗斯不能简单地把这场战争看作内部事务。2000年2月，我们的年度人权报告详细记录了这场战争给车臣人带来的令人震惊的后果。当人权观察组织公布了在格罗兹尼处决人员概要时，我们要求在国际观察员的监督之下对此进行全面公开的调查，并惩治肇事者。

奥尔布赖特最后说：我曾听到这样一种说法，即美国政府之所以没有批评俄罗斯，是因为我们担心对它批评可能会损害军备控制的前景。我们予以批评的记录历历在目，但我需要对进行这种联系的想法说几句话。我们绝对在努力实行军备控制。实际上，我们已经在去年秋天就欧洲的常规力量问题达成了一项重大协议。这项协议就是在克林顿总统就车臣战争问题发表看法的会场上签署的。不过，在车臣问题上避重就轻，是有悖于美国的原则和利益的，我们决不会这样做。不论我们在其他问题上寻求达成什么协议，我们必须让俄罗斯清楚地认识到，这场战争远远没有结束，必须通过政治手段而不是军事手段来加以解决。如果俄罗斯不能认清这一事实，那就可能导致自己在国际上遭到孤立。

但无论西方国家如何在舆论上歪曲事实、横加指责，普京都不为所动，依旧将车臣战争进行到底，并取得了决定性的胜利。直到2001年9月，普京才向外界发表声明，只要车臣分裂分子承认并遵守俄罗斯宪法，无条件缴械，并交出所有有血债的主要匪徒，俄罗斯政府可以与他们接触和谈判，但时间最多不得超过3个月，否则只是无意义的拖延。普京在接受德国记者采访时说："不应当得出这样的结论，即在莫斯科炸毁大楼的是争取自由的战士，而在其他国家搞这种活动的人是恐怖分子。其实，他们都是犯罪分子。"

"9·11"事件之后，美国政府的态度发生了一些改变，勉强承认并宣布"车独"武装为恐怖分子。许多西方国家也紧随其后，对普京政府的车臣战争给予肯定。之后，俄罗斯为美国发动的反恐怖主义战争提供了许多实质性的支持，俄美关系明显改善。但是，这种暂时的温和关系并没有持续多长时间。在阿富汗反恐怖主义战争出现转机后，美国及其西方盟国又开始旧话重提，在车臣问题上给俄罗斯施压。

普京在给美国总统布什打电话时明确指出，俄罗斯对美国遭受恐怖袭击表示同情，因为俄罗斯多年来一直面临恐怖威胁，遭受恐怖主义的侵害。在打击塔利班的战争开始后，普京多次提到俄罗斯在车臣的军事行动，同样是打击恐怖主义，并把它称为世界反恐怖联合行动的第二战场。但是，美国对俄罗斯的陈述似乎并不在意。就像在几年前，当普京提醒克林顿应该认真对待塔利班将给世界造成严重后果时，对方只是耸耸肩，做出一副无可奈何的样子。当时，美国并不认为塔利班对美国的安全构成威胁，就像车臣的动荡局势不会给美国造成任何影响一样。由此可以看出，美国不仅在人权问题上始终坚持双重标准，在反恐怖主义这样一个全世界都积极响应的问题上，同样始终存在双重甚至多重标准。至于采取哪种标准，这要看美国人的具体利益需要。

美国等西方国家认为，车臣局势动荡本身不是恐怖问题，俄罗斯对车臣的军事行动严重侵犯了当地居民的人权。美国一再宣称，要使车臣问题获得解决，俄罗斯必须与车臣进行对话。车臣反政府武装首领之一的马斯哈多夫不是恐怖分子，他可以作为车臣的合法代表与俄罗斯联邦进行谈判。西方国家不仅重新把谴责俄罗斯挂在嘴边，而且已经开始了一系列相互配合的具体行动。在2002年年初不到1个月的时间里，西方国家接二连三对俄罗斯提出批评，做出一些让俄罗斯无法忍受的动作：欧洲议会邀请车臣非法武装的代表到欧洲大本营攻击俄罗斯政府；英国外交部亲切接见马斯哈多夫的代表；美国国务院代表会见车臣非法政权的“外交部部长”，向他了解车臣情况，与他交换意见。

2002年年初，美国国务院官员公开会见了车臣“外交部部长”。俄方在抗议中指出，美国政府的这种行为有悖于俄美两国的合作和伙伴关系，也不符合两国在反恐怖斗争中密切协作的精神。俄罗斯认为，不能把恐怖分子按照一些国家自己的标准分为三六九等，俄罗斯坚决反对美国在反恐怖问题上的双重标准。

2002年10月23日傍晚，普京成功地解决了莫斯科人质事件。而就在半个多月后的11月10日，在布鲁塞尔举行的俄罗斯—欧盟领导人峰会上，法国媒体的记者再次把车臣反恐和人权问题相连，对俄罗斯“滥用暴力”进行责难。对此，普京怒发冲冠地说：“如果你愿意成为极端分子的话，我请你到莫斯科来做包皮手术，我们有最好的专家为你解决问题。”此事传出之后，“来莫斯科做手术”成为普京的又一句标志性用语。

03 反恐尖兵，“阿尔法”和“信号旗”冲锋在前

兵来将挡，水来土掩。在打击恐怖主义活动中，普京有着两支可以依靠的“尖兵利剑”，一支是闻名遐迩的“阿尔法”特种部队，另一支就是殊为神秘的“信号旗”特种支队。在创建之初，“阿尔法”与“信号旗”两支部队的分

工完全不同。“阿尔法”主要在俄罗斯境内从事反恐活动，与恐怖主义和以劫持人质、运输工具等手段进行要挟的其他极端主义行动进行斗争；而“信号旗”则在国外专门执行特别任务，并对俄驻外目标实施安全警戒。

1973年，苏联一架雅克-40客机在伏努科沃机场遭到4名武装歹徒的劫持，机上旅客全部被扣作人质。事件发生后，苏联国家安全委员会和内务部联手采取紧急行动，最终救出了人质。这一事件在苏联造成了不小震荡，也引起了国家领导层的高度重视。当时，苏联正在全力准备1980年的莫斯科奥运会。在慕尼黑奥运会上，以色列运动员被恐怖分子绑架后杀害。为防止这一事件再度重现，同时，也为了更好地应对苏联国内已经出现的恐怖主义苗头，苏联领导人决定，尽快建立一支受过良好训练、可在国内外随时用于打击恐怖主义的特种部队。

1974年7月，苏联国家安全委员会主席安德罗波夫下达命令，在克格勃系统内组建一支特种小分队，专门担负反恐任务。这支反恐突击队最初被命名为A小组，这就是“阿尔法”的前身。组建之初，这支精锐特种突击队只有30名队员，全部是身手不凡的克格勃年轻军官。

“阿尔法”挑选队员的条件非常苛刻，规定必须符合空降兵的身体条件。队员的年龄限制在25岁到27岁之间，这个年龄的人，思想已经成熟，而且身强体壮。此外，“阿尔法”的队员90%以上都受过高等教育。对于阿尔法小组队员的另一个要求是，他们不是机器，而是知识型人才，能够在严峻环境中独立思考、分析所处环境的情况，从而提出自己的预测，做出恰如其分的决策。“阿尔法”队员，还要有团结协作的精神。由于反恐怖特种作战行动都处于一种极其异常的环境，彼此之间要百分之百地信任。这不仅关系着他们个人的安危，而且关系着整个特种作战任务的完成与否。

入选“阿尔法”后，每一名队员都必须接受极其严酷的训练。“阿尔法”有一套独特的训练方法，以在制伏恐怖分子时常用的近距离格斗为例：“阿尔法”在进行近距离搏斗训练时，有意识地采用一些最有效的方法来训练队员，使其在空间非常狭小的环境下，仍能同武装分子进行肉搏战。射击是“阿尔法”小组每一位队员赖以生存的基本功和拿手戏，也是日常训练的重点项目。

此外，队员还必须学会在行进的坦克间穿行和空中跳伞。“阿尔法”队员个个身怀绝技，这完全得益于近乎苛刻的挑选和炼狱般的训练。“阿尔法”队员一般到35岁就要退役，前后只有10年左右的服役时间。在10年服役期，至少前5年都在进行残酷的训练。

“阿尔法”队员都配备有马卡洛夫式手枪、微型冲锋枪、多用匕首等全套特种作战装备。为有效地控制各种局面，“阿尔法”还配备了各种特殊的反恐怖兵器，如特制的手榴弹和特种杀伤武器等。另外，为了保证各种反恐怖战斗任务的完成，“阿尔法”队员在专业上也进行了全面分工，有百发百中的狙击手，有翻江倒海的战斗蛙人，有胆大心细的爆破专家，有迅速敏捷的无线电报务员，等等。为随时应付突发事件，“阿尔法”队员都配有一部通信设备，从最初的对讲机到后来的移动电话。

到俄罗斯时期，“阿尔法”队员又配有新型防弹背心、短身枪、夜视仪，以及能从空中打击隐藏在建筑物、墙壁、障碍物之后的恐怖分子的新式武器。更值得一提的是，每一名队员还配发了一种叫作“佩尔森”的电子按钮，它可用于对恐怖分子的遥控爆炸装置实施干扰，从而使之失灵。一旦发生紧急情况，“阿尔法”队员从收到作战命令到装备齐全，直至登机出发，最多只需要1.5个小时到2小时。而且，数十年如一日，“阿尔法”时刻都处于整装待发的战斗值勤状态。

“阿尔法”首次执行任务，是在1979年7月28日。一名恐怖分子身藏爆炸装置，潜入美国驻苏联大使馆，要求美方外交人员护送他离境，否则就要引爆炸弹同归于尽。“阿尔法”奉命出击，迅速制伏了恐怖分子，而且没有发生任何伤亡。“阿尔法”首次行动就干脆利落地完成了任务，给人们留下了深刻的印象。

后来，这支训练有素的特种部队一次次出手，为苏联的政权安危服务。

1979年12月27日，在苏联入侵阿富汗的战争中，“阿尔法”参加强攻阿明总理府的战斗，第一次真正地经受了战斗的洗礼。进入20世纪80年代后，随着反恐任务的加重，“阿尔法”的队伍逐步扩大。从1981年到1986年，苏联发生了3起重大恐怖主义事件。由于“阿尔法”的果断行动，恐怖分子无一次得逞。1981年，在萨拉普尔市，“阿尔法”制伏了3名携带冲锋枪将25名中学生扣为人质的恐怖分子。在整个战斗中，孩子们没有1人受到伤害。1983年，在格鲁吉亚加盟共和国首都第比利斯，恐怖分子劫持了一架图-154客机，将57名旅客扣为人质。“阿尔法”适时采取行动，再次在毫无伤亡的情况下解救了全部人质。3年后，在西伯利亚的乌法市，“阿尔法”又采取了一次类似的行动，将两名恐怖分子1个击毙、1个击伤，而己方毫发未损。1988年，在矿水城，几名武装歹徒劫持了一辆大客车，绑架了车上32名乘客。“阿尔法”迅速赶到出事地点，与匪徒通过无线电台进行了1天1夜的艰苦谈判，最终使匪徒自愿放下武器，释放了全部人质。

苏联解体后，叶利钦将“阿尔法”编入联邦安全局，“阿尔法”的主要任务仍是打击恐怖主义。

1993年，俄罗斯民航一架伊尔-86客机在从矿水城飞往莫斯科途中，被一名叫扎哈里耶夫的中年男子劫持。“阿尔法”闻讯出击，趁夜色从飞机底部的货舱进入客舱。一场短兵相接之后，劫机者束手就擒。

1993年10月，以俄罗斯联邦最高苏维埃主席哈斯布拉托夫、副总统鲁茨科伊为首的反对派聚集在议会大厦，与总统叶利钦唇枪舌剑。“阿尔法”再次被指派进议会大厦，但他们这次未发动攻击，而是力尽所长，与“白宫”保卫者展开了谈判，为他们提供了个人安全保障，促使几百名议员和普通公民主动撤出了“白宫”，避免了事态恶化和进一步流血。

1995年6月，车臣非法武装首领巴萨耶夫率领200余名武装分子，乘卡车潜入俄罗斯南部城市布琼诺夫斯克，绑架了100多名市政府工作人员及医院的800余名医护人员和病人。“阿尔法”奉命参与解决这起人质事件。

1996年1月，杜达耶夫率600余名车臣战斗队员冲入基兹利亚尔市，扣押了两所医院的医护人员、病人及普通市民共3000余人，随后挟持百余名人质撤退到五一镇。“阿尔法”奉命担任强攻突击群的第二梯队，负责最后解救楼内人质。这次战斗的激烈程度是前所未有的，“阿尔法”再一次经受住了血与火的考验。

1997年，又一起劫机案发生。“阿尔法”临危受命并果断出击，劫机者被捕，142名乘客安然无恙。10余天后，“阿尔法”又挫败一起劫持瑞典外交官的事件，恐怖分子被击毙。

“阿尔法”自组建以来，在战斗行动中还从未失败过。这支队伍先后执行了1000余次特别任务，牺牲了19名队员，几乎所有人都曾获得荣誉勋章。

2002年莫斯科人质事件中，“阿尔法”在恐怖分子开始残杀被扣人质时，果断采取行动，一举将50多名匪徒歼灭，拯救了700多名人质，在俄罗斯的反恐主义行动中再立新功。

2005年1月17日，多名被俄罗斯警员追捕的恐怖分子占领了达吉斯坦首府马哈奇卡拉市内的一栋房屋。他们劫持一名7岁女孩进行顽强抵抗，并首先开火打死两名特种兵。傍晚，“阿尔法”奉命投入战斗，在装甲车的配合下，经过数小时的激烈对射，恐怖分子藏身的民宅被摧毁。恐怖分子转入地下室后，“阿尔法”发射燃烧穿甲弹和破甲强力弹，将部分恐怖分子击毙。被击毙的武装分子中，包括被俄罗斯反恐机构列为甲类恐怖组织首脑之一的阿卡耶夫。俄罗斯地方反恐机构发言人称，这次战斗共造成俄罗斯特种部队4人死亡，包括一名上校指挥官和“阿尔法”军官。而武装分子方面除了6人死亡外，还有4人被俘。

与“阿尔法”特种部队齐名的是“信号旗”特种支队。“信号旗”成立于1981年8月。它原属苏联克格勃反间谍局，1991年与“阿尔法”一起，转属俄罗斯总统保卫局，后又隶属于俄罗斯国家安全局反间谍局。

“信号旗”共有队员约350人，主要担负反颠覆破坏、反恐怖，保卫重要目标和首脑人物的安全，确保国家大型活动的顺利进行等职责。“信号旗”还辖有针对核恐怖主义的精锐组织，就是“韦加”特种反核恐怖分队。“信号旗”自组建以来，屡屡在行动中建立功勋。

1992年，在莫斯科“三个车站”地铁站内，10名“信号旗”队员用了不到10秒钟的时间，成功制伏了14名武装暴徒，缴获了100万元假美元。

1993年6月，几名恐怖分子劫持了一艘核动力船。“信号旗”奉命赶到后，几名队员以特殊的“蛙人”本领，神不知鬼不觉地潜到了船舷两侧，以迅雷不及掩耳之势，一举拿下了船上的外围警戒。紧接着，几名空降兵从天而降。十几分钟后，几名恐怖分子被押到了岸上。

“信号旗”成立30多年间，队员损失很少。苏联时期，在阿富汗的坎大哈损失1人。俄罗斯独立后，在车臣战争中牺牲了3人。此后，在别斯兰人质事件中，“信号旗”牺牲7人，成为该部队历史上损失最严重的一次。

与美国的“捷尔塔”特种部队和英国的CAC部队相比，“信号旗”毫不逊色，甚至在许多方面都超过了他们。如同“阿尔法”一样，“信号旗”的队员都是超人，个个骁勇善战，人人身怀绝技。

“阿尔法”特种部队和“信号旗”特种支队已经成为普京打击恐怖主义的两大王牌队伍，随时准备执行各种特别使命和特殊任务。他们永远处于整装待发的战斗值勤状态，成为俄罗斯武装力量的灵魂和反恐行动中坚。

04 决不妥协，誓与车臣恐怖分子战斗到底

普京对恐怖分子一直采取零容忍的强硬态度，恐怖分子是他心中的头号敌人。面对车臣恐怖分子的疯狂挑衅和暴行肆虐，普京发出铮铮誓言：与车臣极端分子势不两立，战斗到底，决不向恐怖分子妥协。普京的坚定意志，让俄罗斯民众备受鼓舞，也给俄罗斯整个民族带给了坚定和执着的爱国热情。尤其是在军队中，一种为了国家牺牲、永不妥协、永不放弃的精神，更是成为每个军

人的情怀操守。普京坚定地说："原不原谅恐怖分子是上帝的事，我的任务是送他们去见上帝。"

2000年3月，在车臣乌鲁斯克尔特地区，90名俄罗斯空降兵战士为阻止2000多名穷途末路的车臣匪徒突围，恪守"决不向恐怖分子妥协"的那句誓言，同仇敌忾，大义凛然，视死如归，以"有我在就不放走一个恐怖分子"的英雄气概，坚持战斗了3天3夜，以阵亡84名战士的代价，歼灭了400多名车臣恐怖分子，为大部队包围全歼这股车臣匪徒赢得了时间。

俄罗斯空降兵战士的这一可歌可泣的感人事迹，被俄罗斯当代作家特罗舍夫写在了《连队消逝在天际》这部小说里。后来，俄罗斯空降兵的英勇善战又被拍成了电影《风暴之门》，电影的主题是：当风暴来临的时候，我们的任务是将它拒之门外。电影上映后，在全世界军界和军人中引起了极大的轰动，一些军事专家甚至把这次阻击战比作中国解放战争中的塔山阻击战。

俄罗斯空降兵在乌鲁斯克尔特阻击车臣恐怖分子的激烈战斗，将永远载入俄罗斯的史册。每当俄罗斯人观看《风暴之门》这部电影时，就会被带到那个战火纷飞的3天3夜。

那是2000年2月28日，俄联邦军队得到一个可靠消息，说有一股2000多人的车臣非法武装，在恐怖分子头目哈塔布的带领下，从车臣南部重镇沙托伊突围后，在乌鲁斯克尔特地区重新集结，准备从乌鲁斯克尔特突围，从而进入达吉斯坦作战。俄军指挥所经过仔细分析，认定乌鲁斯克尔特附近的一条200米宽的峡谷是这股车臣非法武装突围的唯一路线。于是，俄军便派遣了一个空降兵加强连共90人的兵力，去镇守这一地区。临行前，俄军指挥部向该连下达了死命令，让他们一定要坚守阵地，不许放过一个敌人。

2月29日上午，俄罗斯空降兵迅速占领了乌鲁斯克尔特附近的两个山头，完全封锁了车臣匪徒的突围通道。当天，车臣非法武装集结了1500多人的兵力，向空降兵阵地发起了猛烈冲锋。空降兵战士面对十几倍于自己的敌军毫不畏惧，沉着应战。他们凭借事先占据的有利地形，集中火力，与车臣非法武装展开了殊死搏斗。战斗进行得异常激烈，双方均出现较大人员伤亡。29日当天，俄罗斯空降兵就有31人战死，超过了原有总数的三分之一。

3月1日，车臣非法武装再次组织精锐力量，向空降兵阵地再次发起猛烈冲锋，战斗比第一天更加激烈。空降兵战士奋勇抗击，不怕牺牲，将车臣匪徒再次击退。这一天，空降兵又有26人战死在战场上。

3月2日，俄罗斯空降兵阵地上只剩下33名空降兵战士，而且大多数还身负重伤。这一天，车臣非法武装试图劝降俄罗斯空降兵，但被空降兵将士严词拒绝。于是，车臣非法武装向空降兵阵地发动了更为猛烈的攻势，做最后一搏。空降兵战士继续给予坚决的还击，牢牢地坚守着阵地。不久，俄军主力到来，全歼了车臣这股非法武装。

战斗结束后，俄罗斯空降兵的90人中，只剩下6人生还，共有84人战死在阵地上，其中包括指挥官叶夫图欣中校。这是俄罗斯实施打击车臣恐怖主义行动以来，俄军伤亡最为严重的一次战斗。

在乌鲁斯克尔特阻击战中，俄罗斯空降兵表现得十分勇敢，完全称得上是一支善打硬仗的队伍。这支队伍中，有一位名叫罗曼诺夫的指挥官，在被地雷炸断双腿后，强忍着剧痛，把断腿用布条粗略地缠几下，就挺起身坚持继续作战，一直战斗到生命的最后一刻。还有一名叫弗拉德金的机枪手，在空降兵的阵地被敌军攻破后，落入了车臣非法武装分子的手中。在遭受惨无人道的毒打之后，弗拉德金被车臣非法武装分子当作死人扔在了山坡上。没想到，弗拉德金很快苏醒过来。他一睁开眼睛，就摸起自己的机枪，拖着伤痕累累的身体，从后面追上敌人，一阵扫射，射杀了多名车臣匪徒，并救下了两名被俘的战友。弗拉德金以自己的英勇无畏，获得了俄罗斯英雄的称号。

在这次战斗中，俄罗斯空降兵共消灭400多名车臣匪徒，为俄联邦军队完成对这股匪徒的包围赢得了宝贵时间。如果这股车臣非法武装分子突围成功，进入达吉斯坦，俄军就很可能失去对他们的控制，车臣局势也会因此变得更加复杂化。

乌鲁斯克尔特阻击战，引人注目的并不是消灭多少车臣非法武装分子，而是在战斗过程中，整个空降兵所表现出的属于战士的铁血、属于英雄的无畏。这场战斗中那种血腥和残酷的事实，也让俄罗斯民众更加真实地认识到了车臣恐怖分子的野蛮和残暴。

2000年3月初，俄罗斯大地依然白雪皑皑、寒气逼人。然而，许多俄罗斯人无法安坐在家中。在凛凛的寒风中，人们都情不自禁地流着眼泪，为钢铁般的空降兵的逝去而悲伤。勇士们不是为了他们自己的私利而逝去的，他们是为了维护所有俄罗斯人的安全、为了维护俄罗斯国家的统一和领土的完整而逝去的。

3月14日，俄罗斯空降兵的常驻地普斯科夫市庄重地宣布这一天为追悼日，并为在乌鲁斯克尔特阻击战中战死的将士们举行葬礼，以慰藉每一名战士的英灵。

这一天，普京发表了电视讲话。他说："我们永远不会忘记在乌鲁斯克尔特阻击战中牺牲的勇士，你们是俄罗斯国家的英雄，你们是俄罗斯公民的骄傲，愿你们的英名与俄罗斯大地世世代代同在。"普京表示："我们要踏着英雄的足迹，坚决与车臣恐怖分子战斗到底，直到最后一个恐怖分子粉身碎骨。"当天，普京做出特别批示，特批俄罗斯北海舰队海军陆战队副营长叶夫秋欣少校调入空降兵部队，主持重建那个在天际之时消失的英勇连队。叶夫秋欣是在乌鲁斯克尔特阻击战中牺牲的连长叶夫图欣中校的同胞弟弟。

普京自出任俄罗斯政府总理，尤其是就任俄罗斯联邦总统以后，对待车臣问题的态度都是十分强硬的。他不仅发动第二次车臣战争，更是采取各种强硬措施，加大对车臣恐怖主义势力的打击力度。普京决不向恐怖分子妥协的态度，遭到了车臣恐怖分子的极大怨恨。他们除了加紧策划各种针对普通民众的恐怖活动外，还不断策划暗杀普京的行动。由此，普京经常遭遇大大小小的暗杀，但无一例不是化险为夷。

2000年2月24日，在自己的恩师索布恰克的葬礼上，普京不顾车臣叛军司令巴萨耶夫在互联网上高高悬挂的追杀令，亲赴葬礼现场。车臣恐怖主义势力已经安排了杀手，但由于俄罗斯情报部门及时发现杀手的行踪，并通过严密的防范解除了威胁，从而使得普京安然无恙。

2000年8月18日，普京在出席雅尔塔独联体峰会时，险遭恐怖袭击。

2002年1月9日到10日，普京在出访阿塞拜疆之时，险遭炸弹袭击。

2002年2月6日，一个“精神病”男子开车冲击克里姆林宫围墙，目的是刺杀普京。

2002年11月底，俄罗斯安全部门在普京回家必经的公路旁，排除3箱事先安排好的炸药。

2003年6月23日，在普京车队将要通过一条天桥下的道路时，总统卫队在天桥上发现并排除了一处爆炸装置。

2003年10月12日，两名来自俄罗斯的前“特工”被英国警方抓获。英国政府称这两个人预谋在普京访问英国时暗杀普京，此事与正在英国进行政治避难的别列佐夫斯基有关。

2004年9月18日，俄罗斯安全部门在莫斯科市中心，拆除了两枚针对总统车队的汽车炸弹，并逮捕一名恐怖分子。

2006年在圣彼得堡八国峰会、俄罗斯—欧盟峰会期间，俄罗斯安全部门成功挫败数起针对普京的刺杀阴谋。

2007年黑海经合组织伊斯坦布尔峰会期间，恐怖组织再次策划对普京的暗杀行动，被土耳其安全机关破获。

2008年3月2日，在第五届俄罗斯联邦总统选举日，俄罗斯安全部门在杀手对普京扣动扳机前逮捕了该杀手。

2012年2月27日，俄罗斯情报部门逮捕涉嫌阴谋策划刺杀时任总理普京的两名男子，这两名男子声称受雇于车臣共和国非法武装头目乌马罗夫。

这些暗杀行动，都是被安全部门或者警方破获的。而不为世人所知的暗杀企图，恐怕要比这多得多。对此，普京的卫队长佐洛托夫说：对杀手来讲，机会总是存在的。而我们就是要把杀手的机会化解为绝对的零。

俄罗斯局势的复杂多变，尤其是车臣反恐局势的日趋复杂，使普京几乎时时处在被暗杀的威胁之中。面对各种隐性威胁，普京表现得非常镇静、从容，充分展示了一种特有的领袖气度和不惧怕任何人的勇者精神。正是这种精神，让普京的人格魅力经久不衰，让俄罗斯人民更加认同他、崇拜他。

普京的安全保卫工作由俄罗斯联邦保卫局全权负责，这些负责总统安全的安保人员都经过精挑细选，装备非常精良。他们配备的手枪、对讲机、袖珍金属探测仪、特制装甲公文夹等，都是世界上最先进的。此外，他们还装备有9毫米“斑蝰蛇”手枪。“斑蝰蛇”枪体表面光滑，可迅速从枪套或口袋中取出。而且，它还有一大特点，就是能够在50米的距离内打穿防弹背心，在100米的距离内打穿汽车座舱。

除了联邦保卫局这些全副武装的人员外，普京的保镖还包括一些不引人注目的便衣。经常伴随在总统身边的那些手提小型公文包的年轻人，就是普京的便衣保镖。他们手中提的小型公文包，实际上是一种应急盾牌，可以用来抵挡恐怖分子的子弹。别看公文包很小，将公文包打开就能变成防弹装置。

普京的这些保镖在执行任务时，通常穿黑色外套，戴墨镜，所以被外界称为“黑衣人”。在公共场合，他们总是风度翩翩、冷酷从容。他们有一个极其响亮的名字，叫作“总统超级保镖”。他们个个身怀绝技、武艺超群，已经成为普京生活中须臾不可离开的人物。

有了联邦卫队和“黑衣人”的保护，普京打击车臣恐怖分子的决心更加坚定。有普京在，车臣恐怖分子就不会再有好日子过。

05 态度异常强硬，武装解救莫斯科剧院人质

2002年10月23日傍晚，位于莫斯科东南区杜布洛夫卡大街上的莫斯科轴承厂剧院内，正在上演一部在莫斯科颇受欢迎的美国音乐剧《东南风》。巨大的

剧院里座无虚席，剧院内的观众大多是附近街区的莫斯科市民。

21时30分左右，就在音乐剧第二幕即将结束之际，50多名包括“黑寡妇”[①]在内的车臣恐怖分子突然出现在舞台上，宣称他们接管了整个音乐厅。一时间，剧院内所有观众、100多名演员以及剧院的工作人员都成为车臣恐怖分子的人质。

剧院内，车臣恐怖分子疯狂地叫嚣，强烈要求俄军从车臣撤军，并释放所有车臣非法武装的战俘，否则，他们就要引爆莫斯科轴承厂剧院大楼。车臣恐怖分子还警告警方不得采取强硬手段；否则，他们的队伍每牺牲1人，就会杀死10名人质作为抵偿。

事件发生后，莫斯科警方、内务部和“阿尔法”特种部队迅速赶到现场，并封锁了米尼科夫大街和周围街区。除了街道上上千名荷枪实弹的军警之外，在剧院附近的高层建筑上，也安排了俄罗斯军警的狙击人员。此外，几十辆装甲车和消防车、医疗救护车停在街道两边随时待命。距离剧场不足500米处，紧急情况指挥中心临时组建起来。随后，“阿尔法”特工成员化装成工人，在剧场附近以挖凿排污和供暖管道为掩护，对恐怖分子进行严密的监视。

直到23时，恐怖分子在两小时内陆续释放了近20名儿童和人质中的高加索人，并再次以炸平剧院大楼威胁俄当局不得采取行动。

事件发生时，普京正准备出访德国和葡萄牙，随后还将前往墨西哥参加亚太经合组织领导人非正式会议。接到莫斯科剧院人质事件的消息后，普京立即取消了原定计划，并责令莫斯科警方立即在事发现场成立指挥部，由俄罗斯联邦安全局副局长普罗尼切夫负责解救人质的行动，莫斯科内务总局局长普罗宁坐镇指挥。同时，普京连夜召集俄罗斯联邦安全局、内务部、俄南部联邦区、军队等部门最高级别官员举行紧急会议，商讨解救办法。会上，普京没有按照惯例抚慰人质和受害者家属，做出“俄将争取使人质安全获释”的承诺，而是再次强调了俄罗斯长久以来坚持的“决不向恐怖分子妥

① “黑寡妇”指的是在车臣战争中遭俄军击毙的车臣匪徒的遗孀或姐妹。

协”的政策。

实际上，普京此举实在算不上一个成功的政客所为。因为对政客来说，拉拢民心是第一要务，之后才能够提及其他。但是，普京在克格勃的经历，让他惯于从国家利益至上的观念出发，表现在行动上则更具有军人的铁血风格。在普京看来，政府一旦妥协，就会刺激更多的绑架事件出现，这于国于民都是非常有害的。

在要求国内各相关部门通力协作的同时，普京还积极寻求国际上的舆论支持。但是，他的努力显然没有得到人们的理解。

当时，一名刚刚被车臣恐怖分子释放出来的人质说，恐怖分子在剧院内的座椅、柱子、墙壁、走廊和自己身上都绑上了炸药，剧院内的形势非常危急。在车臣恐怖分子的胁迫下，被劫持的人质给普京写信，人质的家属上街游行，都希望普京能答应车臣绑匪的条件，从车臣撤出俄罗斯军队。俄罗斯电视台甚至还公布了被劫持人质对普京所发出的呼吁：“我们要求您做出明智决定，结束战争。我们厌倦了战争，希望和平。”

此外，俄罗斯政坛及国际舆论要求与车臣绑匪谈判的呼声同样强烈。国家杜马召开紧急会议，杜马主席谢列兹尼奥夫强调，应同绑匪进行谈判。戈尔巴乔夫也出来说话，主张通过谈判解决人质危机。许多国家在谴责车臣恐怖分子的同时，都希望和平解决人质危机。

面对种种压力，普京不为所动，仍然坚持强硬立场。普京宣布，俄政府决不向绑匪妥协，决不向车臣叛乱武装退让半步，决不答应绑匪提出的俄军撤离车臣的条件。普京公开发表声明：如果释放全部人质，可免绑匪一死，并将他们送出俄罗斯国土。当时，虽然情况非常危急，但普京处变不惊，只对绑匪做出这样一个让步，这也是普京的唯一让步。

这时，俄罗斯国家杜马呼吁车臣劫匪保持克制，不要随意伤害无辜人质。俄罗斯联邦委员会也公布一份致世界各国议会的公开信，要求共同谴责此次绑架事件，并配合俄罗斯共同解决此次人质危机。

2002年10月24日16时左右，一向与车臣部族头领关系良好的俄罗斯国家杜马议员卡伯松，在国际红十字会两名代表和一名英国记者的陪同下，走进被恐怖分子劫持的剧院，开始与恐怖分子接触。恐怖分子同意释放3名儿童人质，以及带出给政府释放人质的谈判条件。

10月25日6时30分，7名人质被释放。12时30分，包括1名瑞士女孩在内的8名儿童被释放。然而，绑匪本来答应会释放所有75名外国人质的诺言没有兑现。

10月25日19时，普京再次召开强力部门负责人会议，表示这次危机的当务之急是“确保人质的生命安全”，并授权总统驻南部联邦区全权代表卡赞采夫担负这一重任。摸清情况后，普京命令“阿尔法”特种部队做好突袭准备。

10月25日午夜，俄罗斯著名的车臣战地女记者波利特科夫·卡娅被任命为绑匪头目巴拉耶夫和当局的调停人，并与绑匪进行了面对面的会谈。

10月26日凌晨2时30分，被绑匪击伤的一男一女被救护人员从剧院救出。3时30分，巴拉耶夫提出的“最后期限”已到，他开始枪杀人质。一些人质见状试图逃跑，“黑寡妇”立即举枪射击。顿时，剧院内的枪声和爆炸声响成一片。混乱中，8名人质成功逃脱。

10月26日5时30分，“阿尔法”特种部队开始发动突袭。他们从通风管道向剧院内施放了大剂量的神秘气体，也就是一种强效的麻醉剂。同时，他们在大楼墙壁上炸开了一个大洞，从此处冲入剧院内部，与“黑寡妇”展开激烈枪战。激战之中，“黑寡妇”引爆了一些被绑在支撑天花板支柱上的炸弹。数分钟的战斗之后，包括绑匪头目巴拉耶夫在内的30多名绑匪被击毙，而特种部队士兵无严重伤亡。

7时10分，“阿尔法”特种部队士兵将活着的绑匪押出剧院，许多被救人质也陆续离开。7时25分，安全部队彻底控制剧院，解救所有人质。相关部门官员后来宣布：750名人质被救，128名人质不幸遇难，34名绑匪被击毙。至此，这起历经57个小时、震惊世界的人质事件落下帷幕。

10月26日晚，普京亲自前往斯克利福索夫斯基医院看望获救人质，并逗笑了1名刚刚恢复知觉的获救人质。

莫斯科人质事件结束10天后，俄罗斯《莫斯科时报》撰文描述了车臣绑匪此次袭击的详细策划过程。

该报透露，早在6个月前，车臣绑匪就已经开始策划在莫斯科搞恐怖活动了。从被击毙的车臣绑匪身上搜出的录音带显示，除莫斯科轴承厂剧院外，另一家剧院也在他们的袭击之列。而且更为惊人的消息是，车臣绑匪还计划袭击莫斯科附近的一家核电站。但在他们踩点之后，发现核电站周围警卫森严，于是车臣匪首扎卡耶夫亲自下令取消了此次袭击计划。

俄罗斯警方经过详细的清点后宣布，在此次莫斯科人质事件中，绑匪共使用了120公斤炸药，114枚手榴弹，15支狙击步枪，11支手枪和其他武器装备。俄警方透露，这些武器装备直接来自车臣首府格罗兹尼，经伪装后用长途车运到莫斯科。这一秘密运输工作早在袭击前半年就已经开始了。

车臣非法武装将运抵的武器装备偷偷运送到了和轴承厂剧院同在一幢大楼的一家夜总会。这家夜总会是由在莫斯科的车臣商人开的。2002年10月底，这家夜总会正好在装修。因此，多名车臣绑匪就伪装成建筑工人，把炸药和枪支偷运到了夜总会的储藏室。此外，俄罗斯警方还证实，车臣绑匪还通过俄罗斯的中间人，在轴承厂剧院所在的大楼内租了一间咖啡馆，秘密藏匿炸药。

车臣绑匪处心积虑的部署还是非常有效的。直到人质事件发生之后，俄警方才如梦初醒，但为时已晚。俄罗斯国内的批评意见认为，俄罗斯警方和安全机构完全有能力在绑匪动手前或准备过程中就将其一网打尽，而不必等到人质危机发生后才仓促行动。

在这起人质事件中，从事件发生到事件完结的60个小时里，不仅剧院内的所有人质及其亲友饱受煎熬，普京也面临上任两年来最艰巨的考验。

在莫斯科人质事件中，普京处理人质事件的方法独树一帜，其危机处理能力受到全球瞩目。他的强硬态度和手段虽然让128名人质不幸遇难，但国际舆论普遍持肯定和支持态度，就连一向偏袒车臣的美国也一反常态，甚至公开拒绝指责俄罗斯使用毒气的行为。当然，这和当时全球反恐的大环境有关。

普京对车臣恐怖分子的强硬态度，也得到了不少评论人士的肯定。据民意调查，85%以上的俄罗斯公民对普京的行为表示赞同。俄罗斯民众认为，普京所展现的品质正是俄罗斯人民渴望已久的领袖品格，俄罗斯人希望在国家领导人身上见到果敢、坚毅和强硬的品质。莫斯科人质事件结束后，普京立即下令车臣驻军开始对车臣非法武装进行新一轮的大规模剿灭。普京所说的“今天不动手，明天损失会更大”，再一次成为俄军激昂的号角。普京对车臣非法武装再一次采取清剿行动，就是给车臣非法武装传达一个信号：俄罗斯对付恐怖分子，决不手软，决不妥协。

在处理莫斯科人质事件的过程中，普京最大的成功就是一开始就将车臣非法武装定位为恐怖分子，进而将俄罗斯与车臣的冲突提升至由美国主导的全球反恐战争的范畴。如此一来，如果他再出兵车臣也就师出有名了，有了反恐的旗帜，西方舆论也不好大加讨伐，对普京重申自己的强硬立场非常有利。普京抓住了全球性反恐的战略主轴，以卓越的军事攻坚战，化解可能的重大伤亡，取得了战术上的成功。

06 漂亮的特工行动，击毙巴萨耶夫

2004年9月发生的、造成300多人死亡的别斯兰人质事件，让巴萨耶夫即刻为世界所知。这位号称“高加索之狼”的恐怖分子头目，有着坚韧冷酷的个性。他沉默冷静的外表，为他在武装组织中赢得了威望和号召力。他身边有一批追随者，紧紧地跟随着他转战各地，不断制造各种事端和恐怖事件。

巴萨耶夫于1965年出生在车臣南部山区，曾在莫斯科空军总司令部担任过两年的消防员。退役后，巴萨耶夫考入莫斯科土地规划学院，后来因成绩太差

遭到校方的开除。

1991年11月，刚满26岁的巴萨耶夫实施了第一次恐怖活动。他挟持一架从俄罗斯飞往土耳其的图-154客机，并因此成为车臣极端分子的头目。此后，作为车臣非法武装司令、总司令，巴萨耶夫多次策划、实施劫持人质事件。

俄罗斯政府有关资料显示，2002年10月，发生在莫斯科轴承厂剧院的劫持人质事件，就是巴萨耶夫一手策划和指挥的。2004年9月，巴萨耶夫又策划了别斯兰人质事件，劫持了1000多名学生、家长和教师，事件造成333人死亡、500多人受伤，死者大多为学生。

别斯兰人质事件是继莫斯科剧院人质事件后，车臣恐怖分子实施的性质最为恶劣的一次人质事件，令人发指。

2004年9月1日，一群不明身份的非法武装分子突然占领了北奥塞梯共和国的别斯兰第一学校，将参加开学典礼的学生、家长和教师扣为人质，以此来要挟俄罗斯联邦政府，以便达到他们建立一个激进主义国家这样险恶的政治目的，从而引发了震惊世界的“别斯兰人质事件”。

这次事件，俄罗斯谈判代表有北奥塞梯共和国总统扎索霍夫、著名小儿科医生罗沙利及普京总统车臣顾问阿斯哈诺大等人，解决人质危机主角为“阿尔法”特种部队。

9月2日下午，别斯兰第一学校外边有上千名人质家属在苦苦等待，他们主要为当地北奥塞梯族与车臣族人。北奥塞梯族与车臣族为北高加索山区的强悍民族，如果他们亲人遭到无辜伤害，当地民众就会有自发性的报复行动，后果不堪设想。事先，俄官方并没有做出武力解救人质的计划，而是想通过谈判来解决人质问题。但是，人质扣押者态度蛮横，蓄意造成了武装对抗的结局。

9月3日13时左右，俄罗斯紧急情况部人员经绑匪同意，进入了学校，开始往外运送被恐怖主义分子打死的人质尸体。很快，学校内就发生了连环式爆炸。这时，许多人质趁机开始外逃，绑匪随即向逃跑的人质开枪，另有几名绑匪试图混入人质中外逃。俄军立即朝绑匪开火，并随即冲进学校大楼，展开解救行动。俄军很快控制了学校内的局势，别斯兰人质事件以绑匪的失败而告终。

9月4日，普京下令，封锁北奥塞梯边境，搜捕所有在逃绑匪。当天，据参与别斯兰人质事件的一名绑匪供认，这次劫持人质事件是车臣非法武装重要头目马斯哈多夫和巴萨耶夫下达的命令。

9月6日晚，俄罗斯电视台播放了这名绑匪招供的录像。这名绑匪说，他们被召集到树林里，一名绰号为“上校”的人宣布，他们要占领别斯兰一所学校，这是马斯哈多夫和巴萨耶夫下达的命令。这名“上校”宣称，必须在整个高加索地区发动战争。调查表明，参与别斯兰人质事件的恐怖分子大多来自外国和高加索各共和国，其中还包括一名北奥塞梯居民。

9月8日，俄罗斯总统顾问乌斯季诺夫向普京汇报了人质事件的初步调查结果。根据掌握的情况，事件中有1200多人被劫为人质，包括59名教师；人质死亡333人，其中有210人的身份已得到确认，有727人在医院接受治疗；31名恐怖分子被击毙，其中8人身份已经确认。这起事件是人类历史上最残暴、最大规模的人质劫持事件之一，并开创了向社会最弱势群体，也就是少年儿童大开杀戒的先例，它对全世界的社会心理打击是巨大的，也是最无耻的。

从此以后，俄罗斯情报和安全部门一直对这位“恐怖大师”不遗余力地加以追杀。早在2000年2月，巴萨耶夫就在第二次车臣战争中触发地雷，右脚被炸断，双手和头部受伤，但侥幸未死。

巴萨耶夫从不讳言自己的恐怖主义立场。2005年7月，他在接受美国广播公司记者采访时，坦然承认自己的恐怖分子身份。他曾经叫嚣，如果俄罗斯不从车臣撤军，车臣战争将会持续至少100年。他还宣称，出于车臣利益考虑，所有俄罗斯平民都是车臣非法武装的合法袭击目标。

巴萨耶夫可以说是车臣非法武装的灵魂人物。车臣总理卡德罗夫曾说，如果巴萨耶夫被消灭，车臣战争99%就结束了。2005年3月，车臣非法武装的主要头目马斯哈多夫被打死时，就有分析认为，巴萨耶夫最有可能取而代之，他将以不妥协、不谈判的强硬姿态，继续与俄罗斯对抗。

巴萨耶夫奉行的，是在高加索建立一个宗教国家的信念。他以宗教的名义与恐怖组织有着千丝万缕的联系，并从其中寻求援助。不仅如此，他还不惜采取恐怖和滥杀无辜的手段，来达到自己的目的。也正因为如此，他成为俄罗斯反恐斗争的心腹大患，也是普京最想除掉的人。

早在2004年，普京就曾悬赏1000万美元要巴萨耶夫的项上人头。悬赏令颁出的第二天，巴萨耶夫就在车臣非法武装网站上发表声明，嘲笑道："就冲这1000万美元，我会坐着卡马兹货车去投降的。"

历史就是这么神奇，这个满脸络腮胡子的独腿悍匪做梦都没有想到，一句戏言竟然成真。不过，他不是坐着卡马兹货车去投降，而是被满载着火药的卡马兹货车炸得粉身碎骨。

2006年7月10日凌晨，在俄罗斯印古什共和国首府纳兹兰郊外埃卡扎沃村边的公路上，一辆卡马兹货车在3辆轻型汽车护卫下，匆匆行驶。途中，打头行进的卡马兹货车突然停了下来，当护卫车辆接近时，货车突然发生爆炸。

闻讯赶来的俄罗斯联邦特工在清理现场时，找到半颗血淋淋的人头。他们看了又看，瞧了又瞧，最后惊喜地一致认定：这颗头颅就是巴萨耶夫的。随后进行的医学鉴定也证明：巴萨耶夫被炸死了，错不了。和他一起被炸身亡的，还有12名车臣非法武装分子。

原来，这次"斩首"行动是俄罗斯的卧底人员干的。打入车臣匪巢内部、卧底在巴萨耶夫身边的，是俄军特种部队"格鲁乌"的一名少校军官，当时他的化名叫加兹尼。在加兹尼走向巴萨耶夫之前，俄罗斯联邦安全局特工和"格鲁乌"军官也曾数度打入车臣匪巢，但都没有来得及接近巴萨耶夫，就被发现了。在惨遭严刑拷打后，有的被砍头，有的遭活埋。巴萨耶夫因此得意地放言："能除掉我的俄罗斯人还没有出生呢！"

"格鲁乌"是俄罗斯军事情报总局的简称，主要任务是威慑与阻止突然袭击，并对敌后进行侦察、打击。"格鲁乌"如同俄罗斯武装力量的耳目，是俄罗斯军队情报的主要来源。

加兹尼是阿拉伯裔，家族在当地虽不显赫但也有一定的名气，与一直向巴萨耶夫提供资金和武器的富商熟悉，并以激进的形象出现在众人面前。并且，加兹尼还跟车臣非法武装做过几次军火交易，巴萨耶夫多少听说过他的名字。

因此，当急于拉人手的巴萨耶夫向富商要人时，加兹尼就被“幸运”地收入帐下了。

在巴萨耶夫的身边，加兹尼经历了生与死的考验。有一次，巴萨耶夫故意当着加兹尼的面，大谈如何进攻车臣境内的俄军驻地，并透露了具体的时间、地点与方案，然后又给加兹尼留出单独活动的时间。正当加兹尼犹豫是否应该与线人接头时，他发现了破绽：准备集结的非法武装人员所穿的迷彩服与袭击地区的颜色不一致，如果真要发动攻击，这样的迷彩服就会要了他们的命。还有一次，巴萨耶夫推出两名“俄军战俘”，要加兹尼当着众人的面审讯后“处理掉”。这让加兹尼非常矛盾，他清楚这是巴萨耶夫对他进行的又一次考验。容不得他多想，两名“战俘”已经押到了面前。在经过半个多小时的审讯后，加兹尼再度发现了破绽：这两个自称是“俄军突击队员”的人，却没有真正特种兵的习惯性动作。加兹尼二话没说，拔枪就将他们当场打死。事后证明，这两人是车臣非法武装分子，巴萨耶夫对他们起了疑心，于是想出这条“一箭双雕”的计策。两次考验都没有发现任何破绽，巴萨耶夫终于放心地将加兹尼纳入亲信的行列。

2006年3月初，加兹尼得知，巴萨耶夫秘密购买了一批烈性炸药，准备在圣彼得堡八国峰会期间实施大规模恐怖袭击。加兹尼把这个重要情报及时送了出去。普京接到情报后，立即组织人力，制订了“猎狼”行动。

巴萨耶夫为了确保这次恐怖袭击取得成功，专门指派加兹尼与中东的富商联系，设法将大批军火弄到印古什共和国。

在中东反恐机构的协助下，俄罗斯联邦安全局和“格鲁乌”派出了精干的特工扮成军火走私商，军火如期运到了印古什共和国，准备在一处秘密地点交给巴萨耶夫。

巴萨耶夫果然十分狡猾，交货的地点连加兹尼都没有告诉。结果，设伏的特工只能眼睁睁地看着巴萨耶夫从闹市中心接走满满一货车炸药。情急之下，随行的加兹尼喝令一名特工扮成的军火商“随车押送”，理由是以免“货被调包”。巴萨耶夫觉得有理，同意让这名“军火商”随车同行，而加兹尼也获准跟车“监视”。

汽车开出印古什首府纳兹兰，眼看着即将驶出俄罗斯特工控制区域了，随行的“军火商”急中生智，强烈要求叫外卖，理由是“不知道还要多久才能吃上饭”，心领神会的加兹尼立即答应了。“军火商”在一家饭店前停了车，叫了食物。两名装扮成服务员的联邦安全局女特工，悄悄在卡马兹货车司机点的饮料里下了迷魂药。

饭后，一行人继续上路。没多久，驾驶货车的非法武装分子就睡着了，“军火商”和加兹尼便接管了卡马兹货车。加兹尼驾车继续前进，而“军火商”则迅速将一枚藏在鞋跟里的定时炸弹取了出来，安放在炸药中间。

当车行驶到一个拐弯处时，加兹尼稍一加速，就把尾随其后的巴萨耶夫一行隔在了视线之外，随即停车，并迅速躲到了隐蔽的地方。当巴萨耶夫一行3辆护卫轿车驶近卡马兹货车的一刹那，加兹尼按下了手中的按钮，3辆小轿车连人被炸上了天。就在巴萨耶夫被炸死的当天，普京就通电嘉奖所有参加这次行动的特工，尤其是卧底加兹尼。当然，他并没有向外界提及这个勇敢的“格鲁乌”少校。

巴萨耶夫的死，可以说是普京铁腕反恐斗争取得的最耀眼的一次胜利。但普京并没有为一个巴萨耶夫的死而松口气，他强调，俄罗斯仍然面临着非常严峻的恐怖主义威胁，反恐工作依旧任重而道远。

国家就是我的信仰

Chapter

09

强化军事：我存在，就不容别国威胁俄罗斯

我将与军队、舰队同在，也将与人民同在。我们大家不仅要一起来重振军队、舰队，还要振兴国家。

——弗拉基米尔·普京

01 海空惨案连发，无法愈合的伤痛

2000年8月，俄罗斯发生“库尔斯克”号核动力潜艇沉没惨案，这是普京就任总统以来，俄罗斯发生的最为严重的惨案。这一惨案对普京既是一个沉重的打击，又是一次非常严峻的考验。普京如何应对这一惨案，不光俄罗斯民众拭目以待，全世界都在拭目以待。

“库尔斯克”号核动力潜艇是当时俄罗斯最新型的高性能潜艇之一。它隶属于俄罗斯北方舰队，长154米，排水量1.39万吨，由两个核反应堆提供动力，最大潜水深度为300米，潜水时的最大航速为28节，浮出水面时的最大航速为15节。它是1994年建成下水的，1995年正式交给俄罗斯北方舰队开始服役。它有着超强的潜水能力，能在深达300米的海底连续执行任务120天。

“库尔斯克”号有着“航母终结者”的霸气称呼，能够连续发射24枚巡航导弹，是俄罗斯海军的主力舰只。“库尔斯克”号潜艇完全是针对如何打击航空母舰而设计的，最适合用来悄悄跟踪和打击敌方的航空母舰。它在与敌舰保持适当攻击距离的同时，艇上的巡航导弹可以随时发动攻击。潜艇上的这些巡航导弹，被北约称为“沉船导弹”，每枚巡航导弹重达7吨，射程约在500公里。这样的一枚导弹，足以把一艘航空母舰击沉。

2000年8月12日，“库尔斯克”号核潜艇上的船员在准备发射鱼雷时，由于鱼雷上易燃物质过氧化氢发生泄漏，导致鱼雷装置意外发生爆炸。爆炸引致潜艇隔舱内的温度急剧上升，高达2000℃~3000℃。第一次爆炸两分钟之后，意想不到的惨案发生了，潜艇内存放的其他鱼雷也被极度的高温引爆，从而导致“库尔斯克”号核潜艇沉没，艇上118名官兵生死未卜。

从8月13日确定“库尔斯克”号沉没开始，俄罗斯上下都忙成一团。对普京来说，这是一次非常严峻的考验，稍有不慎，就可能给不怀好意的人留下口实。

救援开始时，由于潜艇沉没涉及军事机密，普京不便公开做出相关的表态。而到了8月16日，一向沉稳的普京也终于坐不住了，他就潜艇被困之事，首次正式公开表态，承认俄军已经做出最大努力，并宣布决定寻求外援。

在做出寻求外援决定的过程中，普京的心里非常矛盾，甚至难下决断。“库尔斯克”号作为俄海军新型主力攻击型核潜艇，涉及海军核心机密，如果接受北约等西方国家的援助，基本就等于将俄罗斯的核潜艇核心技术向潜在的对手全面开放。这样，无论从国家安全考虑，还是从军人尊严考虑，求援方案都不可行。然而，实施救援要紧，普京不得不咬牙做出求援北约的痛苦选择。

营救行动在紧张而有序地进行着，各种谣言和指责已是接踵而至，千奇百怪的传闻和各方媒体捕风捉影的报道，又让潜艇沉没惨案显得扑朔迷离。一些媒体指责俄罗斯海军“懒散”成性，并指责普京在紧要关头不说话、不作为。此时，那些受到普京打击的俄罗斯寡头也通过舆论对普京展开了新一轮的疯狂攻击。而一些西方媒体更是表达了对普京的强烈不满，英国媒体甚至有些讥讽地说：“过去几天所发生的事反映出，该国并没有在这名年轻、精力充沛的领导人执政下复兴，而是具有和过去相同的弱点。”

2000年8月17日，英国LR5救援潜艇和挪威救援人员分别乘船赶往巴伦支海，在海上航行两天后抵达出事海域。8月20日，挪威救援人员用深海水下摄像机拍摄到了“库尔斯克”号的镜头。录像显示，身穿特殊防护服的挪威深海潜水员在海下作业数小时，试图用人工方法打开已严重受损的舱盖，但没有成功。当时，普京表示，俄罗斯将会把抢救潜艇内人员的努力进行到最后一分钟。

8月21日9点，挪威潜水员在几经努力之后，终于打开了“库尔斯克”号潜艇应急舱的内外两层密封舱门，人们最为担心的情况最终还是出现了。潜艇的隔离舱早已经充满水，在这种情况下，不可能有人生还，被困的118名艇员已经全部遇难。

在确认118名艇员已经全部遇难后，普京立即于8月22日，先后看望了“库尔斯克”号潜艇指挥官利亚钦的遗孀以及牺牲艇员的家属。在遇难者亲属面前，普京看上去不像是一位国家元首，而更像是一位能够感同身受的俄罗斯普通公民。他悲痛地说：“首先我向你们表示衷心的慰问，所有牺牲的艇员都是国家英雄，我为他们感到骄傲和自豪。他们虽然牺牲了，但会永远活在俄罗斯人民的心中。这是一场灾难，国家会尽最大的努力处理好善后事宜。所有牺牲艇员家属的合理要求，我们都会尽量满足。我代表国家并以我本人的名义向你们再一次表示慰问，并向你们致敬。因为父母培养了英雄的儿子，妻子拥有英雄的丈夫，孩子拥有英雄的父亲。虽然他们牺牲了，但他们的灵魂将与我们同在，他们的精神将永存。”

8月23日晚，普京在俄罗斯电视台的专访中，诚恳地表示自己应该承担这次事件的全部责任。他说：“尽管我在总统职位上才100多天，但我还是应该对这次悲剧负有全部责任，我有过失。我将与军队、舰队同在，也将与人民同在。我们大家不仅要一起来重振军队、舰队，还要振兴国家。”稍作停顿，他又用坚定的语气鼓舞全国观众，“俄罗斯永远拥有未来，对此，我深信不疑。”

普京的这段话不论是出于政治角度，还是出于个人角度，都显示了一个国家领袖应有的气度和担当。他这种负责任的表态，有助于悲痛的俄罗斯民众冷静下来，对于事故的后续处理更加有利。

2001年7月18日，俄罗斯与挪威潜水员展开联合打捞行动。7月25日，俄潜水员首次进入已经沉入北冰洋底的核潜艇，发现了4具遇难者遗体。7月26日上午，确定首具遗体身份。此外，打捞者在遇难士兵遗体上发现一张字条，根据该字条，可以判定潜艇沉没时至少有23名船员没有当即死亡。10月8日，“库尔斯克”号核潜艇被成功打捞出水，并停泊在位于科拉湾畔、罗斯利亚科沃镇附近的船坞中。

2001年12月，北方舰队司令员波波夫上将和参谋长莫察克中将因为对“库尔斯克”号沉没惨案负有不可推卸的责任，而双双被普京解职。

“库尔斯克”号惨案平息不久，又一次灾难降临俄罗斯。2002年8月19日下午，在车臣首府格罗兹尼郊外的坎卡拉军事基地，一直让外界深感神秘莫测的“米-26”重型直升机突然坠落在基地的雷区之内。

坎卡拉军事基地是驻扎车臣俄军的指挥中枢，驻车臣俄联邦武装部队司令部、驻车臣俄内务部队司令部、俄联邦特警部队车臣司令部均设于此。基地的防卫格外森严，除全副武装的卫兵、嗅觉灵敏的军犬和先进的电子侦测装置外，还在四周密密麻麻的灌木林和蒿草丛中，设置了一个巨大的雷区。这个雷区方圆8000平方米，埋设了各种反单兵地雷、饵雷、绊雷近万枚，就连一只耗子也休想安然穿过这片雷区。因此，坎卡拉军事基地的雷区成为车臣非法武装分子的禁地，也成了车臣俄军官兵的安全天堂。

面对浓烟滚滚、满地残骸、呼救声连连的坠机现场，几百米外的救援人员却只能眼睁睁地看着，无法强闯雷区进行施救。直到基地的工兵和弹药专家匆匆赶来，以最快的速度清理出了一条通道，救援人员才得以进入雷区，将幸免于难的俄军战士送往基地医院抢救。此次空难，是俄军历史上最惨重的军事空难。失事直升机上的147人中，有114人不幸遇难，仅33人生还。

“米-26”素有“光环”之称，是当时世界上最重的，同时也是较为先进的直升机。“米-26”直升机为多用途重型直升机，其运载能力与美国C-130运输机的运输能力相当。

得知空难发生后，普京第一时间要求有关方面随时向他通报事件的最新进展，并表示：“我们将尽快向车臣派出一个专门的调查委员会，彻底调查这起灾难。”

事故发生不久，车臣非法武装即宣称对这次空难负责。他们在专门的网站上宣称：车臣非法武装的一个猎杀伏击小组，在格罗兹尼地区侦察跟踪俄军直升机，最终发射了“针”式地空导弹击落了“米-26”。

8月22日，普京对车臣非法武装分子击落俄罗斯军用运输机，致使114人丧生的行动进行了强烈谴责，并宣布8月22日为全国哀悼日，悼念在军用直升机坠毁事件中的遇难者。

这次空难给俄罗斯带来了沉重的打击，也给普京应对突发危机的能力提出了挑战。对此，普京采取了两手抓的策略，就是一边对对于此次空难负有责任的5名国防部高官分别处以警告、严重警告等不同处分，一边对车臣非法武装发动了一次特别行动，一举歼灭了50多名车臣非法武装分子。

就在普京连任总统不到半年时，又一考验摆在了他的面前。

2004年8月24日晚，两架从莫斯科起飞的俄罗斯图-154、图-134民航客机在飞往南方途中突然发生爆炸坠毁，两架飞机上90名乘客和机组成员全部遇难。由于失事的两架飞机是从同一个机场起飞的，又几乎同一时间从地面雷达屏幕上消失，这让许多人都联想起了发生在美国的“9·11”事件。

在对此次客机空难进行调查的过程中，两名车臣女性乘客进入了调查人员的视线范围。一名叫捷比尔汉诺娃，是图-154的乘客；另一名叫纳佳耶娃，是图-134的乘客。这两个女性乘客，都是车臣“黑寡妇”的成员。调查人员还在两架客机上，分别发现了黑索金炸药的痕迹。由此，调查人员断定，坠机事故是由恐怖爆炸所引起的。

俄罗斯人知道，8月29日将举行车臣总统选举。在这个节骨眼上发生炸毁客机事件，不免让人联想到普京曾飞抵车臣，亲赴同年5月被恐怖分子炸死的车臣前总统卡德罗夫的墓地进行悼念。在车臣恐怖分子眼里，这无疑是一种挑衅。这次他们炸毁飞往普京常去的度假胜地索契的班机，明显带有警告普京的味道。

但这次空难并不足以吓倒普京，反而让他更加关注车臣，更加痛恨那些无视平民生命的车臣恐怖分子。为此，普京强力主张从国家财政收入中专门拿出20亿卢布作为2005年的反恐预算，并实施一项新的反恐计划。

02 安全战略提升，军事改革步伐加快

随着普京时代的到来，“照看好俄罗斯”的重任自然而然地落在了普京的肩上。在长达10年的叶利钦时代，虽然俄罗斯在不断地进行调整转型，但仍扭转不了国家每况愈下的颓势。俄罗斯综合国力日益衰退，地缘政治恶化，外部军事压力增大，国内更是面临着政局动荡、经济危机、民族骚乱等诸多困难，几乎让叶利钦心力交瘁。

与此同时，因华约组织的解散，促使俄罗斯的战略缓冲地带直接后移了1000多公里。华约组织就是华沙条约组织，也称华沙公约组织，是苏联为了对抗北大西洋公约组织而成立的政治军事同盟。1955年，德意志联邦共和国加入北约后，欧洲社会主义阵营中的8个国家，共同签署了《华沙公约》。东欧社会主义国家除南斯拉夫以外，全部加入了华约组织。1991年7月1日，华沙条约组织因东欧社会主义阵营的剧变而正式解散。而苏联的解体，又导致俄罗斯联邦的防御线再次退了近1000公里。

普京担任总统后，在一定程度上继承了传统大国主义战略的强势风格，在千年之交的关键时期，着力凸显强国理念、强军政策和强力举措，这与冷战时期苏联的军事战略有着明显的不同。苏联时期，奉行的是对外扩张势力范围、争夺全球性战略利益的策略。而在普京的主导下，俄罗斯提出军事战略的前提，是确保国家的自身安全。这一战略的最终目的是谋求重新恢复强国地位。

普京就任俄罗斯代总统后，所颁发的第一个总统令，就是修改《俄罗斯国家安全构想》。这一构想在仅仅过了4天后就正式签署了。新的国家安全构想指出，强大的军事实力，是保障国家安全的基础和支柱，是解决外部安全隐患的最终决定力量。新的国家安全构想还提出，俄罗斯要确保对21世纪可能出现

的威胁做出迅速的反应，并应该拥有足够的防御能力。必要时，可动用各种力量和手段，包括动用核武器。

2000年2月，普京提出了《新军事学说》。两个月后，《新军事学说》在俄罗斯联邦安全会议上获得通过，批准该文件的命令随即被普京签署。

普京提出的俄罗斯新军事学说，由军事政治基本理论、军事战略基本理论和军事经济基本理论这3部分组成，比较全面地阐述了保证俄罗斯军事安全的理论。这一新军事学说，主要包含6个基本点：一、加强军事实力，确保国家安全。二、以美国和北约为主要防御对象，立足于准备打一场“大规模战争”。三、在与美国的军事较量上，推行既谋求发展合作关系又加以严密防范、既避免直接军事冲突又善于同美周旋的双重政策。四、加强战略核力量，维护和巩固俄罗斯军事大国地位。五、推进独联体的军事一体化进程，构筑有利的军事地缘环境。六、面向亚太，发展同中国、印度、日本等国的军事关系，全面缓和东线军事关系，以集中主要力量于西部同北约抗衡，为重振大国地位提供实力后盾和军力支持。

普京的这一新军事学说，最突出的特点就是降低了核门槛，强调的是使用俄罗斯现有的全部力量，包括核武器的力量来保障国家的军事安全。按照普京新军事学说的计划，从2000年开始，俄罗斯的军事改革要完成4个方面的任务：

第一，建立全新的军队组织结构。俄军采用空军、陆军、海军三大军种结构，常规力量将由机动部队、战略预备部队和边境防御部队三大部分组成。将实行多年的“连—营—团—师—集团军”体制，改变为“连—营—旅—军”体制。海军的结构包括北方舰队、太平洋舰队、波罗的海舰队、黑海舰队以及里海区舰队。空军由过去的空军、防空军的一部分、航天力量及部分战略核力量组成，包括空间战略部队、航空兵部队、防空火箭部队、无线电技术部队和电子对抗部队。

第二，建立合理的军事统率机关。为适应未来战争的要求，普京打算建立横宽纵短、精干高效的新型指挥体制。一是在总指挥部一级实行军政和军令分开的新指挥体制。二是建立地区联合司令部作为二级战略指挥机构。将当时已有的8个军区的指挥机关全部撤销，代之以4个地区的联合司令部。地区联合司令部分别统管其管辖区内除战略核力量以外的所有武装力量。

第三，建立高度发达的指挥通信体系。俄军总参谋部提出：一是完善反导弹反航天武器力量、战略核力量、战略侦察及电子战略部队的通信和自动化指挥系统。二是建立各军种共用的地区通信系统。三是完善野战通信系统。四是实现指挥系统的电子化和一体化。普京认为，俄罗斯的作战任务将由真正的职业军人来完成，因此要非常重视军事教育的质量。除了让军人具备很高的职业素养外，还要加强军队的纪律，提高指挥员的责任感以及全体军人的文化和道德水平。

第四，建立新型的后勤保障体系。俄罗斯将加紧研制世界先进武器，加速发展非传统武器和空基武器，保持军事领域的技术优势，加快调整国防工业的改革步伐，调整国防科技政策等。

紧接着，在普京的主导下，俄罗斯又先后出台了《2001年至2005年俄武装力量建设与发展计划》和《2001年至2010年武器和军事技术装备发展规划》，集中从5个方面阐发了普京的新军事战略思想的基本内涵：

其一，从军事战略理论角度。普京主张以军事手段为依托，综合利用非军事手段防止和解决军事冲突。普京强调要强力应付局部战争和武装冲突，包括动用武力维护国内宪法秩序。

其二，从国家安全观角度。普京认为应该把安全观念从政治、经济、军事等传统安全要素，扩展到民族、人口、宗教、精神、文化、生态、信息等领域，把军事危险和军事安全置于国家、社会整体危险和安全体系的特殊地位。普京提出了撒手锏战略，强调俄罗斯要保持和发展强大的核遏制力量，把核武器能力定位于军事攻防战略的法宝，并再次重申俄在必要时可首先实施核打击的坚定立场。

其三，从军队建设角度。普京强调国家武装力量的规模，必须建立在国家的经济能力允许范围内，军队必须由数量规模型向质量效能型转变，通过精兵减员和更新武器装备等手段，切实强化质量建军。

其四，从军力配备角度。普京提出俄军建设方向的指导原则，也就是均衡发展战略核武器力量与常规力量，明确今后一个时期，俄军装备的发展重点在于常规力量。同时提出，俄军建制结构将在2005年前，完成向陆军、海军、空军这“三军种”和战略火箭兵、空降兵、航天兵这“三兵种”的建制结构过渡。

其五，从国防预算角度。普京郑重承诺，要适当增加军费，解决官兵实际困难，加紧军事武器研发，着力提高部队机动作战能力，加速建立一支精干的、机动灵活的现代化军队。

相对于冷战时期赫鲁晓夫的“火箭核战争战略”、勃列日涅夫的“积极进攻战略”、戈尔巴乔夫的“纯防御性军事战略”以及苏联解体后叶利钦的“全方位机动防御战略”与“现实遏制战略”，普京把“防为更好进攻，攻是最佳防守”的策略有效贯穿于国家大政方针中，竭尽全力推进俄罗斯的国防建设和武装力量务实而强大。

普京推出的新安全战略和新军事学说是俄罗斯在21世纪重建大国地位的行动纲领，有力地推动了俄罗斯军事改革的步伐，也标志着俄罗斯面对以美国为首的西方国家的咄咄逼人的态势，下定决心要重振雄风。

普京的新军事学说得到了俄罗斯军界的广泛好评和热烈拥护，他们感到，普京的战略构想为俄罗斯重建军事强国指明了方向。

在力图恢复俄罗斯军事强国地位的同时，普京对包括国防部、内务部和国家安全机关在内的国家强力部门集中实施了一次以整顿腐败现象为内容的“猎狼行动”。

在俄罗斯的国家政权中，强力部门具有举足轻重的地位，掌管着各种武装部队，负责保卫国家安全，拥有一系列关键性的权力，作用特殊，地位突出。尤其是他们作为国家反腐的主力，一系列反腐侦查、监督等行动，都由强力部门来完成。于是，他们常常借职务之便，来掩盖一些犯罪活动，并收取好处费。一些警察队伍中的败类纠结起来敲诈企业，少则几万美元，多则数十万美元。对于不服从者，则制造冤假错案进行迫害。

“猎狼行动”是2003年6月23日开始实施的。当天，俄联邦紧急情况部安全局局长加涅耶夫正在办公室内悠闲地玩着电脑游戏。突然，办公室的门被重重地撞开了，没等他明白过来是怎么回事，几名训练有素的“阿尔法”特种部队士兵已经给他戴上了手铐。这位51岁的上将，在俄罗斯强力部门中是个举足轻重的人物，平时很神气。当一名检察院工作人员宣读了刑事起诉书后，加涅耶夫一下子瘫软下来。调查人员在他的皮夹中搜出了1万美元，在保险柜中搜出了5万美元。

莫斯科警察局刑事侦查部上校萨莫尔金是在家中被捕的。调查人员在他家中同样找到大量美元，他手上的一块瑞士手表至少也值3万美元。

在这次行动中，共有1名上将和6名上校落网。在随后的调查中，人们发现这些贪腐的“狼人”，在莫斯科郊外都拥有豪华别墅，造价在50万美元以上，而当时一栋普通别墅的价格一般不超过5000美元。当天，调查人员缴获的现金达300万美元。在这些人家中，甚至还有制造枪支的车间。

“猎狼行动”之后，国家强力部门的一批腐败案件遭到查办。在莫斯科谢列梅捷沃机场执行边检任务的多名边防军人被捕；俄军4名高级军官因涉嫌挪用公款等违法行为被捕；西伯利亚军区米哈依洛夫少将被判3年监禁。这些大案要案的查办，有效地净化了国家强力部门的队伍，树立了普京的权力威信。

03 应对北约东扩，重振军事大国的雄风

以苏联为首的华约组织解散后，以美国为首的北约组织抓住机会，于1994年1月在布鲁塞尔北约首脑会议上，正式提出了将责任区扩大到东欧国家的战

略计划，简称为“北约东扩”。这一计划的目的，就是填补苏联解体给东欧国家带来的所谓“安全真空”，从而建立以北约为核心的未来安全新机制。

1991年7月，以苏联为首的华约宣布解散，苏联本身也随之分解成十几个独立国家，欧洲地区乃至世界的战略格局就此拉开了大分化、大调整的序幕。苏联诸国虽然组成了独立国家联合体，但形式分散，机制不全，力量薄弱。尤其是俄罗斯独立后，处处迎合西方，迅速从东欧地区收缩力量，目的是为了获取西方的经济援助。

此时，美国为维护自身的霸权地位，极力主张北约东扩。美国一直自恃是西方的盟主，组建并控制着北约，其目的就是为了遏制苏联影响力的扩大，尽可能地将西方的军事势力及意识形态向东扩展。华约解体后，美国认为这正是扩大冷战胜利成果、加紧建立一个单极世界的大好时机。因此，美国力主吸引东欧国家加入北约，来进一步削弱俄罗斯的力量，遏制俄罗斯的重新崛起，避免俄罗斯再次对西方构成威胁。

北约东扩也是欧洲地区利益驱使的结果。几个世纪以来，在世界上起支配作用的国家大多在欧洲。“二战”以后，欧洲一直被北约集团和华约集团分别掌控。西欧国家出于战略利益的需要任由美国摆布，而东欧国家则处于苏联的控制之下。冷战结束后，随着西德和东德的统一、德国和波兰的和解，欧洲范围内的和平伙伴关系纷纷建立，一个完整的欧洲正在逐步显现。西欧各国日益重视加强欧洲联盟的建设，竞相吸收东欧国家加盟，扩大影响，试图在政治、经济和军事上加强欧洲的力量，从而达到排挤美国的目的。

北约东扩计划的实施，因为俄罗斯的存在而受到了诸多制约。第一，俄罗斯强烈反对北约东扩。欧洲历来是俄罗斯的战略重点，不仅俄罗斯国家和民族的根本利益在欧洲，而且未来发展与复兴的主要战略空间也在欧洲。北约东扩将把俄罗斯推向欧洲的最远处，不仅卡住了俄罗斯向欧洲发展的战略咽喉，而且把北约的军事力量直接推进至俄罗斯的家门口，对俄罗斯构成直接的现实威胁，俄政府不会对北约东扩听之任之。第二，北约内部对北约东扩所持的立场不一致。北约一些国家认为，当务之急是整顿内部，发展与俄罗斯的良好合作关系，不要让俄罗斯产生孤立感，从而激发俄罗斯社会的反美反西方情绪，把俄罗斯彻底推向西方的对立面。

1999年3月，波兰、捷克和匈牙利加入北约，完成了北约在冷战结束后的第一次扩张。2002年11月，北约秘书长罗伯逊在北约首脑会议上宣布，北约决定邀请拉脱维亚、爱沙尼亚、立陶宛、斯洛伐克、保加利亚、罗马尼亚和斯洛文尼亚等7个国家加入北约。这是北约成立53年来，规模最大的一次扩张，从而使北约成员国从前期的19个增加到26个。

北约东扩的进程，普京时时刻刻都在关注着，时时刻刻都在警惕着。同时，车臣战争、“库尔斯克”号核潜艇的沉没惨案、“米-26”坠毁事件的阴霾一直笼罩在他的心头，一桩桩、一件件，仿佛就在昨天。普京意识到，强国必先强军，强军才能强国。为此，普京出任总统后，全面加快了军事改革步伐，切实加大了军队建设的力度，以重振军事大国之威。

2000年年初，普京在阐述新军事学说时指出：对俄罗斯来说，它所面临的外部不利因素包括：联合国和欧安组织的作用有所减弱，导致俄罗斯对世界政治、经济、军事的影响力下降；以北约东扩为代表的军事政治联盟得到加强，使外国军事力量大大逼近了俄罗斯边境等。这些因素可能直接威胁俄罗斯主权和领土完整，包括导致对俄罗斯的直接军事入侵。因此，要确保对21世纪可能出现的国家安全威胁做出相应的反应，俄罗斯应拥有足够的防御能力，必要时可动用各种力量和手段，包括核武器。

普京不仅在宏观战略上提出合理的设想和策略，他还亲自参与军队现代化计划的制订，拍板解决各种困难，督促改革计划的落实。2003年10月前，军事改革的重点是理顺关系、确立法律基础。而在2003年10月国防部高级军官会议结束后，俄罗斯武装力量建设已经从急剧性的改革转向着眼于未来的发展，目的就是要通过深化改革，提高武装力量执行任务的能力，从根本上改变俄军的面貌。

普京非常清楚地意识到，强军建设最突出、最重要的步骤，是不断增加军事建设投入，大幅度提高军费开支。从2000年起，俄罗斯的军费开支都在以平均每年30%的速度上涨。到2007年，军费开支已达到8200亿卢布，比2000年的1917亿卢布增长了327%。财政投入的增加，使军队的改革和发展由原来的维持型逐步向发展型转变，从而加快了武器装备更新换代的速度和现代化水平的步伐。

2004年2月，俄罗斯举行了20多年来最大规模的战略力量演习。这是一场模拟核战争条件下的军事演习，包括了海基、陆基和空中战略导弹的实弹射击，俄军驻欧洲地区的莫斯科军区、列宁格勒军区、伏尔加河沿岸—乌拉尔军区等6个军区全部参加了演习。演习动用的军兵种涉及陆军、海军、空军、战略火箭军、边防军和内务部队。

演习中，普京登上了“阿尔汉格尔斯克”号战略核潜艇。“阿尔汉格尔斯克”号是世界上最大的核潜艇，在潜艇上，普京与俄军官兵一起，在巴伦支海深处度过了整整一个晚上，让俄军官兵备感鼓舞。对此，俄罗斯国防部机关报《红星报》指出：“俄军官兵第一次感受到，在他们的背后，有一种任何情况下都不可动摇的意志。”

2月16日，是俄罗斯传统的谢肉节。按照俄罗斯东正教的传统习惯，这一天家家户户都要吃薄饼。核潜艇上负责后勤的军官，恰恰为潜艇上的全体官兵准备了薄饼。普京乘坐核潜艇潜到了大海深处，与俄军官兵共度谢肉节。

2月17日，普京下达命令，俄罗斯北方舰队所属的“诺沃莫斯科夫斯基”号战略核潜艇发射RSM-54潜射弹道导弹，目标直指堪察加半岛的“库拉”靶场。在“阿尔汉格尔斯克”号核潜艇上，普京现场观看了导弹的发射情况。

苏联解体后，俄罗斯海军核潜艇部队的实力虽然急剧萎缩，但实力依然强大。1991年，俄罗斯海军尚有62艘弹道导弹核潜艇、约110艘巡航导弹核潜艇和鱼雷核潜艇。到2003年年底，俄罗斯海军仍有22艘弹道导弹核潜艇、35艘巡航导弹核潜艇和鱼雷核潜艇。在此基础上，俄罗斯研制新型核潜艇的计划仍在继续。2010年6月，俄罗斯第四代核潜艇“北德文斯克”号建成下水。2011年10月，“北德文斯克”号攻击型核潜艇完成首次出海试航回到船厂。2012年11月，“北德文斯克”号在白海海域从水下试射了一枚超音速巡航导弹，成功命中海上预定目标。2012年12月，“北德文斯克”号正式交付俄海军使用。“北德文斯克”号交付使用后，俄罗斯北方机械制造厂继续加紧建造第二艘885型

“白蜡树”级多用途攻击核潜艇“喀山”号。这一级别的核潜艇，北方机械制造厂计划建造6艘。“北德文斯克”号攻击型核潜艇采用当今世界上先进的隐形设计技术，潜艇艇体采用高性能的钛合金双壳体结构，且艇内分为7个舱段，储备浮力极佳，比美国核潜艇要高得多，美国不少潜艇专家连连惊呼：“北德文斯克”号核潜艇入役后，美国“海狼”级核潜艇已无法与之匹敌。

2004年2月17日晚，在观看完核潜艇导弹发射后，普京又风尘仆仆地前往普列谢茨克。根据演习计划，战略火箭军在普列谢茨克和拜科努尔航天发射场，分别发射SS-25导弹和SS-19导弹。这两枚导弹不仅准确击中标靶，而且导弹在飞行阶段按计划改变飞行轨道。

普京在演习结束后召开的新闻发布会上透露，在演习过程中，俄罗斯成功地进行了一系列试验，一批超音速、高精确度的武器能够准确击中洲际目标，而且具有很强的机动性。这种先进的武器，世界上其他任何国家都没有。俄罗斯在今后相当长的时间内，有足够的能力保障本国的战略安全。俄罗斯要改变以往对常规力量发展重视不够的做法，使武装力量得到均衡全面的发展。没有陆军和海军，俄罗斯将既不会有盟友，也不会有前途。俄罗斯需要一支专业化军队，首先要提高军队的高科技水平。

根据普京的指示，俄罗斯政府调整了国防预算，把更多的资金用于开发高技术常规武器，武器装备订货拨款总额较2000年增加50%，用于科研开发和试验设计定型工作的资金增加了80%，用于购买武器和军事技术装备的费用亦增加了80%。从2005年开始，一批具有世界领先水平的新式常规武器装备陆续进入俄军大营。

逐步强大的军事实力，让本就强硬的普京更加展露无所畏惧的本色。2007年2月，普京抨击美国无节制地在世界上滥用武力。5月，普京把布什外交喻为纳粹德国外交的翻版。8月，为抗议美国在东欧部署反导系统，普京宣布恢复远程战略轰炸机的全球飞行，还准备建造5艘航母……

在普京的领导下，俄罗斯各项军事改革措施得到了有效实施，军事实力不断增强，逐步恢复了世界军事大国的形象和地位。

04 以防御侵略的名义，加强核武器威慑

2006年3月，普京在俄罗斯核武器计划会议上说：“在当前国际形势下，强大的核武器威慑，是确保国家安全的要务。”他表示，对国际形势和发展前景的分析，促使俄罗斯将核威慑视为国家安全的主要保证，保持足够数量的核武器，是最重要的国家战略之一。他说，目前，俄罗斯已经拥有足够的核弹头，俄罗斯政府正在研讨2007年至2015年核武器发展规划。

冷战时期，苏联的核战略主要是针对美国，完全是在与美国的全面对抗中制定和实施的。苏联解体后，俄罗斯继承了苏联的绝大部分核武器遗产，成为仅次于美国的核武器大国。俄罗斯的核武器战略作为国家安全战略的重要内容，也随着俄罗斯国家安全战略的演变进行了多次调整。

俄罗斯独立之初，实施的是“核妥协”战略。受“回归西方”等思潮的影响，俄罗斯在政治上致力于融入西方，在核战略上奉行不首先使用核武器的原则。叶利钦以为凭借“核妥协”战略，可以换得西方国家的认同。但后来的事实证明，俄罗斯这种一厢情愿的想法，不但没有获得预期的回报，反而让国家陷入了危险的境地。叶利钦第一届总统任期将满时，俄罗斯才突然发现，自己已经没有了与西方抗衡的资本，其常规军事力量远远落后于西方国家，手上唯一可挥舞的只剩下一根“核武器大棒”。

海湾战争后，俄罗斯开始实施“积极防御”战略。俄罗斯国家安全战略开始从单纯防御向积极防御转变。随着国家安全战略的转变，俄罗斯的核武器战略也开始进行了相应调整。最引人注目的一点，就是放弃了不首先使用核武器的承诺，强调核武器遏制的作用。在核武器遏制战略指导下，核武器力量建设被放在国家整个国防建设的优先地位。

普京担任总统后，于2003年10月制定出台了核武器“先发制人”战略。由

于伊拉克战争快速提升了全球油价，俄罗斯依靠出口石油发了一笔不小的“横财”，其外汇储备一度达到了5000亿美元。当时，中国的外汇储备是2万亿美元，而俄罗斯的人口不到中国的六分之一，其人均外汇储备甚至超过了中国。这使得普京踌躇满志，一心致力于恢复昔日俄罗斯军事大国的雄风。

但全球金融危机爆发后，国际原油价格一路下滑，俄罗斯经济亦随之一落千丈。外汇储备大大减少，依靠卖资源、卖能源来实现国家富强的计划变得异常艰难。特别是2009年，美国在页岩气开采上取得重大突破，并扬言在不远的将来，美国将成为世界第一大原油出口国，这将使世界各国对俄罗斯的石油依赖度大大降低。这一消息，对低迷的俄罗斯经济无疑是雪上加霜。同时，这也成为拖延多年的中俄石油管道项目工程谈判突然变得进展顺利的重要因素之一。

从某种角度来说，军力就是国力。而军力和国力都要靠经济来支撑，经济落后，军力和国力都无从谈起。俄罗斯虽然拥有丰富的资源，但资源如果卖不出去，俄罗斯就会失去最主要的经济来源。在美国和欧盟积极推进北约东扩的情况下，如何应对势力范围被侵蚀、地缘政治被封堵的局势，核武器自然成为俄罗斯战略上最为强力的撒手锏。

“先发制人”核战略是普京提出的进攻性核战略，这一战略完全抛弃了以往以防御为主的战略思想。普京不是在虚张声势，而是以实实在在的核武器力量做后盾。普京公开宣称，俄罗斯在捍卫国家安全利益时，可以首先使用核武器，而且打击时间上不受限制、打击对象上不受限制、使用范围上不受限制。俄罗斯人在性格上有着呆板、缺少灵活性和变通性的特点，总会给人一种言出必行的感觉。因此，普京突出的“先发制人”的核武器战略，也就具有了让世人信服的主动性、进攻性和震慑性，

由于常规军事手段发展乏力，俄罗斯在安全领域对核武器库的依赖日益加大。在北约东扩和周边热点不断突出的形势下，俄罗斯公开提出了使用核武器的底线，从大规模入侵到恐怖主义袭击，都在核武器的打击范围之列。这种表态不仅充分显示了俄罗斯政府用核武器维护国家安全的决心，也向潜在敌人传达了这一决心，使对方重新估算攻击俄罗斯所要承受的损失，起到了遏制战争的作用。

2008年，普京制定的“先发制人”战略得到了应用。俄罗斯与格鲁吉亚的

军事冲突、俄罗斯伞兵占领科索沃普里什蒂纳机场两大事件，都让俄罗斯尝到了“先发制人”核武器战略带来的甜头。在这两次事件中，西方国家色厉内荏，除了口头上的强烈抗议外，并没有采取其他实际行动。毋庸置疑，这主要是因为它们忌惮俄罗斯世界第二的核武器力量，这足以说明核武器力量的意义、作用与价值。“先发制人”核武器战略的出台，证明俄罗斯已经把看家的东西放在第一位来使用。

普京提出“先发制人”战略，除了针对以美国为首的北约之外，还有针对日本的考量。因南千岛群岛（日本称北方四岛）的主权归属问题，日本一直在无休止地纠缠，加之进入21世纪以来日本军力的大幅提升，俄罗斯发展核武器力量，也起到了震慑日本的作用。

普京指出，研制和部署新型洲际导弹、新型战略导弹核潜艇、新型战略轰炸机，增强核力量的威慑和实战能力，是俄罗斯处在内忧外患形势下的必然抉择。他形象地说，如果手中的牌都不足以挽回颓势，那就索性把底牌亮出来。如果一个国家不能有效运用核武器的威慑作用，来保证自身的安全发展，那么，核武器将毫无价值可言。

2010年6月，普京公开宣称，俄罗斯正在考虑对外公开核武器库储备数据。这是继奥巴马2010年5月初公布美国的核弹头数量和核力量调整计划后俄罗斯做出的积极反应。有分析认为，普京的这一表态是在主动显示俄罗斯的核武器实力，他希望通过展示国家的强大力量，来遏制潜在敌人可能发动的大规模进攻。

核武器的威慑力量，需要具备3个基本要素：威慑力量、使用力量的决心和畅通的信息传递。俄罗斯庞大的核武器库，对任何国家都可以构成足够的威慑，力量毋庸置疑。为了使威慑更为有效，俄罗斯改变了过去对核武器力量建设和使用高度保密的做法，切实加大了宣传的透明度，并有选择地披露核武器的有关情况，使对手了解俄罗斯核武器的真正实力。如对最先进的白杨-M导弹的公开宣传。这种导弹能够轻易突破美国的导弹拦截系统，俄罗斯对这种导弹的研发、试验、列装、参加战斗值班等阶段性成果都进行了非常广泛的披露。俄罗斯在媒体上对这种导弹的大肆渲染，起到了震慑北约组织的作用。

普京认为，俄罗斯曾经执行的不首先使用核武器的策略，核武器打击方式主要是核还击和核迎击，这两种方式都是敌人发动进攻之后的被动报复，国家必然会蒙受巨大损失。普京提出“先发制人”战略，表示一旦明确敌人将对俄罗斯展开不利行动，俄罗斯有权对敌人进行先发制人的打击，从而改变了俄罗斯在维护国家安全过程中的被动局面，给国家处理军事危机提供了更大的空间，也从一个侧面鲜明地体现了俄罗斯政府对于危害国家安全行为进行报复的决心，极大地提升了俄罗斯核武器威慑的效果。

与苏联时期相比，俄罗斯的整体军力早已无法和美国进行全面抗衡，而庞大的核武器库就成为俄罗斯手中可以和西方讨价还价的可靠筹码。为了最大化地利用核武器库的盾牌作用，俄罗斯尽量把核武器威慑的作用范围扩展到国家安全的各个领域，以此来确保国家生存与发展的基本利益，保证国家顺利度过政治、经济转轨的过渡时期。

普京就任总统以来，俄罗斯始终在国防建设与经济建设、核武器力量与常规力量、俄罗斯与美国军事实力对比这3对关系的平衡中来寻找最佳结合点，既要完成保卫国家安全的重任，又不重蹈前苏联搞军备竞赛导致经济崩溃的覆辙。

2013年年底，俄罗斯在核武器力量上的动作频频。在1周之内，俄罗斯海军先后接收了3艘核潜艇，两个装备亚尔斯导弹系统的导弹团正式进入战斗值勤。与此同时，新一代“萨尔马特”“边界”洲际导弹研制顺利，在不久的将来也将如期进入俄军服役。

2014年9月，俄罗斯成功从潜艇试射了一枚“布拉瓦”洲际导弹。该导弹长12米，其核打击能力可达到原子弹的100倍。俄罗斯海军上将契尔科夫称，此次洲际导弹是从白海海域试射的，导弹击中了在俄罗斯远东地区的目标。随后，普京再次宣称，俄罗斯必须保持核武器威慑，以应对日益严峻的安全威胁。因乌克兰危机导致俄罗斯与西方关系恶化，普京称北约组织正利用乌克兰危机寻求复兴，俄罗斯必须对这样的动向做出反应。俄罗斯军方甚至宣称：莫斯科可能考虑不顾华盛顿的反对，重新部署被1987年《中短程核力量条约》所禁止的具有核运载能力的中程导弹。这无疑是俄罗斯对美国的步步紧逼做出的强烈反应。

05 强势回应，“颜色革命”不会在俄罗斯重演

“颜色革命”又称“花朵革命”，是指20世纪初发生在中亚、东欧独联体国家的一系列以颜色命名、以和平和非暴力方式进行的政权变更运动。参与者通常采用一种特别的颜色或者花朵作为标志，打着拥护所谓西方式民主的旗号，通过非暴力手段，来抵制并控制他们国家的现政权。

苏联解体后，美国随即动用一切资源，在独联体各国实施培植“民主”土壤、营造“民主”气氛、物色“民主”骨干、树立“民主”榜样的“支持新生独立国家”计划，要把独联体各国打造成新型“民主”国家。美国的主要目的就是为了更好地控制独联体国家，建立亲西方联盟，从而挤压俄罗斯的地缘政治空间，最终实现美国独霸世界的战略目标。在美国强力鼓吹的民主改革和民主演化之下，进入21世纪后，独联体各国内部所谓的“民主风气”日渐浓厚，不稳定因素越来越多。

2003年，格鲁吉亚率先发动了针对选举舞弊的群众暴动，并夺取了政权，成为“颜色革命”的第一波。“颜色革命”的浪潮一直持续到2005年上半年，步格鲁吉亚的后尘，乌克兰和吉尔吉斯斯坦在2004年和2005年相继爆发了针对执政当局的“颜色革命”，并完成了政权更迭。

对普京来说，这场“颜色革命”无疑是对他和俄罗斯的另一个严峻考验。“颜色革命”爆发后，整个俄罗斯都在关注着一个问题，那就是这一风潮是否会波及俄罗斯？俄罗斯一旦发生“颜色革命”会是怎样的一个结果？一些政论家认为，同格鲁吉亚、乌克兰、吉尔吉斯斯坦3国相比，俄罗斯已经处于全然不同的发展阶段。俄罗斯已经实现了从人心思变到人心思定的历史跨越，况且，普京等政治精英掌控政权的能力亦非其他独联体国家领导人能比。

俄罗斯国家杜马主席纳雷什金说，和苏联解体时相比，当前的俄罗斯社会

情绪已完全不同往日，已经变得更加自由且更富有责任感。俄罗斯人明白，政治体系的变革必须在法律框架内实现。那些希望政治体系发生变化的人，并不希望这些变化危及国家的存在。

即使对俄罗斯抵御“颜色革命”有着足够的信心，但普京仍旧做出了相应的应对措施。2005年7月，普京在一个会议上说：“我接到报告，说外国的资助直接用于支持俄罗斯国内具体的政治活动，而且是非常敏感的方面。任何一个尊重自己的国家都不会允许这种行为出现，我们坚决反对外国资助俄罗斯的政治活动。”普京的这番话，充分表明了他对西方非政府组织在俄罗斯活动的高度警觉。

2003年11月，格鲁吉亚“玫瑰革命”拉开序幕。11月2日，格鲁吉亚议会换届选举正式在全国展开。选举当天，反对派因对选举委员会提供的选票不满，进而冲击地区选举委员会大楼。11月3日公布的选举初步统计结果表明，支持谢瓦尔德纳泽的“为了新的格鲁吉亚”联盟在选举中领先。反对派当即指责计票工作中存在舞弊行为，认为当局对选票做了手脚，并从4日开始，组织支持者在首都第比利斯等城市举行大规模抗议活动。革命者手持一枝玫瑰花，一次又一次地走上街头，迫使当权者向他们屈服。

这场“玫瑰革命”的推动者和组织者是当时年仅35岁的萨卡什维利。他曾游学于美国，回国后受时任格鲁吉亚总统谢瓦尔德纳泽的器重和提拔，后来以革命的名义、反对派领袖的身份，向自己的政治恩师谢瓦尔德纳泽及其领导的政治势力发起挑战。在玫瑰花的感召下，群众如洪水般加入了萨卡什维利的队伍，向导致选举不公、腐败、民主进程缓慢的谢瓦尔德纳泽政权发起最猛烈的政治攻势。

“玫瑰革命”最终把年轻的萨卡什维利推到了格鲁吉亚政坛的巅峰，同时，也使统治格鲁吉亚长达11年之久的谢瓦尔德纳泽黯然离去。谢瓦尔德纳泽是前苏联、也是格鲁吉亚政坛的常青树，是举手投足都为世界关注的政治明星。这位被称为“高加索银狐”的精干长者，在自己一生的政治生涯中历经坎坷，建功无数，多次出生入死却总能化险为夷。但这一次，却被自己一手提拔起来的晚辈打败了。他自称拯救过世界，却在一场由几个年轻人掀起的政治风暴中无法拯救自己。

格鲁吉亚的“玫瑰革命”，开创了独联体国家反对派通过和平革命的方式更替政权的先河。格鲁吉亚曾经是苏联的一个加盟共和国，并为苏联贡献了一个富有传奇色彩的领袖斯大林。苏联解体后，俄罗斯和格鲁吉亚在地缘上有着共同的边界线，格鲁吉亚还控制着外高加索的咽喉要道，以及黑海、中东向外输送石油的重要管道。“玫瑰革命”后，格鲁吉亚投入西方的怀抱，这对邻国俄罗斯是不可估量的打击。

2004年隆冬时节，乌克兰的“橙色革命”拉开序幕，并一直持续到年底。当时，政府总理亚努科维奇、反对派“我们的乌克兰”组织领袖尤先科两位总统候选人对大选计票结果各执一词，都宣布自己理应当选，进而引起了各自支持者的大规模抗争，甚至在街头大打出手。

受情势所迫，当局随后决定重新举行投票。尤先科在新一轮投票中获得51.99%的选票，以微弱优势战胜对手。对此，尤先科欢欣鼓舞，宣称这是乌克兰人民的胜利。而亚努科维奇则表示不满，并提出多项申诉，但无济于事，只能默默接受选举结果。美国和欧盟深表满意，认为选举是自由、公正的。俄罗斯和许多独联体国家则对选举结果十分不满，强调这次投票存在大量违法舞弊行为，是非法的。

从各方表现来看，乌克兰的这次总统选举，不仅反映出两位总统候选人以及他们所代表的东、西部地区之间的对立，更凸显出俄罗斯与美欧国家地缘战略利益的对立。在这次风波中，尤先科的支持者在游行示威中高举橙色旗帜，穿着橙色服装，因而被称为“橙色革命”。“橙色革命”在一定程度上打破了各方利益均衡，产生了广泛的国际影响：第一，俄罗斯与美欧之间的裂痕进一步加大；第二，俄罗斯与乌克兰之间的关系可能发生逆转；第三，独联体国家可能出现“颜色革命”的连锁反应。乌克兰“橙色革命”对俄罗斯国内局势是一次巨大冲击，特别是在俄罗斯的青年一代中引起了广泛共鸣。

自独联体成员国相继发生“颜色革命”以来，有关“颜色革命”的话题一直充塞着俄罗斯的媒体。发生在邻国的一次次“颜色革命”，也深深触动着普京的内心。他只有一个念头，那就是决不允许“颜色革命”在俄罗斯上演。普京根据俄罗斯国内局势的特点和所受影响，决定从根源抓起，强力采取相应的措施。

第一，取缔非法组织，对社会团体赞助人实施监督。2005年11月，俄罗斯国家杜马全体会议正式审议了一项由统一俄罗斯党、俄罗斯共产党、自由民主党、祖国党团联盟联合提交的法律草案，即关于对非政府、非商业性社会组织强化国家注册程序的法案。新法律内容主要包括：对非政府、非商业性社会组织进行国家注册和撤销注册的程序，所有非政府组织必须纳入国家登记的制度。新法律规定，国家有关机构有权对非政府、非商业性组织的活动和财务进行随机审查，一旦发现其有违法行为，立即予以注销。上述组织一旦从事与注册章程不相符合的活动，立即予以取缔。

第二，组织青年近卫军阻挡“颜色革命”入侵。为了防止俄罗斯成为“颜色革命”的下一个受害者，“我们”、“欧亚青年联盟”等亲政府青年组织在总统办公厅副主任苏尔科的支持下建立起来。“我们”组织的新闻秘书伊万在接受采访时说：“在我看来，乌克兰发生的一切动摇了俄罗斯，年轻人开始讨论和思考俄罗斯的前进方向。”“我们”这个组织的主要目标，是现代化、民主体制和爱国主义。“我们”这个组织明白自己必须抗击那些意欲改变普京政权的人。“我们”的理念是，凡是反对现政权的人都是祖国的敌人，必须用武力与之斗争。“我们”这个组织得到了普京总统的支持，主要以18岁至22岁的年轻人作为发展对象，重点是大学生等知识分子，从而成为保卫俄罗斯的一支青年近卫军，保卫俄罗斯免受“颜色革命”的威胁。

第三，开展“为了诚实选举”活动。在普京的授意下，俄罗斯国家杜马于2005年3月成立了选举监督委员会。委员会多数成员来自统一俄罗斯党，主席是独立议员贡恰尔。对选举舞弊的抗议，一直是“颜色革命”的主要借口。普京集中开展“为了诚实选举”的活动，就是要防止舞弊行为的发生，让“颜色革命”这只苍蝇无缝下蛆。普京说：“就算我们选举失利，也不能允许任何人利用对选举舞弊的怀疑，使邻国发生的事情在俄罗斯上演。”

第四，俄罗斯与白俄罗斯在患难中重新牵手，共同对付“颜色革命”的入侵。俄罗斯与白俄罗斯是战略联盟关系，如果白俄罗斯被“颜色革命”吞没的话，那俄罗斯的地盘离被美国蚕食殆尽就不远了。对俄罗斯而言，在战略上需要白俄罗斯这个重要伙伴。白俄罗斯反对西方兜售“民主价值观”，一直被视为独联体内最积极的反西方国家，是俄罗斯反对北约东扩的最后一道战略屏障。让普京感到欣慰的是，在2006年3月举行的白俄罗斯总统选举中，卢卡申科再次当选。尽管反对派宣布不承认选举结果，号召支持者举行示威行动，但最终结果是，西方媒体所鼓噪的“雪花革命”没能在白俄罗斯上演。

第五，独联体联合军演对抗“颜色革命”。为了显示独联体的集体力量，2005年4月，俄罗斯主导的独联体集体安全条约组织成员国“边界-2005”联合军事演习，在塔吉克斯坦境内举行。演习方案临时增加了武力对抗“颜色革命”的科目。主要目的是吸取吉尔吉斯斯坦“郁金香革命”的教训，提高集体安全条约组织成员国军队对抗“颜色革命”的水平。

第六，以“软实力”应对独联体国家的“颜色革命”。普京在总统办公厅增设了对外地区及文化合作局这样的一个新机构。凭借这个机构，可以对邻国的文化、人文合作产生深刻的影响，用美国学者约瑟夫的话说，这是一种软实力，文化和教育是俄罗斯能够有效影响独联体国家的方式之一。这个机构真正的任务是预防和打击“颜色革命”，帮助亲莫斯科的势力参加并赢得竞选。

普京通过实行强硬措施，不仅击碎了美国企图扼杀俄罗斯于“颜色革命”之中的图谋，也扭转了俄罗斯在独联体的颓势，巩固了在独联体中的核心地位。

06 回击挑衅，出兵格鲁吉亚

在格鲁吉亚境内，俄罗斯族裔占多数的南奥塞梯自治州，一直以来都有着与俄罗斯境内的北奥塞梯共和国合并的政治诉求，因此，南奥塞梯自治州与格鲁吉亚之间的冲突一直不断。1992年，由俄罗斯、格鲁吉亚和南奥塞梯3方组成混合维和部队，负责在冲突地区执行维和任务。

在北京奥运会开幕的前几天，南奥塞梯和格鲁吉亚之间再生嫌隙。2008年8月6日，格鲁吉亚总统萨卡什维利照会俄罗斯大使和南奥塞梯、阿布哈兹两地的官员，承诺不会在象征和平的奥运会期间发动战争。对此，俄罗斯人放松了警惕，总理普京前往北京参加奥运会的开幕式。没想到，格鲁吉亚出尔反尔，在8月8日奥运会开幕当天就发兵南奥塞梯。格鲁吉亚军队很快击败了南奥塞梯军队，并攻占南奥塞梯首府茨欣瓦利。

在格鲁吉亚对南奥塞梯动武之后不到两个小时，普京在北京给总统梅德韦杰夫和国防部部长谢尔久科夫打了两次电话。对普京来说，格鲁吉亚向俄罗斯挑衅，俄罗斯唯一的回应只能是发动一场战争，一场足以将格鲁吉亚活活撕碎的战争。当有记者问道是谁拍板做出了战争的决策时，总统梅德韦杰夫很配合地说："这种决定只能由一个人做出，这个人就是作为最高统帅和国家总统的我。"

8月8日15时20分，俄罗斯军队装甲输送车队迅速进入南奥塞梯境内；15时50分，俄罗斯装甲部队开进南奥塞梯首府茨欣瓦利；16时，俄罗斯国防部宣布将向驻扎在茨欣瓦利的俄罗斯维和部队增援；17时20分，俄军第58集团军赶往茨欣瓦利，增援驻扎在那里的维和部队。

驻格鲁吉亚俄军在接到作战的命令后，仅用50分钟就从驻地抵达茨欣瓦利，反应之迅速令人震惊，这与科索沃战争中俄军快速抢占普里什蒂纳机场如出一辙。第58集团军在接到命令后，用2小时20分钟就完成了一切作战准备，包括燃料、弹药补给和开始实施越境行动，显示出了极高的战备水平。该集团军进入南奥塞梯边境后，沿公路长驱直入，快速进入茨欣瓦利周边，在炮兵、航空兵的掩护下，对格鲁吉亚防守之敌展开攻击，以俄罗斯式的闪电战回击格鲁吉亚军队的闪电战。

俄军第58集团军组建于1995年6月，自组建以来，这个年轻的集团军不负众望，在第二次车臣战争、别斯兰人质事件及大型军事演习中均有不俗表现，被称为保卫俄罗斯南部安全的可靠盾牌。该集团军共有6000人次被授予各种奖章，38人被授予“俄罗斯联邦英雄”称号。第58集团军编制包括2个摩托化步兵师、1个独立的摩托化步兵团、5个独立的摩托化步兵旅，其中还包括2个战役战术导弹旅和数个炮兵旅等。

除了出动第58集团军外，俄军还调动了20个摩托化步兵师、7个空降师、独立陆航团、防空导弹旅，以及包括战役战术导弹旅在内的多个远程打击力量，基本涵盖了俄军现有的各个技术兵种，形成了对格鲁吉亚的绝对兵力优势。

俄军展开行动后，首先出现的是具有前苏联特色的重型装甲机械化部队。这样一支装甲部队可以轻易地碾碎一切抵抗，格鲁吉亚军队根本无法进行正面对抗。

担负正面攻击任务的第58集团军抵达茨欣瓦利外围后，即从北、东、西3个方向形成了围攻部署，并向茨欣瓦利南部重镇哥里实施穿插，切断了格鲁吉亚军队退路。俄军率先使用重型火炮，对防守茨欣瓦利的格鲁吉亚军队进行猛烈的炮击，并出动苏-24、苏-25强击机对城区及外围守军进行轰炸。

在俄军装甲部队的三面挤压下，困守茨欣瓦利的格鲁吉亚军队无法得到兵力、火力支援，在退路已绝的情况下仓皇溃散，向茨欣瓦利南郊和西南地区转移。8月9日15时，俄军已经占领了茨欣瓦利全城。

在此后的战斗中，俄军一直保持着高昂的士气。为了进一步扩大战果，俄军向茨欣瓦利南部的格鲁吉亚重镇哥里实施迂回攻击，部分兵力进占哥里东郊，切断了东西走向的高速公路，格鲁吉亚中部交通干线被拦腰斩断，极大地动摇了格鲁吉亚军队的战斗意志。

在正面攻击的同时，俄军向阿布哈兹地区派遣了第74空降师部分兵力，进入与格鲁吉亚接壤的科多里峡谷边界一带，并于8月12日凌晨发起攻击行动，包围了格鲁吉亚军队特种战旅1000多人，将格鲁吉亚武装部队赶出科多里峡谷，清除了格鲁吉亚政府在阿布哈兹境内所控制的唯一地区。

随后，俄军又从阿布哈兹占领区向格鲁吉亚西部重镇祖格迪迪前进，并在坦克支援下，占领了祖格迪迪市政府办公大楼。格鲁吉亚西部另一重镇塞纳基也成为俄军攻击目标，俄军黑海舰队的陆战突击队在此抢滩登陆，迅速控制了当地几个警察局，未发一弹就解除了格鲁吉亚特种警察的武装。

位于祖格迪迪东南部的塞纳基陆军基地也被俄罗斯空降兵占领，当一个连的俄罗斯空降兵突然从天而降时，守卫在那里的格鲁吉亚一个精锐山地营不战而逃。就此，俄罗斯完成了对格鲁吉亚的东西对进攻击，格鲁吉亚基本上形成了一分为二的局面。

在地面部队攻击的同时，俄罗斯空军对格鲁吉亚当面守军和纵深内的战略目标进行了空袭。此外，俄军从黑海直接登陆格鲁吉亚，形成对格鲁吉亚军队海陆夹击之势。8月10日，在阿布哈兹水域巡逻的俄罗斯海军遭格鲁吉亚导弹艇挑衅，俄罗斯军舰开火击沉其中一艘。

紧接着，俄军特种部队突袭并占领了格鲁吉亚波季军港。除少数几艘格鲁吉亚军舰事先被疏散出军港外，大部分格鲁吉亚军舰被缴获，并被炸毁，格鲁吉亚海军全军覆没。俄军还缴获了美国刚刚援助给格鲁吉亚的先进的导弹快艇，并用拖船将这些快艇全部拖走。俄军还在港口缴获了几辆美军的“悍马”军车，同样将这些战利品收归己有。

8月9日深夜，普京从北京直接飞抵北奥塞梯共和国首府弗拉季高加索市视察。普京与北奥塞梯共和国领导人马姆苏洛夫、俄罗斯联邦政府副总理茹科夫、紧急情况部部长绍伊古等人讨论，向涌入该地区的南奥塞梯难民提供援助，以及向北奥塞梯当地被疏散的大量民众提供帮助。普京告诉大家，俄罗斯的行动绝对有法律依据，是合法和必要的，指责格鲁吉亚是企图把其他国家和人民拉入流血的冒险行动中。

8月10日凌晨，普京飞回莫斯科，同梅德韦杰夫谈起了视察情况。梅德韦杰夫马上表示，俄罗斯政府要采取一切必要措施援助南奥塞梯。政府迅速制订了拨款100亿卢布帮助南奥塞梯重建的计划，而且马上按照普京的意思开始执行。

在和普京的较量中，萨卡什维利可以说是完败。显然，萨卡什维利的算盘打错了，他没有考虑到俄罗斯会如此强烈地反击，也没有想到俄罗斯军队的组织能力在苏联解体后，还能保持如此效率。格鲁吉亚军队以卵击石，流出的自然是血。而俄罗斯政府毫不犹豫，普京强硬而干脆，立刻出兵对抗，对格鲁吉亚狂轰滥炸，格鲁吉亚等不来美国以及北约欧洲国家的支持，只能撤退。萨卡什维利忽视了欧洲国家，特别是欧洲有影响力的大国，如德国、法国、意大利等跟俄罗斯的关系，欧洲国家不可能因为格鲁吉亚而激怒俄罗斯。这是大国博弈的舞台，小国往往只能成为牺牲品。

8月12日，普京对前往俄罗斯斡旋的法国总统萨科齐说："我会绞死格鲁吉亚总统萨卡什维利的，就像美国人绞死萨达姆。"萨科齐赶紧劝阻普京："绞死萨卡什维利，您想要落得同布什总统一样的下场吗？"普京明显对自己的玩笑很是满意："阁下，您说得很对。"

普京要"绞死萨卡什维利"的玩笑，给萨卡什维利留下了深深的心理阴影。直到1年后接受记者采访时，萨卡什维利还心有余悸地说："普京肯定会整死我们，他一定会实现他去年说过的话……普京有一切理由来收拾我们，以完成他的工作。"

8月13日，梅德韦杰夫提出了暂时停火的6点建议：不寻求使用武力；完全停止一切军事行动；允许自由通行，进行人道主义援助；格鲁吉亚武装力量返回其常驻部署地点；俄罗斯武装力量退回到开始军事行动前的边界线，在建立国际机制前，俄罗斯维和力量可采取安全补充措施；国际社会开始讨论南奥塞梯和阿布哈兹的未来地位和保障其持久安全的方法。

随后，格鲁吉亚政府表示，全盘接受俄罗斯的6点建议，持续5天的俄格战争就此结束。8月18日，俄军开始从南奥塞梯冲突地区撤军。8月22日19时50分，俄罗斯按计划顺利完成从格鲁吉亚撤军的任务，部分军队撤到南奥塞梯境内，部分军队已返回常驻地，维和人员已进入安全区哨所履行维和使命。8月26日，梅德韦杰夫发表电视讲话，宣布承认阿布哈兹和南奥塞梯独立。俄罗斯在阿布哈兹和南奥塞梯设立大使馆，两地从此成为主权国家，再也不归格鲁吉亚所有。

普京在接受媒体的采访时说："当侵略者闯进你的领土时，你就得迎头痛击，侵略者应该得到惩罚。不给俄罗斯退路的人，我们也不会给他留活路。"面对普京的强硬，美国也只能选择忍气吞声。

Chapter 10 纵横捭阖：从容应对外交，坚决维护俄罗斯利益

反对我们的人其实并不希望我们制订改革计划……他们希望俄罗斯越弱小越好，他们想让俄罗斯无组织无目标，这样他们才能在幕后动手脚，坐享其成。

——弗拉基米尔·普京

01 调整外交战略，国际舞台彰显本色

普京就任总统后，首先继承了叶利钦时期的多极化外交战略。叶利钦时期，俄罗斯走过了曲折的历程，最终形成以“恢复大国地位，确保势力范围”为核心、以“成为未来多极世界重要一极”为目标、以“独立自主、多方位、东西方相对平衡”为特点的多极化外交战略。叶利钦所确定的外交战略，得到了俄罗斯民众的广泛认同。普京上任后，保持了叶利钦政策的连续性。1999年年底，普京在俄罗斯安全会议扩大会议上说：“俄将继续执行卸任总统叶利钦制定的对外政策，俄对外政策方针不会改变。俄将一如既往地在平等、互相理解、友好和互利合作的基础上同世界各国建立关系。俄将致力于建立多极世界。”

在继承的同时，普京对俄罗斯外交政策做出明显调整。普京出身强力部门，推崇强权和铁腕。同时，他曾在西方生活过，参与过激进民主改革，对西方社会及其运行规则有一定了解，认同民主价值观和市场经济原则。这些经历，使普京的思想体系具有明显的两面性：既有强烈的强国意识，又能正视国力虚弱的现实；既崇尚西方，又对其存有很强的戒心。这种思维体现在外交上，就是普京既主张坚决维护国家根本利益，又主张灵活变通，善于妥协，最大限度地避免冲突，注重实际效果。

普京主政以后，就外交问题先后签署了两个纲领性的文件：2000年4月的

《俄罗斯联邦外交政策总则》和2000年7月的《俄罗斯走下去》。在外交政策方面，普京实现了在全球范围内四路并进。第一，与美国在对抗中合作。第二，把欧盟看作极为重要的政治经济伙伴，努力消除分歧，拉近和欧洲国家的关系，这是俄罗斯外交政策传统的优先方面。第三，布局亚洲，稳定后方。其中，积极发展同中国的战略合作伙伴关系是重要的一环。第四，普京外交政策的优先方面是保证与独联体国家进行的多边和双边合作，重点在于发展与独联体所有国家的睦邻关系和战略伙伴关系。

在北约继续东扩和美国国家导弹防御体系不断发展的情况下，面对西方全方位的挤压，普京一方面积极发展同西欧的合作，谋求军事方面的安全；另一方面也抓紧同东方发展关系，以图建立稳定的战略大后方。普京这种平衡东西方的外交政策，是由俄罗斯现实的需要和长远的利益所决定的。普京东西并进的全面外交，对谋求重新崛起的俄罗斯来说更为适合。在普京的这一策略指导下，俄罗斯放下了超级大国的架子，改变了小马拉大车的形象，在处理国际事务中有进有退，自西向东展开务实外交，可谓东西兼顾、左右开弓。

普京是个现实主义者，他提出以恢复发展经济为核心，卄展俄罗斯大国地位的务实外交。2000年年初，普京批准出台《国家安全构想》。同年6月，普京批准的《俄罗斯对外政策构想》出台，标志着俄罗斯对外政策形成阶段的结束。普京的外交政策构想反映了俄罗斯占统治地位的政治力量的立场。

2001年年初，普京的民众支持率达到70%。在短短1年的时间里，普京就稳定了国家，至少在10个重要方面取得很大进展：一、车臣恐怖主义问题得到缓解；二、设立7大联邦区；三、消除寡头与国家争权问题；四、俄罗斯武装力量和强力部门得到加强；五、国防工业出口开始复兴；六、工业生产、建设规模和农业都有了发展；七、金融体系巩固，国家债务按期偿还；八、各个方面符合国家利益的积极独立外交政策得到恢复；九、退休金提高，失业率下降；十、社会局势平稳，民众心态好转。总之，国家稳定的大好局面在全国得到恢复，甚至以前流失的资金也开始返回俄罗斯。于是，俄罗斯的政治家们评价道："普京是在需要的时候，出现在需要位置的有用人才。"

普京的强国外交所依靠的两张王牌，一张是石油能源，另一张是"三位一体"的战略核武器。所谓"三位一体"，就是陆基、海基和空基的"三位一体"。普京依靠前苏联时期形成的石油、天然气管网和电力网，对独联体国家和欧洲国家施加俄罗斯的影响力。普京在第一个任期，恰逢国际能源市场涨价，依靠能源出口，2000年以来俄罗斯国内生产总值增幅一直在6%以上。普京提出的能源复国战略，既拉动了俄罗斯经济的快速增长，也成为对外政策的强力工具。

俄罗斯的能源出口，一直在打不同的价格牌。对俄白联盟的白俄罗斯，一直实行与俄罗斯一样的天然气价格；而对乌克兰，则在不同时期实行不同的天然气价格。在尤先科担任乌克兰总统期间，俄罗斯以乌克兰拖欠天然气债务为由，两次中断对乌克兰的天然气供应，以此来约束乌克兰加入北约。而当亚努科维奇上台后，俄罗斯与乌克兰的关系得到改善，天然气供应又趋正常。

在对华关系上，普京继承发展了叶利钦的对华政策，与中国领导人将双方面向21世纪的战略协作伙伴关系提升到全面战略协作伙伴关系。

2001年7月，两国签署了《中俄睦邻友好合作条约》，以法律形式，确定以平等互信的战略协作伙伴关系作为中俄关系模式。2003年5月，中国国家主席胡锦涛对俄罗斯进行国事访问，两国元首签署《中华人民共和国与俄罗斯联邦联合声明》。胡锦涛在莫斯科国际关系学院发表了题为《世代睦邻友好，共同发展繁荣》的演讲。2004年10月，普京访华，签署中俄联合声明和批准《〈中俄睦邻友好合作条约〉实施纲要》，并最终签署解决边界遗留的黑瞎子岛等问题的《中俄东段边界补充协定》，彻底解决边界划界问题。普京总统访华期间，双方发表的联合公报提出了"和谐世界"的理念。

普京主政后，俄罗斯经济的迅速恢复，主要得益于国际市场石油价格持续走高。2005年，俄罗斯国内生产总值7700亿美元，人均国内生产总值5300美元。到2005年年底，俄罗斯黄金外汇储备突破2000亿美元，而当年黄金外汇储备就增长800亿美元，比预测多出了300亿美元，黄金外汇储备居世界第五位。2006年，俄罗斯的黄金外汇储备再创新高，居世界第三位，仅次于中国和日本。2007年，俄罗斯经济实力已经达到1991年的水平，国内生产总值增长7.3%，人均9500美元。黄金外汇储备达4763亿美元，仍居第三位。从2000年至2007年，俄罗斯国内生产总值增长了72%。

在世界格局问题上，俄外交通过参与不同力量和利益的制衡、利用各种矛盾、依靠多边合作机制，参与构建多极世界。在巴尔干、中东、西亚、朝鲜半岛等热点地区问题上，都看到俄罗斯经济实力增强后的身影。2006年1月，在巴勒斯坦立法会选举中，哈马斯获得巴勒斯坦立法会的多数席位，成为执政党，但遭到美国的孤立。2006年3月，普京对媒体重申，哈马斯在立法委员会选举中获胜是对美国外交政策的沉重打击。普京邀请哈马斯领导人访俄，显然是打破美国孤立哈马斯的外交策略。

2007年3月，俄罗斯外交部提出国家外交政策指导文件《对外政策述评》，将俄罗斯定位为亚太国家。文件指出：作为世界经济火车头和全球化发展主要推动力量的亚太地区具有战略意义，中国和印度最为重要，俄罗斯在该地区的外交政策非常明确，即认真结合现实情况，进一步均衡发展与地区国家间的关系，通过加速西伯利亚和远东地区的发展，保障亚太地区的长期稳定，保障俄罗斯国家利益。俄罗斯应继续发展俄、中、印三边论坛，扩大对话与合作。文件对俄中互信关系的评价达到了史无前例的高度，成为世界政治中的重要因素。文件指出：俄罗斯的长期国家利益和两国对当代世界基本问题的立场上的接近性，构成了俄中合作的基础，俄致力于继续全方位巩固和扩大与中国的平等信任伙伴关系和战略协作。

2012年3月，普京第三次当选俄罗斯总统。可以预见，在俄罗斯总统任期改为6年以后，普京将有12年的政治抱负实现时间。2013年2月，普京批准的《俄罗斯联邦外交政策构想》，明确和细化了俄罗斯在国际政治中的行动路线图。普京对国际局势的基本判断是，国际关系处于过渡期，正在形成多中心的国际体系，国际力量和发展潜力正在分散，并向亚太地区转移，其他新兴国家逐渐走向国际政治和经济的前台。在国际金融危机因素不断积累、西方主要国家结构性矛盾悬而未决和持续萧条的背景下，俄罗斯面临金融危机挑战。普京对本国的国际定位是，俄罗斯始终是地缘政治中的重量级选手。作为国际社会负责任和建设性的一员，协助制定积极、平衡和统一的国际议事日程，并协助解决全球和地区问题。俄罗斯的外交政策体现了国际事务和世界文明发展中的平衡因素，具有独一无二的作用。第一，俄罗斯将积极促进建立公平、民主的全球经济贸易与货币金融体系。第二，确保尊重人权和自由，要考虑每个国家的民族、文化和历史特点。第三，在国际互联网上，将抵制以干涉内政为目的的新技术的使用。第四，坚持联合国的不可替代性，不允许以负有保护责任为借口，实施对其他国家内政的军事干预或其他形式的干涉。普京提出，面对在西方支持下的突尼斯、埃及、利比亚等北非国家的政权更迭和叙利亚危机的加剧，俄罗斯将加大施加自己的影响力，并加强在叙利亚的塔尔图斯港口的军事存在。

02 俄美之间，对抗与合作纠缠不清

普京知道，俄美关系是俄罗斯外交政策的重中之重。美国是世界上唯一的超级大国，政治、经济、军事、科技均非常发达，对世界影响巨大。俄罗斯外部的经济援助中，有60%来自美国占主导地位的世界银行和货币基金组织，俄罗斯在债务问题和加入世贸组织等问题上都有求于美国。上任之初，普京就在致克林顿的信中指出，对美国的政策是俄罗斯对外政策的优先方向

之一。

普京对美国采取了外圆内方的外交策略，在尽量避免与美国发生正面冲突的同时，俄罗斯合理利用手中的牌，勇于维护自己的国家利益，在核心问题上不轻易做出让步。2000年6月，美国总统克林顿访问俄罗斯，意在逼迫俄罗斯修改反导条约，为美国部署国家导弹防御体系扫清道路。这将打破俄美核均势局面，严重危害俄罗斯安全利益。普京坚持认为反导条约是战略稳定的基石，决不妥协。在克林顿到来之前，普京就亮出了一张王牌：如果美国坚持修改反导条约，俄罗斯将退出所有的削减进攻性武器条约。2000年7月，在日本冲绳八国峰会前夕，俄罗斯同中国、朝鲜就反对美国部署国家导弹防御体系问题达成一致，使普京在反导问题上给克林顿施加了压力。

普京认为，俄美关系决定着世界安全和稳定局势，决定着国际社会应对新挑战、新威胁的效果。2001年，普京在“9·11”事件发生的第二天，就向小布什发去信函，表达对美国的同情，并将“9·11”事件与俄罗斯的车臣问题相比，但没有得到美国的积极回应。2002年年初，俄美两国发生相互驱逐外交官事件，美国为了在中欧部署导弹，又单方面退出1972年反导条约。2003年3月，伊拉克战争爆发，俄罗斯与美国的战略矛盾进一步加剧，俄罗斯一再举行战略导弹发射，显示俄罗斯的核力量仍具有远程打击的实力。在美、英等国加大对叙利亚的压力时，俄罗斯放出话来，要向叙利亚出售弹道导弹。伊朗核问题难解难分之际，俄罗斯不仅提出了要帮伊朗处理浓缩铀，还决定向其出售先进的“道尔”防空导弹。俄罗斯与美国之间的紧张关系和不信任状态，使得两国在防止核扩散和反恐方面的合作变得更加困难。2004年，北约第二轮东扩，又有7国家加入，特别是波罗的海三国的加入，威胁到俄罗斯西北部的安全。因此，在格鲁吉亚和乌克兰加入北约问题上，俄罗斯表现出强硬立场。

苏联解体时，美国许诺给俄罗斯以一系列经济援助。可是，美国是管破不管立的国家，援助可谓是口惠而实不至。再说，美国也不是一家慈善机构，它要讲究自己国家的权力和利益。无利可图的事情，美国决不会干。俄罗斯倒向西方的外交战略被迫宣布破产，无奈走向既重视西方又重视东方的外交路径。

俄罗斯指望不上美国，只好自己治疗伤口。美国不仅眼睁睁地看着俄罗斯在休克疗法中挣扎，而且落井下石。支持北约东扩，随后又抛出欧洲的导弹防御体系，不断压缩俄罗斯的缓冲地带和生存空间，终于把俄罗斯逼上绝境，无奈走上反美的道路。俄罗斯进入受憋屈的境地，如同20世纪60年代的中国。

美国实施重返亚洲战略后，在俄罗斯的西部也是动作频频。对于俄罗斯的周边国家，美国一直在采取分化政策，离间它们与俄罗斯的关系，破坏俄罗斯的缓冲地带。美国的目的就是不让俄罗斯安生，更谈不上尊重俄罗斯的国家利益。俄罗斯也自然不甘屈服，频频给美国放狠话。面对逐渐复兴的俄罗斯，美国也得思量思量，看看自己是否惹得起这位军事大佬。

美国对俄罗斯国内局势的干涉以及对俄罗斯的轻视，令普京政权无法忍受。2012年12月，美国众参两院通过《马格尼茨基法案》，并由奥巴马正式签署。根据该法案，美国决定将俄罗斯安全机关、警察部门及看守所的60多名官员列入黑名单，拒绝向其发放入境签证。对此，俄罗斯针锋相对，很快通过禁止美国公民领养俄罗斯儿童的《季马·雅科夫列夫法案》。

就在俄美因人权问题互不相让之际，“斯诺登事件”使俄美关系再起波澜。2013年7月，美国“棱镜门”事件的爆料者斯诺登逃亡莫斯科，普京随即宣布为斯诺登提供为期1年的临时避难。美国政界为此大为恼火，奥巴马宣布取消原定于9月在莫斯科举行的“普奥会”，并表示要重新审视和调整两国关系。“斯诺登事件”在一定程度上影响了俄美关系，但再次展现了俄罗斯敢于对美说“不”的勇气。更为重要的是，俄罗斯不仅掌握了美国情报机构进行“网络战”的核心机密，提升了自身的“网络战”能力，还通过批评美国的“窃听丑闻”站上道义制高点，甚至在一定程度上离间了美欧关系。

同时，叙利亚危机、伊朗核问题背后，也始终伴随着俄美角逐的影子。叙利亚问题是2013年俄美外交博弈的主战场。俄罗斯一直反对以武力方式推翻巴沙尔政权，使叙利亚沦为第二个利比亚。在奥巴马政府以叙政府使用化学武器为由叫嚣动武之际，俄罗斯提出“化武换和平”倡议，建议将叙利亚化学武器置于国际管控之下，化解了叙利亚战争一触即发的紧张态势，赢得了国际社会的支持。可以说，在此轮中东地区影响力的争夺中，俄罗斯凭借其对叙利亚政府的不离不弃赢得口碑，并借机重返中东政治舞台，而美国在叙利亚问题和伊核问题上的立场却引起了海湾阿拉伯国家的不满，美国与埃及过渡政府的关系也面临危机，其在中东地区的影响力有所下降。

03 俄欧关系，消除分歧共荣辱

在普京的外交棋局中，俄欧关系一直是重点考虑的一招。普京重视俄欧关系，明显是为了谋取经济利益、介入欧洲事务、借欧制美、防止俄罗斯在欧洲孤立。在投资、解决债务和加入世界贸易组织等问题上，俄罗斯需要欧盟的合作与支持。俄罗斯还希望通过加强与欧盟的关系，来遏制来自独联体内部成员加入北约和欧盟的势头。同时，发展俄欧关系，还可对美国独霸欧洲安全事务发挥制约作用。俄罗斯在坚持原则的基础上，对欧外交表现出较大的灵活性，以争取更多的合作，捞取更多的实惠，从而避免在经济上受制于美国。

普京尤其注重改善与欧洲大国之间的关系。由于俄罗斯采取军事行动，坚决打击车臣非法武装分子，与欧洲大国产生了尖锐分歧，导致双方关系一度出现严重危机。2000年年初以来，欧洲委员会议会议长，意大利、德国和法国外交部部长，英国、荷兰外交大臣等欧洲大国的政要，相继访问了俄罗斯，并发出改善和发展双边关系的意愿。普京欣然接过西方伸出的“橄榄枝”，展开了一系列积极的外交活动，力求缓和矛盾，改善同欧洲大国的关系。2000年4月，普京选择英国作为第一个出访的西方国家。就职后不久，普京又出访意大利、西班牙和德国等欧洲国家，表明俄罗斯迫切希望改善并发展对欧关系。

普京把英国和德国看作俄罗斯对欧外交的重点对象。英国是美国最密切的盟友，可以充当俄罗斯与美国改善关系的调解人。英国作为北约的重要成员国，也能促进俄罗斯与北约关系的改善与发展。在法国与德国因车臣战争而疏远俄罗斯时，普京就是选择了英国作为俄罗斯在欧洲的新合作伙伴。2000年3月和4月，英国首相布莱尔和普京成功实现互访，使英俄关系大大改善。德国是俄罗斯最大的债权国，对俄罗斯经济发展至关重要。因车臣战争而僵化的俄德关系，逐渐恢复正常。2000年6月，普京访问德国取得了圆满成功，双方达成了德国在俄罗斯投资17亿美元的协议，德国对俄罗斯提出的建立欧洲导弹防御系统的计划表示谨慎的支持。德国总理施罗德甚至同意，将俄罗斯偿还德国债务的期限延缓至2016年。

但是，2007年，俄罗斯与欧盟之间发生的一系列事件，使俄欧关系陷入持久的危机之中，俄欧关系经受着冷战结束以来最严重的误解和不信任。

2007年7月，英国宣布驱逐4名俄罗斯外交官，理由是俄方拒绝引渡英国前特工利特维年科中毒案的嫌疑人、俄罗斯商人卢戈沃伊。英方还宣布，对俄罗斯政府官员的签证加以限制。此举立即引起俄罗斯方面的强烈反应，随即宣布俄罗斯将驱逐4名英国外交官，并停止向英国官方人士发放签证。至此，两国关系陷入僵局。

2007年以来，乌克兰、白俄罗斯、阿塞拜疆、亚美尼亚和格鲁吉亚等国家的领导人接二连三地出访欧盟轮值主席国德国，而上述部分国家内部有争议的地区的领导人则经常聚集在莫斯科开会，俄罗斯外交部还有意将与会者称为“总统”。实际上，欧盟早在制定东扩战略时，就开始筹划对这一地区各国的政策，目的就是把这些国家从俄罗斯势力范围内挖出来，在欧盟和俄罗斯之间建立一个战略缓冲区。

长期以来，欧盟国家与俄罗斯保持着传统的能源合作关系。俄欧关系紧张后，俄罗斯计划出台新的能源管道计划，该管道从俄罗斯普里莫斯克港口至波罗的海，日输送石油达到100万桶。该管线一旦建成，将导致俄罗斯对匈牙利、斯洛文尼亚、德国和其他中欧国家原油供应的中断。对此，中欧国家表示强烈的反对。由于双方之间的利益冲突，欧俄之间的能源之争将会是一场持久战。

受乌克兰危机的影响，在普京的第三个总统任期内，俄欧关系又降至冷战后的最低点，俄罗斯国内出现了空前高涨的反欧厌欧情绪。

2014年3月16日，克里米亚公投如期举行，公投结果赞成克里米亚独立，并加入俄罗斯。为此，欧盟3月17日举行成员国外交部部长紧急会议，按照欧盟成员国3月12日就对俄罗斯制裁草案达成的一致意见，正式确认制裁俄罗斯的步骤。除了暂停与俄罗斯放宽签证的谈判内容外，制裁措施还包括对俄罗斯军事干预乌克兰局势的直接责任者实行入境禁令并冻结其在欧盟境内的账号。如果事态进一步激化，欧盟最后的撒手锏就是对俄进行全面经济制裁。这将是冷战以来，欧盟首次决定对俄罗斯采取制裁措施。

自乌克兰危机以来，美国试图与盟友一起对俄罗斯实施制裁。但德国并不愿封锁俄罗斯，而是积极进行斡旋，做俄罗斯和乌克兰的工作，力促尽可能使用外交途径解决危机。德国在能源上对俄罗斯有很强的依赖性，德国消耗的石油和天然气约25%来自俄罗斯。德国与俄罗斯之间的政治、经济关系较其他欧洲国家更密切。德国有6000余家企业在俄罗斯投资，比其他欧盟国家在俄企业的总和还要多，德国还有30万个就业岗位与此有关。

但克里米亚的公投，使德国等摇摆不定的欧盟国家对俄立场变得强硬。公投结束当天，德国总理默克尔就打电话给普京，强调克里米亚公投违反国际法，不承认公投结果，并建议俄方同意立即扩大欧安组织观察团规模，尤其是同意观察团前往乌克兰东部地区。

随着欧盟制裁措施的出台，俄罗斯毫不退让，随即采取了反制裁措施，俄欧之间的紧张态势进一步升温。

2014年7月，欧盟和美国对俄罗斯经济实施全面制裁。俄罗斯以牙还牙，以限制食品进口对欧盟进行反制裁。2015年6月底，针对欧盟延长对俄制裁，俄方也将食品禁运延期至2016年8月5日。

其实，欧盟对俄罗斯进行制裁存在着许多变数：第一，在能源领域的利益捆绑，削弱了欧盟对俄制裁决议的效力；第二，在处理诸多地区问题上，欧盟仍需俄罗斯的配合；第三，欧盟各成员国对乌克兰问题的不同立场，也对制裁构成挑战。在自身危机重重的背景下，欧盟对俄制裁将受到多种因素干扰，能走多远尚不明朗。

2014年的最后1个月，随着国际油价下跌、外资大量撤走、卢布大幅贬值、国内物价飞涨，俄罗斯正在经历一场不小的经济危机。俄罗斯总统普京表现出的坚定的领导力，俄罗斯政府和央行尽力缓解汇率和物价的变动，再加上民众表现出的相对镇定，都在一定程度上帮助了俄罗斯经济，使之没有更加恶化。无疑，来自欧盟的制裁是导致俄罗斯陷入危机的重要因素之一。

随着俄罗斯经济状况持续恶化，欧洲开始出现对制裁的反思声音。2014年12月，奥地利总统菲舍尔称，欧盟企图进一步制裁俄罗斯的做法是愚蠢而具有破坏性的。他认为，欧盟的做法会制造很多麻烦。在他看来，乌克兰不应该把欧洲和俄罗斯对立起来，只选其一，同两者同时发展良好的经济联系才是最优政策。此前，德国外交部部长施泰因迈尔也表示了类似的立场，他认为俄罗斯不会因为经济困难而妥协。

事实上，自从欧盟开始对俄罗斯进行制裁、俄罗斯对欧盟进行反制裁后，欧洲企业就感受到了与俄罗斯关系恶化的影响，不仅欧洲对俄罗斯的出口迅速减少，在俄罗斯投资的企业也不得不撤出俄罗斯市场。由于欧盟经济陷入低迷，此时失去俄罗斯这个新兴市场，对欧洲企业来说是一个致命打击。德国工商总会就曾对媒体表示，俄罗斯卢布暴跌带来的经济危机，使德国一些企业面临严峻局面。

俄罗斯危机爆发后，外界纷纷评论这是西方利用金融手段，想像搞垮前苏联一样搞垮普京领导的俄罗斯。但是，当今的世界经济已经高度一体化，冷战时期的手段很可能导致不一样的结果。一些经济学家认为，俄罗斯经济危机如果持续下去，会影响世界经济复苏，更影响与俄罗斯邻近的欧洲国家。

因此，欧洲很可能会寻找机会同俄罗斯缓和关系，而俄罗斯也会不失时机地向欧洲释放缓和的信号。2014年12月，俄罗斯先后恢复了对乌克兰供应天然气和煤电，甚至为此放弃提前收款。这不仅是俄罗斯对乌克兰释放出的善意，也是对欧洲发出的缓和信号。俄罗斯很清楚，无论是在地缘政治还是经济方面，欧洲与俄罗斯对抗的成本都远远大于美国。同欧洲寻求缓和是有机会的，妥协符合俄欧共同利益。

欧洲方面也有表示，法国总统奥朗德在欧盟冬季峰会闭幕后表示，欧盟有可能减轻对俄罗斯的制裁，条件是乌克兰局势取得进展。这说明，欧洲同俄方已经有了妥协的基础。

04 俄中之间，互为战略合作伙伴

普京就任代总统后，就决定把对华关系放在俄罗斯外交的重要位置。2000年1月，普京亲自会见了来访的中方军委副主席迟浩田，并强调俄中关系不会因为俄罗斯政局的变化而转变。此后，俄罗斯派副总理克列巴诺夫访华，磋商双边军事技术、经贸合作方面的具体事宜。2000年6月8日，普京给中国国家主席江泽民打热线电话，表示将推动两国战略协作伙伴关系在新世纪里向前发展。2000年7月18日，普京访问中国，进一步强化了俄中战略伙伴关系。普京务实的作风，促进俄中关系向更务实的方向发展。在双方的共同努力下，俄中在能源和军事领域的合作进一步加强，俄中双方经贸关系相对滞后的局面有所改观。

1992年，中国和俄罗斯宣布建立“建设性伙伴”关系；1996年，中国和俄罗斯又宣布建立“战略协作伙伴关系”；2001年7月，中国和俄罗斯签订睦邻友好合作条约，规定了俄中在21世纪战略协作的大方向。然而，此时普京外交的重心是西方，奉行的是亲西方的退却政策，还没有完全认识到中国的重要性。

而2004年以来，在俄罗斯外交战略中，中国的国际地位逐渐上升，两国能源合作受挫的消极后果得到成功化解，俄中关系步入了快速发展的轨道。此后，俄中两国在政治、经济、文化和军事上加强了战略协作，两国关系迅速发展，每年都能跨上一个新台阶。

2005年7月，在纪念反法西斯战争胜利60周年之际，中国国家主席胡锦涛访问俄罗斯，并与普京共同发表了《中俄关于21世纪国际秩序的联合声明》，表明了对当代国际秩序的基本问题所持有的共同的基本立场；俄中两国启动了两国战略安全磋商机制，就双边、多边的重要安全问题开展实质性对话。2005年，俄中两国进行了4次高层互访，启动了俄中两国议会间的定期交流机制，并成功召开了中国全国人大与俄罗斯国家杜马合作委员会第一次会议，标志着俄中议会合作实现机制化。

2006年3月，普京再次访华，两国间的能源合作进入新阶段，达成了能源合作协议。一些涉及电力、石油、天然气、机械制造等领域的大型长期项目得到落实，俄中经贸合作取得质的进展，两国的睦邻关系进一步向深度和广度发展。这一年，俄罗斯在中国成功举办“俄罗斯年”主题活动。

2007年，中国国家主席胡锦涛和国务院总理温家宝先后访问俄罗斯，俄中双方在经贸、科技等领域达成一系列合作协议。这一年，中国在俄罗斯成功举办“中国年”主题活动，显示两国关系步入一个新台阶，两国人民的理解与友谊不断加深。

普京在第二个任期内，在发展俄中关系上最显著的成果是石油管线的确定，这是俄中双方共同努力的结果。早在1994年的叶利钦执政时期，俄罗斯石油企业就向中方提出修建从西伯利亚到中国东北地区石油管道的建议，并于1996年建议落实《中俄共同开展能源领域合作的政府间协定》，同时敲定了中俄石油合作的第一个管道项目，即西起俄罗斯伊尔库茨克州的安加尔斯克油田，向南进入布里亚特共和国，绕贝加尔湖后一路向东，经过赤塔州进入中国，直达大庆的中俄“安大线”方案。

然而，“安大线”的后期落实却因为半路杀出的日本出现了曲折。2002年年底，日本政府提出修建一条从东西伯利亚经过远东地区到太平洋港口的石油管道，即“安纳线”（安加尔斯克—纳霍德卡），以解决日本同样旺盛的原油需求，并通过太平洋港口向北美等地输出，“安大线”就此出现危机。时任俄罗斯总统的普京召开记者发布会，对外宣称，由于“安大线”离贝加尔湖太近，对环保和安全不利，从而倾向日本提出的“安纳线”。

在中方的强大压力下，经过多方协调，普京政府最终出台了一个折中的方案：将“安大线”和“安纳线”两条线合并为“泰纳线”（泰舍特—纳霍德卡），全线都在俄罗斯境内，在安加尔斯克至纳霍德卡干线上建设一条到中国大庆的支线。至此，中俄石油合作的管道问题才算解决，“泰纳线”中国境内支线于2011年1月正式开通。

煤炭合作也是俄中两国能源贸易的重要组成部分。2010年8月底，普京政府与中国方面签署了俄中双方开展煤炭合作备忘录。中国向俄罗斯提供60亿美元贷款，用于煤矿开发及保障煤炭出口的相关基础设施建设。贷款具体用于俄境内煤炭产地的勘探开采和修建公路、铁路、桥梁、港口及其他基础设施，以及俄罗斯从中国引进采煤设备，包括煤炭加工和提炼设备、矿渣回收处理设备等。同时，俄罗斯应保证对中国长期稳定的煤炭供应。未来5年，俄罗斯每年向中国供煤1500万吨。此后，每年供应将提高至2000万吨。

2012年，是俄中关系承上启下的一年。俄罗斯的“普梅”组合顺利完成权力交替，普京再次当选总统。2012年6月，俄中发表联合声明，双方重申坚定支持维护阿拉伯叙利亚共和国的主权、独立、统一和领土完整，强调叙利亚局势发展对中东乃至世界和平、稳定具有重要意义，坚定认为，叙利亚危机必须通过冲突各方停止暴力，开启全面政治对话，并在没有外来干涉的情况下寻求公正、和平解决。双方坚决反对通过外来武力干涉解决叙利亚危机的图谋，以及在联合国安理会等场合强行推动“政权更迭”。

2013年3月，中国国家主席习近平首次访问俄罗斯，这也是习近平担任国家主席后的首次国事访问，不仅继承了中俄政治关系世代友好的成果，而且进一步加强了双方的战略互信。习近平参观了俄罗斯武装部队战略指挥中心，这是俄罗斯第一次对外国领导人揭开军事上的最神秘的面纱。中国时隔10年后，再次从俄采购军事装备，包括24架苏-35战机、合建4艘“拉达”级常规潜艇。这为中国未来走向远洋和航母建设奠定了装备基础。

在发展双边关系方面，俄中发表的联合声明指出：一、必须开展大项目合作，以夯实长期稳定健康发展的新型大国关系的基础，实现经济合作总量和贸易结构质的平衡发展。二、加强中间层面的战略互信，在海关、双方贸易部门、金融领域合作中的直接投资、信贷等方面要加强密切合作，减少人为障碍。三、加强能源领域石油、天然气和煤炭等上下游产品的务实合作，通过投资期货、办合资企业等方式密切合作关系，破解价格瓶颈，构建牢固互利的中俄能源战略合作信任关系。四、深化包括军工在内的高科技领域合作，推动高科技领域的合作研发，朝着科技合作成果商业化、产业化的方向发展。五、加大《中国东北地区与俄罗斯远东及东西伯利亚地区合作规划纲要》的实施力度，扩大两国经济发达地区合作，扩大合作互信质量和合作空间与范围，将地方合作纳入国家合作计划，提高效率，通过人员密切往来和劳务合作为双方的地方合作带来效益。六、落实中俄人文合作行动计划，通过举办“旅游年”、青年友好交流年等各项活动，扩大两国青年交流，打好两国关系的人文基础。

从全球战略层面，俄中在国际事务中的努力方向是：一、进一步依托上海合作组织和金砖国家合作机制，推动世界多极化进程，共同致力于维护世界与地区和平、安全与稳定。二、倡导遵循平等互信、包容互鉴、合作共赢的原则，推动国际关系民主化，反对霸权主义和强权政治，在国际热点问题上加强合作。三、发挥两国作为联合国常任理事国的作用，促进世界和平与稳定，在推动共同发展与繁荣，建设公正、民主、和谐的世界秩序中更有作为。四、加强两国在联合国安理会的合作，维护联合国权威，坚持按《联合国宪章》的宗旨和原则阐明俄中两国对国际热点问题的立场，坚持与美国等国对话，坚持用和平方式而不是战争手段解决国际争端和冲突。五、在国际社会中，维护两国对发展道路的选择。六、发挥各种国际组织的作用，以集体协调方式，就世界重大经济和政治问题与世界各种国际关系行为体，特别是与西方工业化国家开展对话和合作，以实现全球经济可持续健康稳定发展，推动世界总体和平、发展、合作的大趋势，将平等合作、互利共赢、共同发展和共同繁荣变成全球国际语言的主基调。

为了配合普京到北京参加中国人民抗日战争暨世界反法西斯战争胜利70周年纪念活动，2015年8月31日，俄罗斯媒体发表了《红场与天安门广场的友谊》一文。文章称：胜利日大阅兵让俄中关系更近了。

阅兵式开始的时候，在天安门城楼的观礼台上，普京作为中国历史上规模最大阅兵式的主宾，所在的位置就在中国国家主席习近平的身边。而早在同年5月9日，习近平出席了在莫斯科举行的纪念卫国战争胜利70周年阅兵，习近平与夫人彭丽媛也同样在普京的身边。此次参加天安门阅兵式的外军方队，很多来自独联体国家，俄罗斯第154独立警卫团的约80名官兵作为压轴方阵一展风采。在5月9日的红场阅兵式上，中国军人也享受了同等礼遇。

除参加庆典外，两国领导人都对双方每年借助各类国际性平台保持及时接触感到满意。普京总统与习近平主席之间建立的定期联络机制，在国际关系实践中绝对是非常罕见的。

俄罗斯驻华大使杰尼索夫说，除两国元首会谈外，两国总理、副总理、外交部部长及其他高官也定期会晤，这充分说明两国之间的契合程度是非常高的。

05 优先考虑的重点，发展与独联体国家的关系

独联体地区是俄罗斯的后院，为此，普京积极推动独联体外交战略，把发展与独联体国家的关系作为优先考虑的重点，这也充分体现了普京恢复大国地位、确保势力范围的外交思想。2000年5月，普京宣誓就任总统后说：对俄罗斯来说，与独联体国家的关系，过去是我们优先考虑的重点，将来还是我们优先考虑的重点。

“独联体”是独立国家联合体的简称，是由前苏联大多数共和国组成的进行多边合作的组织。独联体成立初期，除波罗的海三国外，阿塞拜疆、亚美尼亚、白俄罗斯、格鲁吉亚、吉尔吉斯斯坦、摩尔多瓦、哈萨克斯坦、俄罗斯、乌兹别克斯坦、乌克兰、塔吉克斯坦和土库曼斯坦等12个苏联加盟共和国，都成为独联体的正式成员国。2005年8月，土库曼斯坦宣布退出独联体；2008年8月，格鲁吉亚宣布退出独联体，于2009年8月正式退出；2014年3月，因为克里米亚独立并加入俄罗斯问题，乌克兰也正式启动退出程序。

1991年12月8日，苏联时期的俄罗斯总统叶利钦、乌克兰总统克拉夫丘克和白俄罗斯最高苏维埃主席舒什克维奇在白俄罗斯的别洛韦日会晤，签署了一项关于建立独立国家联合体的协定，宣布停止苏联作为国际法主体和地缘政治现实的存在，建立独立国家联合体，其协调机构设在白俄罗斯首都明斯克。12月25日，戈尔巴乔夫宣布辞去苏联总统职务，苏联随之解体。

独联体国家都是主权独立的国家，是一个主权国家的合作组织。在这一框架下，俄罗斯和其他独联体国家在地位上是平等的。《独联体章程》规定：独联体以所有成员国的主权平等为基础。独联体不是国家，也不拥有凌驾于成员

国之上的权力。独联体作为一个组织，是为各成员国进一步发展和加强友好、睦邻、族际和谐、信任、谅解和互利合作关系服务的。各成员国在国际安全、裁军、军备监督和军队建设方面实行协调的政策，采用包括观察员小组和集体维持和平部队等手段保证独联体内部安全。当成员国的主权、安全和领土完整以及国际和平与安全受到威胁时，各成员国应立即进行协商，协调立场，采取相应措施。

普京担任代总统后，立即与独联体各国元首通了电话，显示了俄罗斯对独联体国家的重视。随着西方大国对独联体地区进行政治、经济、文化和军事方面的渗透，普京越来越感到问题的严重性。考虑到独联体国家的离心倾向日益加剧的现实状况，普京对独联体国家的政策及时做出相应的调整。

第一，对与俄罗斯关系最紧密的白俄罗斯和与俄罗斯关系比较友好的哈萨克斯坦、吉尔吉斯斯坦、塔吉克斯坦、亚美尼亚等国家，俄罗斯通过经济和安全合作，进一步巩固关系，使其进一步依附于俄罗斯。2000年5月，《独联体集体安全条约》成员国就进一步加强军事合作问题达成了协议。这意味着这些成员国将处于俄罗斯强大军事力量的保护和控制之下。对白俄罗斯，俄罗斯努力推进一体化进程。普京正式批准了俄罗斯同白俄罗斯建立联盟国家条约，并邀请白俄罗斯总统访俄。正式当选总统后，普京首访的国家就是白俄罗斯。对哈萨克斯坦，俄罗斯允诺增加输油量，说服哈萨克斯坦使用绕过车臣战争地区新修的管道输油。2000年6月，普京在会晤哈萨克斯坦总统时，重点就在经贸、军事技术和安全领域的合作问题交换意见。

第二，对有亲西方倾向的土库曼斯坦和乌兹别克斯坦两国，普京则全力拉拢，使其回心转意，重归俄罗斯的怀抱。普京宣誓就职后，出访乌兹别克斯坦、土库曼斯坦两国。在乌兹别克斯坦，两国达成了部署联合防空系统的协议。在土库曼斯坦，两国达成了未来30年内土库曼斯坦每年向俄罗斯出口500亿立方米天然气的原则性协议。

第三，对左右摇摆的乌克兰，俄罗斯恩威并重，努力将其拉入军事联盟。普京访问乌克兰时，强调希望俄乌加强军事合作，并在能源问题上施压乌克兰。对阿塞拜疆、格鲁吉亚等明显亲西方的国家，俄罗斯采取既打又拉的策略，使其收敛亲西方的势头。俄罗斯一方面威胁要对格鲁吉亚、阿塞拜疆实行签证制度，以阻止两国在俄罗斯的侨民向自己的国家大量汇款，断其重要财路；另一方面，俄罗斯在两国各自的领土纠纷中承诺扮演公允的角色。

普京对独联体的外交政策有的放矢，取得了明显成效。以能源和安全合作为纽带，俄罗斯成功地将中亚五国拉到自己身边，打击了阿塞拜疆、格鲁吉亚和乌克兰的亲西方势头。独联体国家整体外交倾向开始向俄罗斯移动，美国对乌克兰、中亚和外高加索各国的渗透受到不同程度的遏制。就俄罗斯的独联体战略而言，普京比叶利钦更加具有针对性，他的实际行动多于言语口号，对利益和实惠的考虑大于理想和情感，更在意周边实际安全而不是虚幻的大国外交。

独联体是俄罗斯的传统利益区，是俄罗斯对外政策最重要的优先方向。普京在独联体地区的战略目标是，争取实现经济一体化，并在经济一体化基础上实现政治一体化。

尽管受到诸多因素的困扰，但俄罗斯与独联体国家发展经济关系，仍然具有得天独厚的优势。一是地缘优势。俄罗斯与独联体国家在地理上相邻，俄罗斯1.4万公里陆上边界线，有60%是与独联体国家接壤的。二是能源优势。俄罗斯能源储备丰富，而多数独联体国家能源匮乏，对俄罗斯存在较大的能源依赖。虽然近年来各国采取了一些摆脱能源依赖的举措，但相当长的时期内对俄罗斯能源的依赖程度不会下降。三是吸引劳动力的优势。由于人口下降等原因，俄罗斯对懂俄语的独联体国家的劳动力有着较大的需求，对俄罗斯的劳务输出，也是独联体各国财政收入的重要来源。四是相对经济实力优势。2000年以来，俄罗斯经济持续增长，经济实力明显增强，进而对独联体经济产生了较强的辐射力，对独联体的贸易和投资实力有了较大提升。五是语言纽带优势。有大约2400万俄罗斯族居民居住在独联体各国，很多独联体公民也都使用俄语。俄罗斯族人与当地居民间早在前苏联时期就建立了良好的关系。六是体制优势。俄罗斯与多数独联体国家的政治、经济体制相近。在发展经济关系时，独联体内国家能更好地相互理解现实政治和经济需求。七是传统经济联系优势。苏联时期，在专业化和生产协作的基础上，各加盟共和国逐渐形成了相互依赖和相互补充的经济联系。苏联解体后，尽管独联体各国都在想方设法地完善各自的工业体系，但原有的大格局并没有发生根本性的变化。八是实现经济一体化优势。独联体国家对独联体内部贸易的依存度较高。除俄罗斯外，在其他各国的外贸中，独联体内部贸易均占30%以上。

2000年10月，在普京的倡议下，白俄罗斯、哈萨克斯坦、吉尔吉斯斯坦、俄罗斯和塔吉克斯坦5个关税联盟成员国的共同签署了建立欧亚经济共同体条约，使独联体成员国之间的关系进入了一个新阶段。俄罗斯支持欧亚经济共同体发展对外联系，提升国际声望。欧亚经济共同体没有辜负普京的期望，已经逐步发展成为拉动独联体地区经济一体化进程的火车头，成为独联体成员国在各领域和各层面进行政治对话与合作的平台。

普京审时度势，大力加强与独联体国家的军事合作，继续维持俄罗斯在独联体国家的军事存在，巩固以俄罗斯为主体的独联体地区安全机制。普京积极促进集体安全合作，倡议建立共同防御系统，联合举行大规模军事演习，共同打击三股恶势力。在普京的倡议下，2000年12月，独联体国家在莫斯科成立了独联体反恐中心。2002年，俄罗斯与伙伴国共同将集体安全条约机制升格为集体安全条约组织，将打击恐怖主义等非传统安全威胁列入组织的任务范畴。2003年，在吉尔吉斯斯坦，集体安全条约组织启用了原属于俄罗斯的坎特空军基地，并在该基地部署了苏-27歼击机、苏-25攻击机和一批武装直升机，基地还安排了大约400名常驻军人。

普京的独联体战略以现实主义和实用主义为基本原则，在继续积极推进独联体一体化的同时，将对独联体政策的重心转向经营集体安全条约和欧亚经济共同体两大机制上，从而更大幅度地增强独联体内部的凝聚力。

06 布局亚洲，稳定大后方

在普京的外交战略中，亚洲始终是重要一环。进一步改善和发展同亚洲国家的关系，加强俄罗斯在亚洲事务中的影响和作用，是普京布局亚洲的坚实一招。20世纪90年代以来，亚太地区逐渐成为世界经济发展的火车头，无论从本国的全面协调发展，还是从世界发展来看，俄罗斯都不能忽视亚洲这一区域。普京认为，既主动介入欧洲事务，又兼顾介入亚洲事务，是俄罗斯独有的地缘政治特征和无可争议的优势。

普京实施的亚洲政策，核心集中在两点：一是在亚洲继续扩大已经建立起来的俄中、俄印双边睦邻和伙伴关系；二是继续积极参与亚太地区有发展前景的多边合作机构。在此基础上，普京致力于积极推动亚太经济一体化，从而带动俄罗斯远东地区的经济发展，也为俄罗斯在西方与北约、欧盟角力，营造一个稳定的大后方。

普京上任后，采取了一系列行之有效的措施，积极活跃在亚洲和亚太的国际舞台上。

首先，普京借助和利用与亚太国家的协调行动，来巩固和提高俄罗斯的国际地位及影响力。这一点，在俄中关系上表现最为明显。纵观俄中战略协作伙伴关系的发展历程，总是让两国人民感到惊喜。1999年3月至2001年9月，共同面对恶劣的战略环境，使得中俄两国结成了真正意义上的战略协作伙伴，并将双方协作的战略重心转向对美国单边主义政策的联合制衡。从2000年1月至2001年9月，普京执政之初，俄罗斯政府基本延续了这种外交政策。2001年7月，俄中两国首脑在莫斯科签署《中俄睦邻友好合作条约》，用法律的形式，明确了双方的“世代友好，永不为敌”的战略协作伙伴关系。

其次，普京致力于进一步改善和发展与亚洲邻国的睦邻友好合作关系，稳定俄罗斯的东部周边环境。2000年7月，“上海五国”元首会议发表了《杜尚别声明》，中国、俄罗斯、哈萨克斯坦、吉尔吉斯斯坦、塔吉克斯坦共同就中亚地区的安全、稳定和发展问题达成多项共识。此外，在俄罗斯、中国的共同努力下，俄中在领土方面所有的争议问题几乎都得到了比较圆满的解决。普京积极参与朝鲜半岛事务，发挥了应有的作用。2000年2月，就朝鲜半岛局势，普京在韩国议会发表演讲时，详细阐述了俄罗斯对朝鲜半岛局势的5个方面的基本立场。2001年8月，普京邀请朝鲜最高领导人金正日访问俄罗斯。金正日成功访俄，表明俄罗斯意欲在朝鲜半岛统一进程中发挥建设性的负责作用，在朝鲜半岛事务中扮演积极参与者的角色。俄日关系涉及俄日和平条约问题，而签署和平条约的唯一障碍就是南千岛群岛领土问题。2001年7月，在意大利热那亚峰会上，普京在与时任日本首相的小泉纯一郎会谈时，着重就两国关系问题阐明了俄罗斯方立场，进一步确认了俄日以前达成的协议，其中包括《伊尔库茨克宣言》，表示上述协议是俄日未来关系发展的基石。但普京在领土问题上，态度非常强硬，没有丝毫的妥协。

第三，积极加强与亚太国家的经贸以及其他领域的合作，参与亚太地区经济一体化，参与亚太特别是东北亚地区安全机制构建。普京上任后，俄罗斯与中国、日本、朝鲜、韩国的经贸往来，都在原有基础上向前迈出了一步。普京在出访中国、朝鲜和日本的过程中，就合作开采和输送俄罗斯远东石油、天然气等资源问题，与相关国家交换了意见，并制定了一系列具体的合作计划，有力地推动了地区性经济尤其是能源合作。

第四，普京在亚洲地区的布局，在突出东北亚这个重点的同时，没有忽略东盟以及南亚。俄罗斯一向重视发展同印度的传统战略伙伴关系，在普京提出的“稳定弧线”外交战略主轴体系中，最引人注目的便是“俄罗斯—中国—印度”亚洲轴心。这个三角的建立，既可以用来制约欧、美，又可以用俄罗斯与欧美的三角关系来制衡中国和印度，还可以用中国牵制印度、用印度牵制中国，可谓一举多得。事实上，从国际谋略的角度看，普京“三角思维”的特点，就是通过所有别国的“互减”，来达到自己的

“全加”。

在普京的东、西方平衡的多方位外交战略中，亚洲地区的地位日趋重要。普京通过各种外交手段不断加强和改善与亚太国家的关系，从而增强俄罗斯在亚太地区以及全球的国际影响。

2008年8月28日，在塔吉克斯坦首都杜尚别举行的上合组织峰会上，6个成员国，加上观察员伊朗、蒙古、印度和巴基斯坦，就上合组织成员国区域性的安全、经济和文化合作等问题广泛交换了意见。但受俄罗斯和格鲁吉亚冲突的影响，峰会笼罩了一层阴影。与北约不同，上合组织不是一个共同防御条约组织，政治和军事合作已成为上合组织的主要特点。上合组织多次举行联合军演。2008年10月，上合组织与集体安全条约组织签订谅解备忘录，标志着两个组织的交流与融合。

“上合组织”是上海合作组织的简称，是由哈萨克斯坦、中国、吉尔吉斯斯坦、俄罗斯、塔吉克斯坦、乌兹别克斯坦等6国，于2001年6月15日在中国上海宣布成立的永久性政府间国际组织，前身是“上海五国”会晤机制。上合组织的工作语言为汉语和俄语。成员国总面积为3018.9万平方公里，即欧亚大陆总面积的五分之三。

西方战略家特别关注上合组织的阿富汗政策。上合组织在政治上寻求通过阿富汗联络组织，来推动阿富汗政治稳定和经济发展。在上合组织的支持下，中国与俄罗斯在2005年，共同要求以美国为首的联军撤出中亚。同年，乌兹别克斯坦政府与美国叫板，关闭了美国设在乌兹别克斯坦境内的汉纳巴德基地，逐出了美军。

一些分析人士认为，上合组织是俄罗斯和中国遏制美国获取该地区巨大能源利益的工具。上合组织可能的扩张，特别是如果把伊朗纳入其中，无疑将增加西方对该同盟的疑虑和担忧。观察员伊朗已经申请在上合组织中的永久地位。

普京第三次当选总统后说，俄罗斯的未来取决于与亚洲邻国的关系。一方面，普京强调巩固俄罗斯在众多原苏联加盟共和国中的中心地位；另一方面，普京期待与西方世界建立有建设性的非对抗关系。从某种角度来说，俄罗斯人是被带到并滞留在亚洲的欧洲人，这既是历史，也是命运的安排。俄罗斯的未来在很大程度上取决于与亚洲邻国的关系及对这些邻国的态度。

普京的智囊团认为，俄罗斯与西方的建设性关系，构成了国家发展特别是经济发展的基础，同时，莫斯科不应忽略亚洲的作用，毕竟俄罗斯的领土大部分位于亚洲。因此，俄罗斯对亚洲和对欧洲的政策，都应该是积极的。在独联体内，俄罗斯肩负着特别的职责，不应该把自己置于在西方或东、南部邻国之间做选择的位置。

俄罗斯分析家撰文指出，“9·11”事件和美国入侵伊拉克之后，在安全方面与西方强国完全并轨的做法，将导致俄罗斯最终成为美国及欧盟等西方经济强国的附庸，必将引起大多数俄罗斯政治家的反对。文章强调，一种更为现实的选择，是俄罗斯应努力建设起一个大国间的安全联盟，充分尊重各成员国的利益。这样才可以使俄罗斯拥有独立于西方世界的作用，从而保持欧亚国家的独特身份。任何试图强行将俄罗斯归到亚洲或欧洲的做法，都是徒劳和危险的。这不仅将造成地缘政治上的不平衡，还将破坏俄罗斯内部多年建设起来的政治与社会的和谐与安定。

由此，俄罗斯在与西方国家频繁接触的同时，切实注重与中、印、日、韩、朝等东方国家发展外交关系，以寻求与亚太国家在国际事务特别是维护国家主权安全问题上的合作，建立抵御北约东扩的“战略后方”，为俄罗斯富余的能源和先进的武器寻找市场，并希望搭乘亚太经济快车，以发展俄罗斯东部经济。

07 俄日之间，没有谈判余地

毫无疑问，俄罗斯与日本之间的外交关系，最大的障碍就是南千岛群岛问题。1945年8月，第二次世界大战结束，日本宣布无条件投降。苏联依据《雅尔塔协定》，宣布占领南千岛群岛。1951年签订的《旧金山和约》，规定日本放弃对1905年《朴次茅斯和约》后所取得领土的所有权利与请求权，其中包括千岛群岛。此后，南千岛群岛一直被苏联占据着，但日本始终没有放弃收回的努力。

在普京的第二个总统任期中，日本开始炒作南千岛群岛问题，力图与俄罗斯展开谈判，有条件地收回南千岛群岛。早在1954年，苏联已同意两国就南千岛群岛问题展开谈判，甚至暗示可以将其中的两岛归还日本。但日本与美国签订了共同防卫协议后，苏联立刻取消了这个承诺，从此不再谈南千岛群岛问题。

2005年，日本首相小泉纯一郎邀请普京访日，希望借此机会解决这个问题。但在普京那里，对领土问题的立场没有丝毫动摇。在出访之前，普京对新闻媒体发表谈话时说：南千岛群岛主权属于俄罗斯，没有任何谈判的余地。同时，普京还授意俄罗斯外交部猛烈批评日本。批评指出，日本在教科书中，严重扭曲第二次世界大战的历史，不但不谢罪，而且不忏悔，做法非常不当。南千岛群岛的领土早已正当化了，在这个问题上，普京不会对日本有善意。日本失去南千岛群岛，是对本国侵略邻国国土罪行的惩罚。

出访东京后，普京提出了一个令日本无法接受的解决办法。这个办法是：由于苏联未参与签署《旧金山和约》，俄罗斯与日本一直未签署正式和平协定。如果俄日两国签订和约，俄罗斯可以把色丹与齿舞两岛给予日本。显然，普京的提议并无诚意。两国都知道，南千岛群岛中重要的是国后岛与择捉岛，而齿舞与色丹这两个靠近日本北海道的小岛虽有水产，但在战略上根本无足轻重。对普京的提议，小泉纯一郎当然不能接受。而小泉纯一郎提出的方案是：南千岛群岛主权归于日本，俄日即可签订和约。这与普京的方案相比，相差太远。

其实，普京根本就没有想过将南千岛群岛中的任何一岛归还给日本。对俄罗斯来说，南千岛群岛具有重大的军事与安全价值。南千岛群岛是千岛群岛的一部分，总面积5036平方公里，其中择捉岛面积最大，有海湾十几处，可停泊大型舰船；齿舞岛最小，上面只有俄罗斯边防军驻扎。虽然南千岛群岛的面积仅为俄罗斯面积的0.029%，但这0.029%一旦丢失，千岛群岛就会将俄罗斯的鄂霍次克海与太平洋隔开。掌控千岛群岛，俄罗斯海上力量就能从远东直出太平洋。如果这一战略要地被他国控制，鄂霍次克海就成了俄罗斯的“死海”，俄罗斯远东地区面向世界的大门，就将被严严实实地关闭。南千岛群岛中的择捉岛和国后岛，正是俄罗斯在这一岛链上的重要海军基地。

在国后岛和择捉岛，俄罗斯军方设有5个空军基地，驻有米格-23和“逆火”轰炸机。普京认识到，如果将南千岛群岛交还给日本，不仅影响俄罗斯堪察加半岛战略导弹核潜艇的安全，美日还可能在岛上驻军，使俄罗斯千岛群岛防御屏障洞开，成为美日封锁俄罗斯海军太平洋舰队乃至整个俄罗斯远东地区的前沿基地。南千岛群岛一直被历代苏联和俄罗斯领导人视为“4艘不沉的航空母舰”，斯大林曾经表示：它们是无数苏联军人用鲜血换来的战利品，谁也无权把它们夺走。在普京的心里，一直牢记着斯大林的告诫。

2006年8月，南千岛群岛附近水域，一艘越境的日本渔船遭到了俄罗斯巡逻艇的射击及扣留，其中1名渔民头部中弹身亡，为俄罗斯首次打死日本渔民事件。于是，南千岛群岛问题骤然升温，日本国内群情激昂。日本政府立即就此事向俄罗斯提出了抗议，并要求赔偿。日本外相麻生太郎紧急召见俄罗斯驻日本使馆临时代办加卢金，要求俄罗斯惩办肇事者，并采取措施防止类似事件再次发生。

这次枪击事件，恰巧发生在日本战败61周年的第二天。普京指示俄罗斯外交部发表声明，对日本渔民死亡表示遗憾。同时，俄方认为，日本渔船非法进入南千岛群岛水域后，俄罗斯巡逻艇要求日本渔船立即停止航行，但日本船只无视警告，俄罗斯巡逻艇只能开枪，对此，日本应该负全部责任。普京甚至直接出面，给日本人难堪。他说："很明显，这件事的责任完全在于那些纵容日本渔民在俄罗斯领水从事非法捕鱼的日本当局。俄罗斯相关机构已经数次提醒日本政府注意日本渔民在俄罗斯领水从事非法捕鱼，要求日本政府尽早解决这一问题。不幸的是，这些警告没有被日本政府采纳。"

随后，普京下令，俄军展开了一次规模宏大的"贝加尔-2006"战略演习，南千岛群岛就是这次演习的重点地域之一。俄军在非常短的时间内，利用运输机，紧急从共青城向千岛群岛调动了一个完整的摩托化步兵师，以检验俄军应对外敌入侵的快速反应能力。演习结束后，日本方面对射杀渔民事件再无表态。

2010年11月，普京的继任者梅德韦杰夫登上南千岛群岛的国后岛。这是自2000年以来，俄罗斯国家元首第一次视察南千岛群岛。此事在日本国内引起了极大的震撼，首相菅直人表示遗憾，外务大臣前原诚司召见俄罗斯驻日大使别雷表示抗议。但就在第二天，俄罗斯外交部部长拉夫罗夫公开表态，梅德韦杰夫总统还打算前往南千岛群岛的其他岛屿进行视察。

紧接着，俄罗斯政府领导人不断登上南千岛群岛视察。2010年12月，俄罗斯第一副总理舒瓦洛夫连续视察了国后岛和择捉岛，考察当地机场、学校和医院等基础设施建设，然后是俄罗斯国防部部长及其他政府部长组团式地登上南千岛群岛。2011年2月，俄罗斯总统办公厅发表声明称，俄罗斯总统梅德韦杰夫和其他政府高官将会继续视察包括南千岛群岛在内的俄罗斯领土。

同时，俄罗斯在远东方向举行了"东方-2010"大规模的军事演习，新编成的东方司令部所属空军、空降兵和太平洋舰队全部投入演习，再次表明了俄罗斯保卫南千岛群岛的决心。为此，日本首相菅直人谴责梅德韦杰夫登上南千岛群岛的举动是不可原谅的行为，令日俄关系达到冰点。

为了杜绝日本人的外交失礼，俄罗斯开始向南千岛群岛增加军事力量。从2011年年初起，俄罗斯空军的图-95远程战略轰炸机开始飞越南千岛群岛。这些战略轰炸机在日本海及太平洋上空巡逻飞行，有时航线穿过南千岛群岛，有时甚至环绕日本本土飞行。

2012年，普京第三度担任俄罗斯总统后，再次声明俄罗斯愿意将齿舞岛和色丹岛归还日本。普京欲擒故纵的手法，与2005年如出一辙。日本首相野田佳彦对此表示："这不是南千岛群岛归还一半就可以的问题。这两个岛的面积仅占南千岛群岛总面积的7%，其余93%不归还就谈不上公平。"

在这样的背景下，2012年7月，梅德韦杰夫以俄罗斯总理身份，再度登上南千岛群岛的国后岛视察。随后，日本内阁官房长官藤村修说："俄罗斯政要前往北方领土与日本的立场相左，这一点，俄方应非常清楚。"而仅仅1个多月后，俄罗斯海军太平洋舰队发言人宣布，已经派遣一支舰队开往南千岛群岛中的国后岛和择捉岛，以此来纪念苏联军队在第二次世界大战中从日本手中解放南千岛群岛。俄罗斯这样毫无弹性的立场，让日本人伤透了脑筋，却又无计可施。

但由于天气原因，俄罗斯舰队没能抵达南千岛群岛。还没等日本人松口气，2012年10月，俄罗斯国防部部长谢尔久科夫说，俄罗斯在未来两年内，将拨款近70亿卢布用于建设南千岛群岛的驻军设施。对此，日本非常明白，这是普京有意改变南千岛群岛驻军装备老化的现状，以加强驻岛部队防范突发事件的能力。而当俄罗斯军方的具体部署计划出台时，在日本再度引起了极大的震动。

俄军在南千岛群岛部署的重要装备是："红宝石"巡航导弹，道尔-M2防空导弹，150毫米自行榴弹炮，"龙卷风"火箭炮，米-28N武装直升机等。俄军将先进装备部署在南千岛群岛，可以分别遏制日本的舰艇编队、空中力量和登陆部队，更足以击退一场大规模武装登岛行动。普京明显提升了俄罗斯在南千岛群岛的装备档次，也是因为美国流露出在南千岛群岛问题上支持日本的意向，从而以防范日美联手突袭夺岛为目标。普京说："维护俄罗斯国家利益是我的职责，我终生不忘。"

国家就是我的信仰

Chapter 11 力争连任：20年任期，囊中之物

不能为了任何人都不明白的某种荒谬理想而工作，应该始终以现实为基础，为如今生活的具体人，为明天和后天生活的子孙后代而工作。

——弗拉基米尔·普京

01 统一俄罗斯党，创造奇迹的依靠

2000年年底，俄罗斯政坛出现了一轮党派力量大联合运动。俄罗斯总统办公厅副主任苏尔科夫最先提出把“统一”运动和“祖国”运动联合在一起，组成新的政党。他的出发点主要在于：第一，团结围绕在克里姆林宫和普京身边的精英；第二，集合“统一”运动和“祖国—全俄罗斯”联盟两大力量，为2003年的国家杜马选举和地区选举做准备。

2001年4月12日，“统一”运动领导人绍伊古与“祖国”运动领导人卢日科夫举行联合记者招待会，双方宣布计划合并成一个政治实体。2001年7月12日，“统一—祖国”运动联盟宣告成立，卢日科夫和绍伊古担任联盟领袖。总统办公厅副主任苏尔科夫、总统在中央联邦区的全权代表波尔塔夫琴科出席了成立大会。杜马党团“祖国—全俄罗斯”的领导人普里马科夫没有参加成立大会，理由是他不是“祖国”运动的成员。会议之后，普里马科夫向“祖国—全俄罗斯”杜马党团提交了辞去主席职位的请辞书。

合并之初，“统一—祖国”运动联盟显得较为松散，双方的关系也相对自由。不久，在普京的鼓励支持下，双方领导人发表声明，宣布年底合并成统一的政党。同年10月，“全俄罗斯”运动领导人沙米耶夫也参与到政党的合并进程中来。

2001年12月1日，“统一”运动、“祖国”运动、“全俄罗斯”运动合并大会召开，“统一与祖国—统一俄罗斯”政党正式宣告成立。大会通过了党的纲领性宣言，选出了党的领导机构，绍伊古、卢日科夫、沙米耶夫当选为党的联席主席。俄罗斯总统普京亲自到会并发表讲话，对3个组织合并组成新党表示祝贺。

2003年12月24日，“统一与祖国—统一俄罗斯”更名为“全俄罗斯政党—统一俄罗斯”。2008年11月18日，“全俄罗斯政党—统一俄罗斯”正式定名为“统一俄罗斯党”。

统一俄罗斯党起源于叶利钦时代，形成于普京时代，既包含偶然性，也包含必然性。最初成立“统一”运动是选举团的目的，是为了阻击“祖国—全俄罗斯”联盟，但最终成立统一俄罗斯党，成为政党格局发展的必然结果。

第一，“统一”运动在杜马选举中取得胜利，随后成为杜马第二大党团。当时，杜马的第一大党是左翼的俄罗斯共产党，为了抵制左翼力量，中间派政党的联合是大趋势。

第二，在普京上台之后，需要一个更加强大和持久的政权党支持其方针政策。普京所需要的，并不只是在杜马选举中帮助自己击退对手的选举团，而是一个能够保障其执政方针顺利执行，且在下一届总统选举中能够赢得胜利的政党。因此，仅仅在议会中取胜的“统一”运动无法满足这一要求。“统一”运动作为一个临时的选举团，在取得选举胜利之后，帮助普京打击对手的职能已经完成，接下来的主要任务是在杜马中形成能够支持普京的力量。这就需要一个比临时搭建的选举团更为成熟的政治力量，来规范自身和联合更多的政治力量。

第三，从“祖国”运动的角度来说，合并也是大势所趋。在杜马选举之后，如果说“统一”运动已经逐渐形成了政党，但“祖国”运动的发展则不尽如人意。普京时代开启后，“祖国”运动领导人的注意力并不在于建立一个真正的政党，而忙于与“统一”运动在普京面前争宠。“祖国”运动已经没有任何现实的政治行为，而只是为了名声模拟一些政党的活动。因此，合并对“祖国”运动和卢日科夫本人来说都是很好的现实选择。

从最初的对立到最后的统一，统一俄罗斯党成立的过程证明了在政治活动中没有永远的朋友，也没有永远的敌人。统一俄罗斯党经常被批评“根本不是一个政党”，这种批评不无道理。“统一”运动成立之初，根本目的是充当阻击“祖国—全俄罗斯”和普里马科夫的武器，缺乏明确的纲领和清晰的思想路线。普京当选总统之后，新的历史阶段决定了政党的新发展。在这一阶段，联合代替了对立，政党在形式和规模上得到了更大的发展。

正是因为统一俄罗斯党的大力支持和不断努力，才顺利实现了“普京王朝”的建立，让普京创造了一个又一个政治奇迹。

统一俄罗斯党属于中间派政党，党的纲领主要包括：明确支持普京总统的方针，强调强大的总统政权是政治稳定的保障和法制建设的牢固基石，主张实施行政改革，提高公民对国家的信任度；深化经济和司法等领域改革，实现国民生产总值翻一番的宏伟目标；提高国防能力，形成社会保障的有效机制；组成职业化军队；完善执法机构的工作；支持旨在提升俄罗斯国际地位与作用的对外政策。

2008年4月15日，普京接受统一俄罗斯党邀请，在第二个总统任期结束后，接替格雷兹洛夫出任该党党主席。后来，由于俄罗斯宪法规定，总统必须由无党派人士担任，普京在参加2012年大选前退出了统一俄罗斯党，将党主席一职交还给了原党主席格雷兹洛夫。

2011年12月4日，俄罗斯举行第六届国家杜马选举，格雷兹洛夫领导的统一俄罗斯党获得了49.54%的支持率，获得了国家杜马中的238个席位，形成了支持普京参加总统选举的多数，为普京顺利当选提供了重要的政治保障。杜马选举结束后，格雷兹洛夫辞去了党主席职务，由前总统梅德韦杰夫接任。

统一俄罗斯党建立以来，共经历了3位领导人，分别是格雷兹洛夫、普京和梅德韦杰夫。

格雷兹洛夫1950年生于苏联的符拉迪沃斯托克，在列宁格勒长大，以优异成绩毕业于列宁格勒物理数学中学，后在列宁格勒邦奇布鲁耶维奇电工技术学院学习。1977年，格雷兹洛夫调到列宁格勒电子仪器联合生产企业工作。1985年，他开始从事工会工作。1996年到1999年，格雷兹洛夫一直从事的是教育工作。1999年秋，出任列宁格勒州行政长官候选人祖布科夫的竞选委员会主席，后任圣彼得堡“统一”运动地方组织竞选委员会主席。1999年12月，格雷兹洛夫作为“统一”运动成员，当选为国家杜马议员，2000年1月被推选为“统一”运动在杜马的议员团领袖。2001年3月，格雷兹洛夫被总统普京委任为内务部部长，任内以打击恐怖主义和贪污腐败为首要任务。“统一”运动等政党合并为亲普京的统一俄罗斯党后，格雷兹洛夫成为该党最高委员会主席。2003年12月，格雷兹洛夫当选国家杜马主席，连任两届，于2011年12月14日辞去这一职务。格雷兹洛夫在辞职声明中表示：“尽管俄罗斯法律对国家杜马主席的连任次数没有限制，但我认为超过连续两次担任这一职务是不对的，因此决定不再谋求国家杜马主席一职。我在担任杜马主席的8年时间里落实了很多既定设想，这就足够了。”

梅德韦杰夫是与普京配合默契的政治搭档，他们之间素有“普梅组合”之称。2007年12月10日，时任俄罗斯总统的普京公开表态，完全赞同第一副总理梅德韦杰夫为新一届总统候选人。普京说：“让梅德韦杰夫当总统候选人是最理想的选择。把国家交给这样的人，我毫无愧色，毫无顾虑。”普京随后又说，“我准备作为总理继续我们共同的事业，而且总统与总理的权限不重新分配。”2008年5月7日，梅德韦杰夫成为俄罗斯独立后的第三位总统。就任总统后，他便任命普京为新一任俄罗斯政府总理。在任期间，他通过修改宪法的方式，将总统的任期从4年改为6年。2008年5月7日，刚被新总统梅德韦杰夫任命为俄罗斯政府总理的普京，接受了统一俄罗斯党的邀请，担任该党党主席一职。此时的统一俄罗斯党在国家杜马占有450席中的315席，比例高于2/3。西方媒体纷纷对此消息做出评价，称普京出任统一俄罗斯党党主席能够有效控制俄罗斯国家杜马，继续拥有弹劾总统、修改宪法的能力。

在叶利钦时代，总统与国家杜马的关系一直是激烈对抗的。2003年12月7日，俄罗斯国家杜马选举，共有23个政党及竞选团体的候选人参加角逐，新成立的统一俄罗斯党取得了37.13%的选票，稳坐杜马第一大党的席位，统一俄罗斯党与其他忠实于总统和政府的力量获得了超过2/3的议席。就此，总统和议会之间新型关系的形成，使普京推行的任何方针政策都能顺利获得通过。

2008年总统大选后，失去了总统宝座的普京却成为统一俄罗斯党的党主席，继续拥有在国家杜马中超过2/3的席位，进而能够以总理身份反制总统梅德韦杰夫，成为“梅普组合”的绝对核心，依然能够在俄罗斯政治舞台上发出拥有绝对权威的声音。

2014年9月15日，俄罗斯地方长官和议员选举初步计票结果显示，执政的统一俄罗斯党在莫斯科市杜马和圣彼得堡市市长等多个重要选举中获胜。在本次选举中，统一俄罗斯党赢得了莫斯科市杜马45个议席中的28个，为市议会第一大党。同一天，现任圣彼得堡市代理市长、统一俄罗斯党候选人波尔塔夫琴科以79.3%的高票当选市长。入俄仅半年的克里米亚和塞瓦斯托波尔也举行议会选举，统一俄罗斯党在克里米亚杜马选举中遥遥领先，获得71.4%的选票，已经赢得大选。9月14日是俄罗斯一年一度的统一投票日，全俄罗斯80多个联邦主体举行6000多场选举，选出各级地方官员及杜马议员。

02 原克格勃成员，强大的政治力量

在世纪之交的特殊时期，俄罗斯政坛完成了一次具有划时代意义的权力交接。原属于叶利钦的政治集团逐渐退出了俄罗斯政治舞台，取而代之的是一个几乎从不为外人所知的政治集团：西罗维基。西罗维基是普京清除叶利钦政治

势力的主力军。

西罗维基在俄语中意为强力集团，是一个忠于普京的政治集团，集团的核心人物都是原克格勃成员。作为苏联最有权势的强力部门，克格勃成为苏联解体的最大失意群体。1991年至1993年间，克格勃约有30万人被迫下岗，占成员总数的近一半。其中，仅有约2万人受雇于寡头，更多的克格勃成员则陷入贫穷，丧失了原有的尊严。出身克格勃的普京当选总统后，让原克格勃的同僚一下子找到了自信。他们团结起来，全力支持普京，重建克格勃昔日的尊严。

从1988年的戈尔巴乔夫时代，到2012年普京再次当选总统，西罗维基成员在俄罗斯政坛的任职人数增长了12倍，西罗维基人员在俄罗斯政坛最高层的比例已从1988年的4.8%一跃上升到了2011年年底的58.3%。这种惊人的增长，主要是来自普京的扶持和信任。

在俄罗斯政府中，超过1/4的精英属于西罗维基，有超过2000个最具影响力的政府和行业机构都被西罗维基成员牢牢掌控着。在联邦安全会议中，绝大多数成员都属于西罗维基。梅德韦杰夫担任总统期间所任命的总统特使中，有4人属于西罗维基集团。普京内阁12个部长中，有1/3属于西罗维基。

实际上，早在媒体发现西罗维基这个强大的政治集团之前，这个野心勃勃的团体就已经悄悄地建立起了一个由上至下、等级分明、遍及整个俄罗斯的权力金字塔，成为普京强大的政治依靠。

位于西罗维基权力金字塔顶端的，是3大领袖人物：总统办公厅原副主任、政府副总理谢钦，联邦安全局原局长、联邦安全会议秘书帕特鲁舍夫以及原国防部部长、总统办公厅主任伊万诺夫。在他们的努力下，许多以前的同事或新的归顺者占据了多数俄罗斯政府部门的关键职位，从而形成了这个权力金字塔的中间阶层。曾是叶利钦政治集团成员的俄罗斯前总检察长乌斯基诺夫也归顺到了西罗维基之中。

在权力金字塔的底部，西罗维基通过总统特使、州长或地区执法部门首脑的职务便利，实现了对地方事务的直接或间接控制。与飞扬跋扈、不可一世的俄罗斯寡头相比，西罗维基明显低调得多，这是昔日克格勃的行为操守使他们养成的做事风格。西罗维基的主要领袖之一、俄罗斯副总理谢钦，在国内各大媒体上，竟然连照片都难得一见。

从清除叶利钦政治集团势力，到整治俄罗斯金融寡头，西罗维基成员都是普京决策的忠实执行者。这些昔日的克格勃们用务实的作风，一步步地恢复了他们以前的地位与权势，成为普京时代的新生政治集团，也是一个新的既得利益团体。

与叶利钦的政治集团不同的是，尽管西罗维基势力强大，但他们决不会一味地从普京那里争权。西罗维基的影响力不只在于数量，更在于精神。西罗维基成员性质单一、非常团结。他们都认为自己代表着国家利益，对普京高度忠诚，很少发现贪污腐败的问题。他们往往表现得像是为权力服务的工具，而不是权力的争夺者。

有俄罗斯媒体评论说：克里姆林宫的党派斗争，为普京提供了权力空间。当普京对叶利钦政治集团和西罗维基一视同仁时，普京自然是这两个集团的领袖，可一旦其中的一个集团被摧毁后，普京就会逐渐沦为另外一个集团的傀儡。但西罗维基总是忠诚于普京，并处于他的绝对控制之下。一些俄罗斯学者也相信，普京有能力在他认为合适的时候来遏制西罗维基成员，因为普京并不想当一个傀儡，而只是把他们当作为权力服务的工具。可以肯定的是，普京也注意到了西罗维基集团的权势，并已采取了平衡措施。俄罗斯政治分析家帕洛夫基斯说："普京是一个下棋高手，他能同时下几盘棋，统观全局，平衡力量。"

俄罗斯政府副总理、"俄罗斯石油"公司经理委员会主席谢钦，被媒体普遍认为是普京的左膀右臂，是俄罗斯政坛上仅次于普京和梅德韦杰夫的第三号人物。尽管谢钦此前一直保持低调，但英国《金融时报》仍指出：这位习惯在幕后活动的原克格勃特工，正逐渐走向前台。

谢钦的履历表上，存在很多模糊不清的地方，这与他曾经的克格勃生涯有关，他也因此被认为是西罗维基的实际领袖之一。1960年9月，谢钦出生在列宁格勒，毕业于列宁格勒国立大学，是普京的学弟。1988年至1991年，谢钦在列宁格勒苏维埃执行委员会工作。1991年至1996年，他供职于圣彼得堡市政府。1996年至1998年，谢钦供职于俄罗斯联邦总统事务局、俄罗斯联邦总统主要控制管理局。1999年8月，谢钦被任命为俄罗斯联邦政府总理秘书处负责人，1年后，被任命为俄罗斯总统办公厅副主任。2004年3月，谢钦出任俄罗斯联邦总统办公厅副主任兼总统助理。2008年5月12日，谢钦出任俄罗斯联邦政府副总理，而当时的总理是普京。谢钦非常忠诚于普京，他曾经对媒体表示："对任何敢不尊敬普京的人，我都毫不客气。"

总统办公厅主任伊万诺夫是普京的老相识，和普京建立起了深厚的友谊，被称为普京最亲密的战友、普京的影子。由于伊万诺夫作风强悍，媒体给他起了一个"北方鲨鱼"的外号。普京曾经说过，他对伊万诺夫有着无限的信任，两人之间是一种互助的关系。1953年1月，伊万诺夫出生在圣彼得堡市一个普通职员家庭，比普京小1岁。很小的时候，他的父母就分居了。当他上大学时，他的父亲去世，母亲没有再嫁，一心一意将伊万诺夫培养成人。大学毕业后一年，学业优秀、沉着精明的伊万诺夫，被苏联情报部门克格勃看中，送往明斯克的克格勃高级训练班接受培训，后又上了克格勃第一总局的第101学校。毕业后，伊万诺大被分配到了对外情报局，在那里工作了18年，先后被派往芬兰、英国以及非洲一些国家。

伊万诺夫与普京真正意义上的密切合作，始于1998年7月。当时，普京被叶利钦任命为联邦安全总局局长，伊万诺夫在对外情报局担任欧洲司副司长。普京上任1个月后，即把同乡兼同事的伊万诺夫调到联邦安全局任副局长，并兼任负责向总统提供战略情报的分析预测和战略计划局局长。从此，伊万诺夫成了普京的得力助手。

1999年8月，普京出任俄罗斯政府总理。11月，在普京的力荐下，伊万诺夫升任联邦安全会议秘书。2001年3月，62岁的国防部部长谢尔盖耶夫退休卸任后，普京力排众议，委任伊万诺夫担任国防部部长，打破了只有职业军人才能担任国防部部长的规定。

苏联解体后，俄罗斯贫富两极分化现象极为严重，被动荡和腐败困扰的俄罗斯人民急需一个清白的强力部门。此时，以克格勃为背景的西罗维基成为唯一一块没有被腐败触及的领域，这正是俄罗斯民众支持西罗维基的原因。原克格勃少将马斯洛夫就是因为当地人民需要清白长官的原因，才当上了斯摩棱斯克州州长。

马斯洛夫曾经是俄罗斯联邦安全局的安全情报人员，也曾为克格勃工作，负责在斯摩棱斯克核电站附近抓捕敌对分子。由于治安混乱、犯罪频发，斯摩棱斯克州在20世纪90年代被称为俄罗斯的犯罪中心。斯摩棱斯克的50万居民早已厌倦了层出不穷的有组织犯罪、职业杀手和白日凶杀，而这恰恰为特工出身的马斯洛夫创造了政治机会。

2002年5月，斯摩棱斯克州州长大选，马斯洛夫是候选人之一。在大选中，马斯洛夫以40%的选票成功当选。当选后，马斯洛夫指派了一批被他称作“我能信任的人”掌握州政府各个关键部门。掌握财政的赫罗尔说：“很多人和我一样离开情报部门追随马斯洛夫将军，他需要他能够信任的自己人的支持。”

马斯洛夫对政府旧班底进行了大换血，将原克格勃官员提拔到各个关键职位，控制了地方媒体，并向犯罪分子宣战，一举改变了斯摩棱斯克州的治安状况，赢得了当地民众的一致好评。

克格勃能够在俄罗斯东山再起，也有其内在的必然性。苏联解体前，克格勃聚集了当时苏联国内各方面的顶级人才，在经历了特工生涯的历练之后，这批人才中的佼佼者拥有了强硬的从政手腕和难以磨灭的克格勃烙印，这两点恰恰是普京所看重的。

为了扭转俄罗斯当时的经济颓势和政治被动的局面，普京急需这样一批集务实、权谋与忠诚为一体的人才。一夜之间，原克格勃成员成了政治上抢手的香饽饽。于是，西罗维基的强势崛起便成为顺理成章的事情。事实证明，西罗维基并没有辜负普京的重托，在打击寡头和民族分裂势力方面，为普京政府立下了赫赫战功。

03 索契冬奥会，俄罗斯精彩呈现

举办奥运会，是一个国家整体实力的综合展示，代表着一个国家对自身角色的认知，以及国际社会对其角色的认同，这往往能够在国际政治格局中起到相当重要的作用。1936年的柏林奥运会，标志着德国走出第一次世界大战后的深渊，再度成为有主宰世界能力的大国。1964年的东京奥运会，同样标志着日本走出第二次世界大战战败的阴影，其经济发展和社会进步成就得到世界的认可。对俄罗斯人来说，这样的机会也曾拥有过，那就是1980年的莫斯科奥运会。

1980年的莫斯科奥运会，是奥林匹克第一次来到社会主义国家。20世纪70年代的苏联国力鼎盛，苏联领导人迫切希望能用一届奥运会，来向全世界展示苏联的超级大国形象。然而，就在莫斯科奥运会开始前的7个多月，苏联出兵邻国阿富汗。这一举动激起了国际社会的强烈不满，西方国家立即联合起来，对即将在苏联举行的奥运会进行抵制。中国奥委会也发表声明，不参加莫斯科奥运会。在国际奥委会已经承认的147个国家和地区的奥委会中，参赛的仅有81个代表团。莫斯科奥运会成为历史上遭受抵制最强烈的一届奥运会，也成为一届不完整的奥运会。

11年之后，苏联不复存在，苏联再没有机会去办一届完整的奥运会了。而随着俄罗斯经济的恢复，申办奥运会提上了普京的议事日程。普京的第一次尝试，是希望莫斯科申办2012年夏季奥运会，找回1980年莫斯科奥运会丢失的辉煌。可是，普京失败了，莫斯科在国际奥委会委员的第一轮投票中即遭淘汰。最终，伦敦战胜所有4个对手，赢得2012年夏季奥运会主办权。

申办夏季奥运会的梦想受挫后，普京没有因此而气馁，他只是需要适当地调整目标。夏季奥运会不行，还有冬季奥运会。十几年前，普京在担任圣彼得堡市副市长时，就曾提出申办冬奥会的计划。十几年后，这个计划最终被派上用场。此时，普京手上有了一张索契的牌。

索契位于俄罗斯联邦克拉斯诺达尔边疆区与格鲁吉亚交界处，是著名的黑海海滨度假城市。索契与中国吉林省吉林市处于同一纬度，是地球最北端唯一的亚热带气候区。索契一年有三分之二的日子是艳阳高照，有半年的时间都可以下海游泳。而且，索契兼具地中海气候和高山气候的特点，拥有极佳的沙滩和起伏的山峦，山区积雪覆盖层质量相当高。索契整个城市依山傍海，道路和楼房均依山而建。

索契是苏联作家奥斯特洛夫斯基的家乡，他的小说《钢铁是怎样炼成的》及主人公保尔影响了整整一代中国人。奥斯特洛夫斯基的大部分创作生涯就是在索契度过的。当时，他就是在索契写成了《钢铁是怎样炼成的》。至今，索契市还有奥斯特洛夫斯基纪念馆，坐落在索契市中心。

这样一座城市已经先后两次提出申办1998年冬奥会和2002年冬奥会，但因为虚弱的国力，申奥尝试均未进入候选城市名单。

普京上任后，伴随俄罗斯经济恢复元气，索契成为俄罗斯一扇新的开放窗口，一些国际会议、经济论坛都在索契举行，让这座小城有了一些生机。在普京的命令下，2006年索契再次提出申办2014年冬奥会。

为配合索契的申奥计划，俄罗斯联邦政府特地制定了《2006年至2014年索契山地疗养地城市发展》，提出将在2014年前拨款约3270亿卢布，用于发展索契地区的基础设施，把索契建设成一座可以全年从事冬季体育项目和培训运动员的疗养地。

而最具力量的申奥推手，就是普京本人，他反复在公众面前表现出对索契的偏爱。普京每年都到索契小住几次，将会见、谈判、视察等工作安排在这里进行。普京在这里接待了5个国家的总统，还主持召开了政府工作会议和国家安全会议，许多部长和地方行政长官直接到索契向普京汇报工作。

2007年2月下旬，国际奥委会评估团赴索契进行了为期3天的评估工作。普京竟然放弃手中的诸多国事，亲自出马担任索契的申奥大使，全程陪同国际奥委会的评估团。在亲自出面为索契吸引人气的同时，普京还承诺，俄罗斯联邦政府将投入约120亿美元进行相关设施的建设，对索契机场、港口、公路、电力供应和铁路系统进行全面的改造，并确保70%的运动员的住处离冬奥会比赛场地仅为5分钟的路程。

2007年7月4日，国际奥委会在中美洲危地马拉举行全会，投票决定2014年冬奥会主办城市。普京再度亲自出马，用英语做最终陈述。这是继两年前的莫斯科申奥失败后，普京第二次在公开场合用英语致辞。最后，普京用严肃的口吻表示，俄罗斯体育的发展水平理应得到一次举办冬奥会的机会。

普京的陈述，最终起到了决定性作用。在第一轮投票中，韩国平昌获得36票，索契获得34票，萨尔茨堡获得25票，结果萨尔茨堡被淘汰。在随后进行的第二轮投票中，索契赢得51票，以4票的微弱优势击败平昌，获得2014年冬奥会举办权，实现了俄罗斯人的冬季奥运梦。

申奥成功后，普京开始兑现诺言，在索契展开了轰轰烈烈的建设，索契全城变成一个大工地。7年时间，索契为举办冬奥会共建设了74个基础设施项目、567公里的公路和铁路，其中仅隧道就建设了22条。

索契冬奥会山地赛区位于高加索山谷，这里的第一个滑雪场于2001年建成，但一直未成气候。为配合俄罗斯联邦政府出台的专项计划，2007年，索契在实力雄厚的俄罗斯天然气工业公司的资助之下，又建成了劳拉和阿奇普谢两个大型滑雪中心。申奥成功后，索契冬奥会全部11座冰上、雪上项目的场馆，都是新建的。2010年年底，索契冬奥会玫瑰庄园高山滑雪中心一期工程完工；2013年，玫瑰庄园的酒店群、索道，以及铁路、公路交通枢纽等配套设施也陆续建成，冬奥会山地赛区初具规模。

但在普京的直接干预下，索契在7年间迅速建成所有比赛场馆，新建了3所医院，为16处医疗设施翻修，还新建了6个娱乐中心、19个文化中心、长达800多公里的光缆，以及在完成奥运村使命后，会被投放到市场的4000套公寓。到2014年冬奥会举办时，索契的能源供应，比之前增长3倍，变电所也增加了450个。索契市市长帕科莫夫说："如果不是为了奥运，我们要建好这些东西大概要50年。"

从一开始，索契冬奥会就被视为是属于普京自己的冬奥会。普京亲自安排副总理科扎克直接管理冬奥会相关事务，并运用强大的影响力，让已经被自己收拾得服服帖帖的俄罗斯寡头出钱，为索契修建场馆设施。普京希望比国有企业更有活力的私有大公司出钱赞助奥运场馆，面对普京的赞助要求，寡头虽然抱怨不休，却都是乖乖掏钱。由于普京要求寡头确保资金投入力度，索契因此做到了不为资金烦恼。

普京的行动，远远超过了他此前的承诺。7年时间，378项大小设施，索契冬奥会成为一件“价值500亿美元的奢侈品”，也成为俄罗斯实力的完美展示、大国复兴的标志。

2014年2月7日，索契冬奥会开幕式隆重举行，世界闻名的俄罗斯女高音安娜·奈瑞贝科演唱冬奥会会歌，超过3000名表演者用一场气势宏大的开幕式，向世人展现出俄罗斯灿烂的历史文化。而在引人关注的奥运五环亮相环节，却出现了意外。装置出现故障，5朵雪绒花中右上角的1朵还没来得及变形，其中4朵已经变为环状，成了4环加1朵雪绒花。就这样，5环只剩了4环。

开幕式结束后，总导演恩斯特在记者招待会上说：“我知道大家一定想知道为什么一片雪花没有变成环形。我想说的是，在佛教的禅中，任何事物都不是完美的，即使是一个抛光很好的球也是如此。而生活本来就没有绝对完美的东西，出现的问题并不影响其余部分的完美展出。”恩斯特一说完，全场便响起了掌声。

索契冬奥会成功了，普京成功了。俄罗斯以13枚金牌、11枚银牌、9枚铜牌总计33枚奖牌的成绩高居奖牌榜首位。这是自苏联解体后，俄罗斯在冬季奥运领域取得的前所未有的优异成绩。普京说：“这是俄罗斯在总奖牌榜上获得的完胜，我国专家积极投入工作没有白费，体育迷们给予巨大支持也没有白费，数十亿电视观众都亲眼见证了这一切。”他还说，我相信，索契冬奥会留下的遗产肯定有用武之地，将长久地为人们服务，包括为我们的运动员，这是俄罗斯自己的冬季比赛项目训练基地。

04 伊核谈判，彰显大国影响力

在普京的对外战略中，伊朗有着非常重要的作用。冷战结束后，随着美国的日益骄横，尤其是美国赢得了阿富汗与伊拉克两场战争，俄罗斯与伊朗之间的共同利益随之凸显。

2011年11月，国际原子能机构公布伊朗核问题报告，美英等西方国家声称准备军事打击伊朗。正当伊朗局势日趋紧张之时，俄罗斯总理普京访问伊朗，在与伊朗领导人会谈时，表明了俄罗斯力挺伊朗的态度，警告西方不要欺人太甚，不得对伊朗动武，不要听不到俄罗斯的警告。11月7日，普京发表讲话："欢迎伊朗、巴基斯坦加入上合组织，谴责对独立国家的任何军事打击威胁。"

俄罗斯始终在伊核问题上扮演着大国的角色。2002年8月，西方情报机构和伊朗反对派组织披露，伊朗东部城市纳坦兹有秘密核设施。随后，国际原子能机构调查发现，伊朗在该处制造用于生产核燃料和核弹头的浓缩铀。2003年6月，英国、法国和德国与伊朗举行核谈判，美国拒绝参加。2003年10月，伊朗暂停浓缩铀项目。2005年8月，伊朗强硬派总统艾哈迈迪·内贾德上台不久，就在联合国演讲强调，伊朗有权研发核能。2006年2月，在国际原子能机构向联合国安理会提交伊朗核问题报告之后，伊朗宣布恢复铀浓缩项目。2006年6月，中、美、俄、英、法5个安理会常任理事国与伊朗的重要贸易伙伴德国开始就解决伊朗核问题展开磋商，并从此形成机制。2006年12月，联合国安理会对伊朗实施第一轮制裁，禁止对其销售敏感核技术。2007年11月，伊朗离心机数量从2002年的几百台增至3000台，浓缩铀储存量也有所增加。2008年6月，美国首次参加伊核谈判。2009年9月，西方国家称伊朗在山里建造秘密核设施，并称此处核设施不受空袭影响。2009年11月，美国高级外交官与伊朗核谈判首席代表单独会面。2010年2月，伊朗宣布其浓缩铀纯度为20%。2010年6月，联合国安理会通过5项决议，加紧对伊朗的制裁。2011年1月，伊核谈判中止。伊朗拒绝削减其核计划。2011年11月，国际原子能机构宣布伊朗核活动军事化，伊朗对此表示否认，称该主张遭以色列和美国篡改。2012年1月，国际原子能机构宣布伊朗同意将浓缩铀纯度降为20%。欧盟冻结伊朗央行资产，停止从伊朗进口石油。2012年4月，伊核谈判重启，无果而终。2012年7月，美国和伊朗官员在阿曼秘密会见，寻求外交进展。2013年8月，鲁哈尼当选伊朗总统，宣布伊朗将认真对待核谈判。当时，伊朗已有约1.9万台离心机。2013年9月，伊朗总统鲁哈尼和美国总统奥巴马通电话，这是两国自1979年伊斯兰革命以来最高级别的交流。随后，美国国务卿克里和伊朗外交部部长扎里夫开始外交往来。2013年11月，伊朗和6大国达成临时协议，同意暂时停止核计划，国际社会解冻伊朗的部分资产。2014年7月，伊朗核问题谈判未达成协议，各方决定4个月后再举行谈判。2014年11月，最终核协议谈判再延期7个月。2015年4月，伊核问题框架协议公布，提议长期限制伊朗核计划，取消对其多项国际制裁。

2015年7月14日，伊朗核问题6国与伊朗终于达成了历史性的全面解决伊朗核问题的协议。6国和伊朗通过长达1年半的最后一轮谈判，为解决延续了13年的伊朗核问题达成了政治共识。当天，欧盟外交和安全政策高级代表莫盖里尼和伊朗外交部部长扎里夫分别宣读了共同声明。6国和伊朗预计，完全履行全面协议将有助于积极推动地区和相关国家的和平与安全。

伊核问题协议主要包括：伊朗重申在任何情况下都不会寻求、开发和获得任何核武器；成功落实全面协议将使伊朗在《不扩散核武器条约》相关规定下完全拥有和平利用核能的权力，伊朗的核计划也将与《不扩散核武器条约》其他签约国受到同样对待；伊朗将把离心机的数量削减2/3，从1.9万台减少至6104台；国际社会对伊朗的武器禁运将再持续5年；国际原子能机构人员可以在24天内进入伊朗境内被认为可疑的地点；国际原子能机构核实伊朗核计划的和平性质后，联合国、美国以及欧盟将解除对伊朗的经济和金融制裁；如果伊朗方面违反协议，相关制裁将在65天内恢复；伊朗有权对国际核查人员的核查要求提出异议，由伊朗和6国人员组成的仲裁机构将做出裁定；伊朗阿拉克重水反应堆将重建，仅用于和平目的。

根据协议，伊朗将把现有铀储备的大部分运往俄罗斯，俄罗斯将把这些铀转换成专供布什尔核电站使用的燃料棒，布什尔核电站有伊朗唯一的商业反应堆。铀一旦转化成燃料棒，用其来制造核武器将变得非常困难。这将大大减轻西方对伊朗铀储备的担忧，协议不会切断德黑兰为获取核武器而可能采用的所有途径。

虽然美国与俄罗斯的关系一度变得越来越紧张，但在协议达成之前，美国的高级官员表示：“可以准确地说，俄罗斯在这些谈判中起了很大的有益作用。”这位官员补充说，“俄罗斯与其他国家合作提出创造性且合理的想法，确保了我们要切断伊朗可能获得核武器的任何可能途径的目标。尽管在其他外交政策事务上有不同意见，但俄罗斯在谈判中一直与其他国家保持完全一致。”

对俄罗斯来说，达成协议既有经济上的好处，也有政治上的好处。俄罗斯会因浓缩伊朗的铀而得到丰厚的回报，并继续为伊朗提供商业反应堆上的垄断，在帮助伊朗修建新核电反应堆上处于优势地位。由此，普京就在决定中东地区未来的谈判中，享有核心地位。

在伊核问题上，除了需要俄罗斯参与之外，美国几乎别无选择。推迟德黑兰造出一颗原子弹所需时间的关键是，要从伊朗运走其铀储备的大部分，国际原子能机构最近的估计，伊朗已总共生产了1.27万公斤铀。

就在伊核问题达成协议前的2015年7月9日，普京在俄罗斯乌法会见了到访的伊朗总统鲁哈尼。普京在会见中说，伊朗是俄罗斯在中东地区传统、可靠的伙伴，两国关系取得积极发展，俄方总体上对此感到满意。尽管受到世界经济等复杂因素影响和限制，2014年俄罗斯对伊朗贸易额仍取得小幅增长，且这一势头在2015年第一季度继续得以保持，两国外交及议会交往均取得积极发展。

鲁哈尼说，俄罗斯在地区和国际事务中发挥着突出作用，伊方感谢俄方在伊核问题谈判中做出的努力。他表示，过去两年来伊朗为改善与俄罗斯关系采取了很多措施，双方具有相同的政治意志，可以将所有方向的合作向前推进，并在具体层面解决需要进一步协商的问题。鲁哈尼强调，伊核问题的全面解决，将为伊俄两国在打击恐怖主义等中东地区的合作开辟新领域。鲁哈尼的这次访俄，为伊核问题最终达成协议，奠定了坚实的基础。

伊核问题协议实施后，对伊武器禁运最长将可维持5年，对伊弹道导弹技术转让禁令最迟在8年后取消。国际核查人员不能随意获得授权核查伊朗敏感设施，包括军事基地。伊朗有权对国际核查人员的核查要求提出异议，一个由伊朗和6国人员组成的仲裁机构将对有关争议做出裁决。

国际原子能机构总干事天野之弥说，国际原子能机构已经与伊朗签署了一份路线图，以澄清过去以及目前存在的有关伊朗核计划的悬而未决的问题。欧盟外交和安全政策高级代表莫盖里尼说，一旦国际原子能机构认定伊朗核计划属于和平性质，对伊朗的制裁将立即解除。

莫盖里尼说，伊核问题最终协议的达成，开启了国际关系的新篇章，说明通过外交协调和合作，可以克服数十年的紧张关系和冲突对立，对整个世界来说也都是希望的信号。

伊朗外交部部长扎里夫称协议的达成是历史性的时刻，同时承认协议并不完美。

分析人士认为，伊朗作为坐拥丰富石油、天然气资源的中东大国，一旦制裁解除，经济发展潜力巨大，将成为全球重要的新兴市场。

伊朗石油部副部长莫阿扎米说，如果西方解除对伊朗的制裁，伊朗的原油出口总量将翻一番，可以从每日120万桶增加至每日230万桶。伊朗原油产量全球排名第四，日生产能力达到400万桶，在欧佩克成员国中仅次于沙特阿拉伯。

美国总统奥巴马说：俄罗斯在伊核问题的协议达成中功不可没。他表示，如果没有俄罗斯参与谈判，国际调停6方不可能同伊朗达成伊朗核计划协议，俄罗斯对伊核谈判有所助益。他说，俄罗斯总统普京和俄罗斯政府能这样做，令他感到惊讶。

同时，中国在伊核问题上的主张以及在伊核谈判过程中发挥的重要作用，也得到了美国、伊朗、俄罗斯等代表团的一致赞赏和肯定，更得到了国际舆论的赞许。

05 油气资源，手中的王牌资本

俄罗斯是世界上最重要的石油资源国，截至2015年年初，已探明的石油储量为600亿桶，居世界第八位。2014年，俄罗斯石油日产量达到1050.9万桶，是中国石油日产量的2.49倍，居世界第一位。同时，俄罗斯还是世界上最大的天然气出口国。而在叶利钦时期，俄罗斯没有很好地利用石油资源这一优势，加之改革的失败，俄罗斯经济变得越来越糟糕。到叶利钦卸任时，俄罗斯经济已经处在崩溃的边缘。

从普京踏入克里姆林宫的那一刻起，他就开始做起了利用好油气资源的文章。普京知道，俄罗斯蕴藏着极其丰富的石油和天然气资源，而这些地下宝藏就是他实施强国富民战略的王牌资本。

普京在前两个总统任期内，依靠活跃的油气贸易，使俄罗斯经济实现了6.9%的年平均增长速度，远远超过了4.7%的世界年平均增长速度，从而一扫叶利钦时期的经济发展颓势，并跻身“世界十大经济体”和“金砖四国”等行列。

丰富的油气资源，不仅帮助俄罗斯迅速走向经济复兴，更成为俄罗斯在国际政治舞台上重树强国地位的撒手锏。俄罗斯已经成为欧洲最大的能源供应商。在北欧天然气输气管道于2010年建成运行后，欧洲绝大部分的天然气和近1/3的石油供应都来自俄罗斯。其中，奥地利、斯洛伐克和波罗的海各国更是几乎完全依赖从俄罗斯进口天然气。

除了布局欧洲，普京也将油气管道向远东的太平洋延伸，并从那里建设了供应中国、日本、韩国等东亚国家的石油管道分支。同时，普京还将目光投向北美市场。2010年，俄罗斯天然气工业公司开始实施进军美国的计划，当年就占领了美国液化天然气10%的市场份额。

从一个公认的弱国发展成为一个公认的强国，俄罗斯只用了短短8年的时间。而这8年，恰恰是普京担任两届总统的8年。8年间，俄罗斯国内生产总值增长了68%，工业生产总值增长了73%，固定资产投资额增加了123%，全社会实现了财富的迅速增长。

后来，受全球金融风暴的影响，2009年，俄罗斯国内生产总值下跌了8.7%。但仅过1年，受利比亚战争、伊朗核危机等政治事件的影响，中东产油大国不同程度地缩减了石油产量，导致国际油价一涨再涨，甚至每桶突破了100美元大关。油价的上涨，帮助俄罗斯经济在2011年取得了较好的发展，国内生产总值增长了4%，实际工资增长3.4%，实际国民收入增加0.5%。无疑，石油和天然气资源成为普京创造俄罗斯经济奇迹的物质保证。

从2005年年末开始，普京利用俄罗斯丰富的天然气资源，来掌控对独联体国家供应能源的价格，以此来巩固俄罗斯在独联体中的核心地位。其中，最为典型的例子就是持续多年的俄罗斯与乌克兰的天然气之争。

乌克兰的天然气储量十分匮乏，但乌克兰每年的天然气消费量大约为800亿立方米，其中的3/4需要从俄罗斯进口，天然气进口对俄罗斯有极大的依赖性。另外，欧盟大多数国家都需要从俄罗斯进口天然气，其中的80%需要经过乌克兰的管道输送。

2000年，普京接任总统后，延续叶利钦时期的政策，以大大低于国际市场行情的价格向盟友乌克兰提供天然气。但乌克兰“橙色革命”后，俄乌关系随之恶化，普京开始要求乌克兰以市场价格从俄罗斯购买天然气。2005年12月，俄罗斯与乌克兰之间因天然气涨价问题出现较大争议。虽经双方谈判暂时达成妥协，但此后双方的争执一直不断。

2008年3月，俄罗斯与乌克兰关于天然气债务问题的谈判再次陷入僵局。在普京的授意下，俄罗斯天然气工业公司先后两次减少对乌克兰的供气量，削减总幅高达50%。

2008年12月，俄乌两国因天然气价格和天然气债务问题再起争端。在谈判无果的情况下，2009年1月，时任总理的普京下令彻底中断对乌克兰的天然气供应，又连锁反应地中断了经乌克兰向欧洲的供气。欧盟召集俄罗斯和乌克兰的相关代表进行紧急斡旋，三方共同签署了恢复供气协议后，俄罗斯恢复了向欧洲输送天然气。几天后，俄乌签署了2009年至2019年天然气购销合同，俄罗斯也同时恢复了向乌克兰境内输送天然气。

2013年11月，乌克兰政治危机爆发后，俄罗斯越来越在乌克兰拖欠天然气债务问题上做文章。到2014年4月底，乌克兰拖欠俄罗斯天然气债务已达35亿美元。2014年6月16日，普京宣布切断对乌克兰的天然气供应，同时还宣布，鉴于乌克兰方面仍没有在俄方此前要求的最终期限前如期支付天然气欠款，俄方将对乌克兰的天然气供应改用预付款制度。

天然气能源已经成为普京手中赖以制敌的重量级武器，如果天然气不能为俄罗斯换来相应的政治经济利益，普京决不会在天然气问题上做出轻易让步。按普京自己的话说，这是关系俄罗斯国家利益和民族复兴的大问题。2014年，俄罗斯天然气总开采量为6410亿立方米，其国内消费量为4577亿立方米，出口量为1791亿立方米。在出口的天然气份额中，几乎都有普京的决定因素。

2014年5月20日，俄罗斯总统普京与中国国家主席习近平在上海签署联合声明，宣布建立全面的中俄能源合作伙伴关系，进一步深化石油领域一揽子合作，尽快启动俄对华供应天然气。以开发俄境内煤矿和发展交通基础设施等方式扩大煤炭领域合作，积极研究在俄建设新发电设施，扩大对华电力出口。

2015年6月，俄罗斯联邦能源部发布了《2035年前俄罗斯能源战略草案》，提出了包括降低对能源经济的依赖程度、调整能源结构、加大能源科技创新、拓展亚太市场等一系列措施。

受欧美经济制裁、国际油价暴跌、卢布大贬值等一系列问题的影响，俄罗斯经济深陷困境之中。在能源战略环境恶化的背景下，普京加强了对能源战略的调整，表现为加强改革与创新、提高竞争力与国际地位、能源输出东移等特征。

俄罗斯能源战略每5年更新一次。《2035年前俄罗斯能源战略草案》是在2009年11月出台的《2030年前俄罗斯能源战略》基础上修订的，依据国内外现实状况，对相关内容做了调整。

一是降低对能源经济的依赖程度，改变能源在国民经济中的地位。将能源在经济中的地位从原来的“火车头”转变为“基本促进因素”，强调经济发展多元化的重要性。二是调整能源生产结构，寻求能源平衡发展。对能源生产结构做出调整，降低石油产量，提高天然气、煤炭、电能产量，优化热能供应。三是对内加大能源科技创新，加强能源基础设施建设。在科技创新方面，加快“基础研究、实用研究、研发活动、试验产品生产、成熟产品加工”的循环周期。国家对基础研究和实用研究实行财政拨款，免征研发活动的利润税，在试验产品生产、成熟产品加工过程中为高新能源企业提供优惠税收政策。四是开拓亚太市场，实现能源出口多元化。未来能源消费增长，主要集中在亚太地区。因此，要扩大对亚太市场的出口规模，要以出口高品质石油产品为主，要在东部以能源对话方式加强同亚洲消费者的合作，特别是与中国签署天然气供应合同。

分析人士认为，《2035年前俄罗斯能源战略草案》与中国《能源发展战略行动计划（2014—2020年）》高度契合。中国《能源发展战略行动计划（2014—2020年）》指出，要加强同俄罗斯、中亚国家的能源合作区域建设，着力打造“一带一路”框架下区域性能源交易市场。由此可见，中俄两国区域能源合作政策不谋而合，合作空间广阔。不仅如此，中国缺油、少气的资源状况，决定了必须做好油气进口的长远计划。中国是油气消费大国，俄罗斯是油气输出大国，能源互补性很强。同时，俄罗斯是中国的近邻，修建油气管道不受第三方影响。中俄开展能源合作，具有得天独厚的优势条件和无与伦比的巨大潜力，机遇难得，前景广阔。作为战略协作伙伴关系，两国的能源合作，不仅有利于造福两国人民，更有利于东北亚地区的繁荣与稳定。

在《2035年前俄罗斯能源战略草案》的框架下，中俄能源合作已经逐步展开。中俄能源合作具有明显的互补性，合作的规模巨大，并得到了两国政府、地方当局和各公司的积极推动与支持。中俄能源合作是全面的合作，涵盖上游、中游和下游，包括勘探、研究、开发、运输、储存和利用，涉及投资、技术交流等方方面面。

06 2018年，连任总统与俄罗斯世界杯共期待

继2007年7月成功获得2014年冬奥会的举办权后，时隔两年，普京又趁热打铁，提出了申办第21届世界杯足球赛的宏伟计划。2009年10月15日，身为总理的普京在俄罗斯会见来访的时任国际足联主席布拉特时，就俄罗斯申办第21届世界杯足球赛事宜，与布拉特交流了意见。

普京向国际足联承诺，为了达到举办世界杯足球赛的要求，俄罗斯将在10个城市新建10个体育场。普京还说，按照俄罗斯足球长远发展规划，俄罗斯在世界杯赛事后还要新建600个足球场，以更好地助推足球运动在俄罗斯的发展和普及。

布拉特表示，俄罗斯申办世界杯足球赛成功的概率非常大。他指出，世界杯赛应该给举办国留下一笔遗产，这不仅是指一些体育场馆，还包括交通、旅

馆、电信等基础设施。布拉特说，他注意到俄罗斯为发展足球运动做出了很多努力，俄罗斯的申办请求让他很受鼓舞。

2010年3月，普京正式宣布担任俄罗斯申办2018年世界杯足球赛的形象大使。俄罗斯媒体认为，普京代表俄罗斯申办世界杯足球赛，将为俄罗斯增添很大的筹码，特别是普京直接与国际足联的高官接触，可为俄罗斯争得不少希望。“俄罗斯报纸网”刊登了《普京为俄罗斯夺标》的大标题，“俄罗斯之声”则报道说：“2018年世界杯，普京是俄罗斯的希望。”

2010年5月14日，俄罗斯正式向国际足联递交了2018年世界杯足球赛的申办书。除俄罗斯外，要求承办2018年或2022年世界杯足球赛的，有美国、英格兰、日本、澳大利亚、印度尼西亚及联合申办的西班牙/葡萄牙、荷兰/比利时，韩国和卡塔尔只提出申办2022年世界杯赛。

国际足联决定同时对2018年、2022年两届世界杯足球赛的举办权进行表决，主要是考虑让赛事举办国拥有更加充分的准备时间，来更好地完成主要场馆设施的建设，以便给球迷带来精彩的世界杯赛事。此举开两届赛事举办权一起表决的先河，这有利于维护世界杯举办的公正性。

2010年12月2日晚，国际足联在瑞士苏黎世举行投票，国际足联主席布拉特宣布了未来两届世界杯足球赛的举办地：俄罗斯获得了2018年世界杯举办权，卡塔尔获得了2022年世界杯举办权。

2014年7月14日，在巴西里约热内卢的马拉卡纳体育场，也就是第20届世界杯决赛场地，国际足联举行了世界杯举办权的交接仪式。仪式上，国际足联主席布拉特将第21届世界杯足球赛举办权的签字证书交给俄罗斯总统普京。普京表示：“足球有助于解决社会问题。我们的任务是为教练、运动员、专家和球迷创造最好的条件。我们很荣幸能够举办世界杯，感谢布拉特主席及国际足联的同事，我们会尽全力举办最高水平的足球比赛。”

普京在接受俄罗斯媒体采访时说：“俄罗斯2014年成功地举办了索契冬奥会和冬季残奥会，这证明了俄罗斯有能力办好大型赛事。2018年世界杯期间，俄罗斯将对球迷以及赛事参与者实行免签证制度。在某些问题上，俄罗斯要比2014年世界杯东道主准备得更充分一些。所以，我们已经巩固了联邦法律的特别签证制度，帮助那些准备参与2018年世界杯的外国朋友们，不仅针对赛会的正式参与者——运动员、教练以及其他人员，而且球迷们也可以享受免签证制度，来俄罗斯看球，来俄罗斯支持他们的球队。”

2015年5月29日，当瑞士联邦司法部宣布对2018年及2022年世界杯申办流程中是否存在腐败现象进行调查时，2018年俄罗斯世界杯组委会执行主席索罗金表示：“我们为举办一届出色的世界杯做了相当充足的准备，我们的国家和政府都给予了大力支持。这我都不想再说了，国际足联执行委员会当时都非常满意我们的准备。”

2015年7月25日，2018年俄罗斯世界杯预选赛抽签仪式如期举行。此前，国际足联腐败丑闻及国际足联主席布拉特突然宣布辞职等风波，引发国际社会对俄罗斯是否能继续承办2018年世界杯的广泛担忧。抽签仪式不仅排出了世界杯预选赛的分组形势，最重要的是粉碎了外界关于俄罗斯世界杯举办资格或被取消的传闻，预示着俄罗斯将如期举办2018年世界杯。

因国际足联腐败丑闻的影响，已经宣布辞职的国际足联主席布拉特已经两个月没有出现在公众的视线中。出席圣彼得堡2018年世界杯抽签仪式，是布拉特宣布辞职之后第一次以官方身份离开瑞士出国访问。

抽签仪式前，普京与布拉特在圣彼得堡举行了会谈。布拉特在抽签仪式上毫不掩饰地表达了对俄罗斯的坚定支持。他表示，国际足联在日前的执委会会议上通过决议，将全力支持俄罗斯举办世界杯，国际足联也相信俄罗斯能够成功举办世界杯。布拉特说：“俄罗斯2018年世界杯，对当前的地缘政治非常重要。”

普京在抽签仪式的致辞中表示：“世界杯是世界上最伟大的赛事之一，也是第一次到俄罗斯举办。无论是在俄罗斯还是全世界，足球都是最受欢迎的运动，俄罗斯在足球方面有悠久的历史和传统。”普京最后坚定地指出：“我再次确认，俄罗斯将举办2018年世界杯。”

2018年，是俄罗斯世界杯足球赛的赛事之年，更是俄罗斯第七届总统的大选之年，无论是对俄罗斯来说，还是对普京来说，都是承受着巨大考验的一年。总统大选将于2018年3月初举行，而世界杯足球赛将于2018年6月

14日至7月15日举行。这就是说，总统大选的结果，将直接影响到世界杯足球赛的赛事效果和精彩程度。如果普京能够在总统大选中顺利胜出，他将作为俄罗斯历史上第一位4次当选的总统出席世界杯的重大官方活动。无论是举办世界杯足球赛，还是普京当选总统，都是让俄罗斯人提振精神的大事。

2013年9月，普京在俄罗斯诺夫哥罗德州出席国际辩论俱乐部年会时，无意之中与参加年会的法国前总理菲永提起了竞选的话题。在此期间，普京问曾经在2007年至2012年出任法国总理的菲永，是否考虑参加2017年的法国总统大选。菲永没有直接回答，而是风趣地反问普京2018年是否继续谋求连任俄罗斯总统，如果普京有意谋求连任，他就可能参加法国总统大选。面对菲永的反问，普京回答道："我不排除2018年谋求连任总统的可能。"于是，菲永也回答道："我也不排除参加总统大选的可能。"

普京与菲永的谈话，让身边的记者听见了。于是，记者就喋喋不休地追问起普京谋求连任的话题来。普京有些急了，对身边追问的记者说："现在才2013年，离下一届总统大选还有5年时间呢！"

普京2012年3月成功当选俄罗斯第六届总统后，如果能在2018年谋求连任获得成功，就将开创第四次当选总统的政治奇迹，任期将到2024年。其出任国家元首的时间，将达到创纪录的20年，远远超过前苏联领导人勃列日涅夫担任16年国家元首的时间。

2015年10月末，俄罗斯著名舆论调查机构列瓦达中心进行的一项民意调查显示，88%的俄罗斯公民对普京在总统任期的表现感到满意。这样的一个民意满意率是许多国家元首都望尘莫及的。

此次调查是列瓦达中心在俄罗斯46个地区的134个居民点展开的，对象是1600名18岁以上的城市和乡村居民。调查结果让俄罗斯的政治学家们感到，在2018年总统选举之前，俄罗斯公民对普京的支持率将始终保持在一个高水平。普京当前支持率的提高与俄罗斯在叙利亚的行动、俄罗斯在国际舞台上的倡议以及俄罗斯人民对总统的信任有关。促使普京支持率得到提升的因素，还包括在巴黎举行的诺曼底4国领导人会谈以及乌克兰东南部地区形势的正常化。

分析人士认为，俄罗斯民众对普京是否继续领导俄罗斯十分关心，绝大多数民众都非常赞同“普京就是俄罗斯，俄罗斯就是普京”的说法。民调显示，有超过65%的俄罗斯公民认为看不到谁有资格能在2018年的大选中与普京一较高下。普京2012年重返总统宝座后，他所奉行的政策、路线、原则和价值观都完全符合俄罗斯选民的期待。目前，俄罗斯还没有与普京同等级的人物。俄罗斯人民需要普京，而且只要“这一位”，不要“另一位”。一些民众甚至说，除了现任总统之外，没人能帮助俄罗斯。

2016年年初，已有足够的迹象表明，普京已经正式考虑在2018年谋求第四个总统任期。普京在接受采访时表示：“是的，我再次成为候选人的可能性是存在的。至于它会不会发生，我还不知道。”如果普京成功当选俄罗斯第七届总统，他就将一直执政到2024年。这一年，恰恰又是一个龙年，按照普京自己的话说，龙年是他的好年头。他在龙年出生，在龙年第一次当选总统，在龙年第三次当选总统，也许，将来又会在龙年里，给他的政治生涯画上一个圆满的句号。

2018年，普京充满了期待，俄罗斯充满了期待。

主要参考书目

[1]李景龙.普京：从克格勃中校到俄联邦总统[M].北京：当代世界出版社，2000.

[2]林葳.像普京那样做男人[M].呼和浩特：内蒙古文化出版社，2010.

[3]陈小蒙.普京归来[M].长春：吉林出版集团、时代文艺出版社，2012.

[4]郑文阳.普京传：他为俄罗斯而生[M].北京：新世界出版社，2012.

[5]德米拉.硬汉普京——打造王者男人准则[M].北京：华夏出版社，2012.

[6]汪宁."给我20年"：解读普京[M].上海：上海外语教育出版社，2014.

[7]刘啸虎.普京的铁拳[M].武汉：华中科技大学出版社，2014.

[8]赵建.普京正传：权势之王[M].海口：南海出版社，2014.

[9]胡利平.强权与铁腕：普京传[M].北京：中信出版社，2014.

[10]磨剑.普京传：给我20年，还你一个奇迹般的俄罗斯[M].北京：中国法制出版社，2015.

[11]林志强.活着，为了改变俄罗斯：普京大传[M].武汉：华中科技大学出版社，2015.

[12]余莉.普京传：不可替代的俄罗斯硬汉[M].北京：红旗出版社，2015.